考古学集刊

Archaeological Collectanea

第31集

主　　编　陈时龙
副主编　洪　石

社会科学文献出版社
SOCIAL SCIENCES ACADEMIC PRESS (CHINA)

图书在版编目（CIP）数据

考古学集刊. 第31集 / 陈时龙主编. -- 北京 : 社
会科学文献出版社, 2024. 12. -- ISBN 978-7-5228
-4760-3

Ⅰ. K87-55

中国国家版本馆CIP数据核字第2024LA6565号

考古学集刊　第31集

主　　编 / 陈时龙

副 主 编 / 洪　石

特约编辑 / 洪　石

出 版 人 / 冀祥德

责任编辑 / 郑彦宁

责任印制 / 王京美

出　　版 / 社会科学文献出版社·历史学分社（010）59367256
　　　　　　地址：北京市北三环中路甲 29 号院华龙大厦　邮编：100029
　　　　　　网址：www. ssap. com. cn

发　　行 / 社会科学文献出版社（010）59367028

印　　装 / 北京盛通印刷股份有限公司

规　　格 / 开　本：787mm×1092mm 1/16
　　　　　　印　张：16.875　插　页：1.5　字　数：291千字

版　　次 / 2024年12月第1版　2024年12月第1次印刷

书　　号 / ISBN 978-7-5228-4760-3

定　　价 / 168.00元

读者服务电话：4008918866

考古学集刊

第 31 集

目 录

1981 年创刊　　　　　　　　　　　　2024 年 12 月出版

Contents

Established in 1981   December, 2024

湖北襄阳市欧庙东周遗址发掘简报

湖北省文物考古研究院　襄阳市文物考古研究所
襄州区文物管理处

关键词： 湖北襄阳市　欧庙遗址　东周　楚文化

内容提要： 2017年11月至2018年1月，湖北省文物考古研究院等单位对郑万高铁建设施工范围内的欧庙遗址进行了抢救性考古发掘，发掘面积为245平方米，清理各类遗迹77处，年代为东周时期至唐代。其中东周时期遗迹尤为丰富，共54处，包括水井2口、灰沟3条、灰坑47个、墓葬1座、灶址1处。出土遗物有陶器、石器、铜器、骨角器等，共计211件。陶器有鬲、鼎、盂、豆、罐、甗、钵、盆、纺轮、网坠、陶拍等。石器有砺石、砧、斧、凿等。铜器有鱼钩、镞、铃、盖弓帽、带扣、削刀等。骨角器有针、锥、簪等。欧庙遗址的发掘，对进一步完善襄宜平原地区楚文化年代序列、深入认识楚文化内涵具有重要意义。

欧庙遗址位于湖北襄阳市襄城区欧庙镇东侧的陈河村和张东村，地处汉水东岸的冲积平原上（图1），原为台地形地貌，地势较高，现被一条水沟截成两部分。经调查与勘探，遗址范围东西长约400米，南北宽约700米，现存面积达21万平方米，文化层平均厚度达3.8～4.5米，时代跨度大，包含东周、秦代、西汉、东汉、六朝、唐、宋等时期的文化堆积。

该遗址于全国第二次文物普查时被发现，现为襄阳市重点文

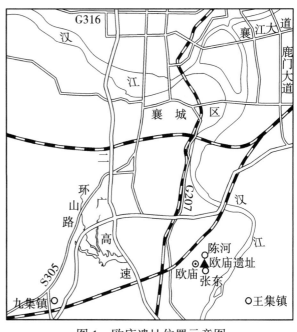

图1　欧庙遗址位置示意图

物保护单位。2017年，为配合郑万高铁建设，经湖北省文物局批准，湖北省文物考古研究院对该建设施工范围内的遗址区进行了抢救性考古发掘。田野工作时间从2017年11月1日至2018年1月20日，完成勘探面积10万平方米、发掘面积245平方米，清理各类遗迹77处，出土各类遗物300余件，年代分属东周、汉代、六朝至唐代。其中，东周遗存共54处，发现于东区第3、4层以及西区TG1第6～8层；西汉遗存共22处，发现于东区第2层及西区第4、5层，遗迹有灰沟6条、灰坑12个、水井1口、坑状遗迹2处和墙基槽1处；魏晋时期砖墓1座。限于篇幅，现仅就东周遗存情况简报如下。

一、地层堆积状况

发掘区位于汉水的冲积平原上，其耕土层往下包含一层厚35～40厘米的泥沙淤积层，而此层土往下分别是魏晋至唐代、汉代以及东周时期的文化堆积。

以水渠和村公路为界，发掘区分为东、西两区。两区的文化堆积有所不同。东区受到现代农田改造的严重破坏，整体被削低约2米，文化堆积较薄，而且越往东部越薄，基本上只保留汉代和东周文化层（图版一，1）；而西区的文化堆积较厚，时代跨度大，包含东周至唐代文化层。现以东区T1、T6西壁和西区TG1（图版一，2）南壁为例进行说明。

（一）东区T1、T6西壁（图2）

第1层：灰黑色耕土，土质松软，包含大量植物根茎、鹅卵石、塑料袋，出土少量东周陶片、板瓦等。厚16～24厘米。K1开口于此层下。

第2层：浅黄色灰土，土质较软，包含少量植物根茎、草木灰及大量鹅卵石，出土东周陶片、板瓦、筒瓦等建筑材料。此层为汉代文化层。厚24～30、开口距地表深16～24厘米。K2开口于此层下。

第3层：青灰色土，土质坚硬，较纯净，包含红烧土颗粒、草木灰，出

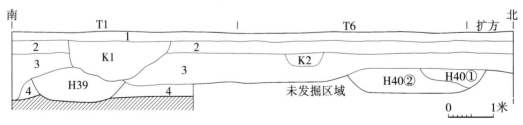

图2 东区T1、T6西壁剖面图
1.灰黑色耕土 2.浅黄色灰土 3.青灰色土 4.黄色沙土夹少量灰斑

土少量东周陶片等。此层为战国时期文化层。厚33～103、开口距地表深45～50厘米。H39、H40开口于此层下。

第4层：黄色沙土夹少量灰斑，出土贝壳及少量陶片。陶片以夹砂陶为主，纹饰有细绳纹。此层为春秋时期文化层。厚25～54、开口距地表深80～94厘米。

第4层下为黄色生土。

（二）西区TG1南壁（图3）

第1层：灰黄色耕土，土质松软，包含大量植物根茎、腐殖质及少量现代砖屑、瓦片。厚15～25厘米。

第2层：浅黄色土，土质松软，包含零星沙石子、植物根茎，出土少量东周陶片。厚35～40、开口距地表深15～25厘米。

第3层：浅黄色土，土质较硬，出土青瓷片、白瓷片、莲花纹瓦当、砖及东周陶片、汉代建筑材料。此层为六朝至唐代文化层。厚0～35、开口距地表深50～60厘米。M2开口于此层下。

第4层：黄褐色土，土质坚硬，出土铁器、汉代铜带扣、陶仓及大量板瓦、筒瓦、日用陶器等。此层为汉代文化层。厚60～70、开口距地表深110～130厘米。H42、G8开口于此层下。

第5层：黄灰色土，土质坚硬，包含青砖块、鹅卵石、草木灰、红烧土颗粒，出土大量板瓦、筒瓦、日用陶器等。此层为汉代文化层。厚25～30、开口距地表深135～160厘米。QJ1（墙基）、H44开口于此层下。

第6层：深灰色土，出土陶片仍以泥质灰陶为主，但有少量夹砂褐陶和

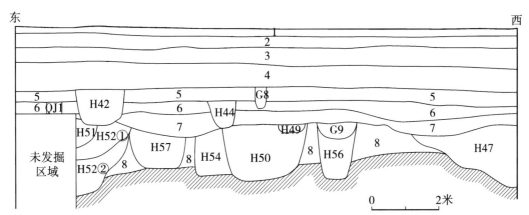

图3　西区TG1南壁剖面图

1.灰黄色耕土　2、3.浅黄色土　4.黄褐色土　5.黄灰色土　6.深灰色土　7.深灰色土夹黄斑　8.黄色沙土夹少量灰斑

黑皮陶。此层为战国时期文化层。厚20～50、开口距地表深190～210厘米。

第7层：深灰色土夹黄斑，出土较多陶片，纹饰以绳纹为主，流行暗纹。此层为战国时期文化层。厚15～62、开口距地表深220～248厘米。此层下开口遗迹有H47、H49、H50、H51、H52、H54、H56、H57、G9。

第8层：黄色沙土夹少量灰斑，出土贝壳及少量陶片。陶片以夹砂陶为主，外壁饰细绳纹。此层为春秋时期文化层。厚48～100、开口距地表深250～278厘米。

第8层下为黄色生土。

东区汉至唐代地层被晚期活动所破坏，但根据东西两区之间地势高度差，结合土质、土色及包含物的变化，可将两区地层大致对应起来，即东区第3层相当于西区第6、7层、东区第4层相当于西区第8层。

二、遗迹与遗物

此次发掘揭露东周各类遗迹共计54处，其中水井2口、灰沟3条、灰坑47个、墓葬1座、灶址1处（图4、5）。出土遗物有日用陶器、陶质工具、石器、铜器、骨角器等，共计211件。日用陶器经修复者共158件，器形有鬲、鼎、盂、豆、罐、瓿、钵、盆等。陶质工具共18件，包括纺轮、网坠、陶拍。石器有10件，包括砺石、砧、斧、凿及制作石器的半成品。铜器12件，包括鱼钩、镞、铃、盖弓帽、带扣、削刀等。骨角器有13件，包括针、锥、簪及梅花鹿角等。

（一）墓葬

1座（M1）。开口于第2层下，西北角被东周灰坑H3打破，墓底打破生土。墓坑平面呈不规则

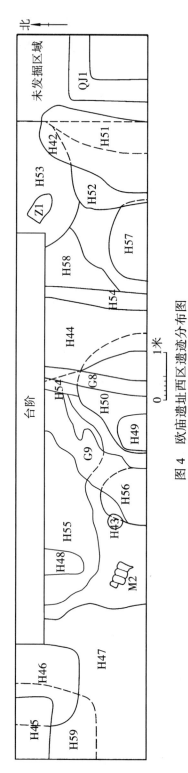

图4 欧庙遗址西区遗迹分布图

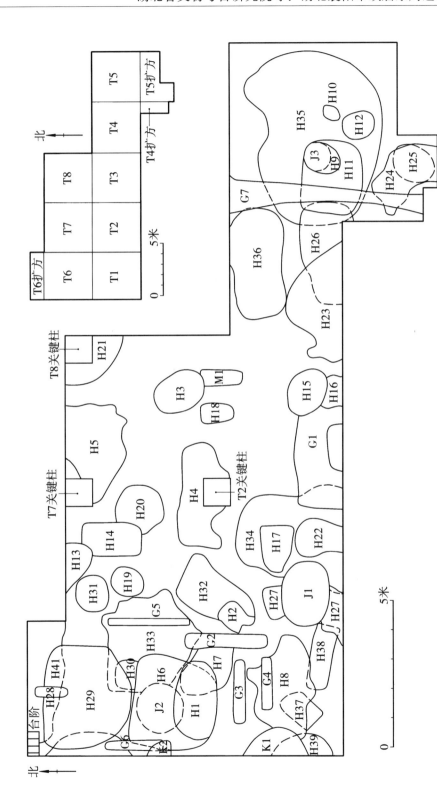

图 5　欧庙遗址东区遗迹分布图

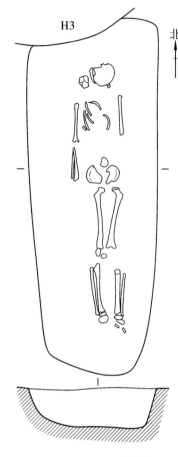

图6 M1平、剖面图

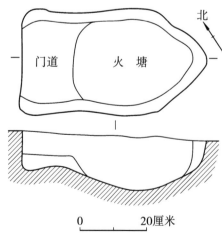

图7 Z1平面、剖视图

长方形，墓圹略内收，口大底小，墓底较平。墓壁未见加工痕迹。方向为5度。墓口长144、宽20~56厘米，墓底长102、宽18~48厘米，墓深17厘米，墓口距地表深42厘米。无葬具和随葬品。墓主仰身直肢（图6；图版二，1）。

（二）灶址

1座（Z1）。开口于第5层下。由门道和火塘两部分组成。门道呈长方形，长约16、宽26厘米。火塘平面呈桃形，东部较窄，壁面向下微扩，底部为红烧土烧结面。最宽处约35、残深16厘米。门道高于火塘约10厘米，残深约8厘米。灶的壁面均为厚约3厘米的红烧土。灶内填土分为两层。第1层：灰黑色土夹大量红烧土块，为灶废弃后坍塌所形成的堆积。第2层：黑灰色土，包含大量草木灰和炭屑，厚约5厘米（图7；图版二，3）。

（三）水井

2口。均为竖穴土坑式，平面近圆形，上口大。井中出土大量日用陶器。因遗址所在区域地下水位高，井口均有塌陷，未发掘至底。2口水井的勘探深度为7~9米。

J2 开口于第3层下，直筒形，口部被G6、H6打破，打破生土。开口平面呈圆形，直径170厘米，距井口160厘米处有环形生土台，台面平整光滑，宽32~70厘米。台面中央为井口部分，直径90厘米。发掘深至290厘米时，井内渗水快，由黄土壁变为细沙壁，结构极不稳定，为防止塌方而未发掘至底（图8；图版二，2）。

井内填土分为三层。

第1层：灰黑色土，夹杂黄色花斑土块，土质疏松，包含大量草木灰以及鹅卵石、细石子、木炭等，出土陶片较多。

第2层：黄色五花土，杂灰黑色土，土质松软，包含少量草木灰、细石子、木炭等，出土陶片较少。

第3层：深灰色淤泥，土质松软，渗水，包含大量细石子、鹅卵石、贝壳等，出土陶片较多。

出土遗物主要为陶器。陶质以泥质为主，约占总数的70.6%，其中泥质灰陶约占46.4%；夹砂陶中的红褐陶所占比例最大，约占总数的28.1%。纹饰以绳纹为主，占总数的60.1%，素面也占一定比例，还有弦纹、各种暗纹和附加堆纹。可辨器形有鬲、盂、豆、罐、盆、甗、网坠等。

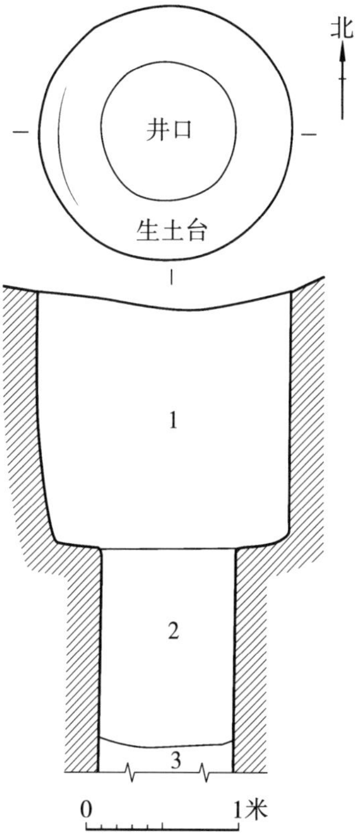

鬲　1件（J2①：8）。泥质灰陶。侈口，厚方唇，下唇微内勾，折沿，微束颈，溜肩，鼓腹下收。沿面起棱，沿上有两道浅凹槽；颈部饰抹绳纹；肩、腹饰弦断绳纹。口径42、残高7.8厘米（图9，6）。

盂　依形制差异，可分为两型。

A型：2件。束颈，鼓肩。J2①：4，泥质黑皮陶。侈口，方唇，折沿，鼓腹下收，凹底。下腹及底饰交错绳纹。口径19.7、底径7.2、高14.6厘米（图9，3；图版三，3）。J2①：6，泥质灰陶。侈口，厚方唇，仰折沿，鼓腹下收。沿面起棱，沿上有两道浅凹槽；上腹饰五周凹弦纹；下腹饰交错绳纹。口径24、复原高15.9厘米（图9，2）。

B型：1件（J2②：3）。直领，折肩。泥质灰陶。侈口，方唇，折沿，束颈，鼓腹下收，凹底。下腹饰交错绳纹。口径19.4、底径6.1、高10.3厘米（图9，4）。

豆　依纹饰等差异，可分为两型。

A型：3件。暗纹豆。J2①：2，泥质灰陶。敛口，方唇，浅盘，折腹，弧壁，空心柱状高柄，喇叭状圈足。豆盘内壁饰三线交叉的暗纹。口径12、圈足径8.3、高11.2厘米（图9，9；图版三，5）。J2②：1，泥质黑皮陶。敛口，尖唇，浅盘，弧壁，空心柱状高柄，喇叭状圈足。豆盘内壁饰由同心圆纹和放

图8　J2平、剖面图
1.灰黑色土　2.黄色五花土
3.深灰色淤泥

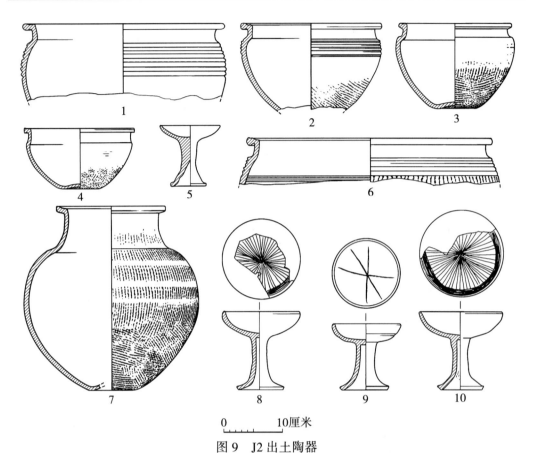

图 9　J2 出土陶器

1.盆（J2①：5）　2、3.A型盂（J2①：6、4）　4.B型盂（J2②：3）　5.B型豆（J2①：3）　6.鬲
（J2①：8）　7.罐（J2①：1）　8～10.A型豆（J2②：2、J2①：2、J2②：1）

射状线纹组成的暗纹。口径 14.6、圈足径 8、高 13.4 厘米（图 9，10；图版三，6）。J2②：2，泥质黑皮陶。敛口，尖唇，浅盘，弧壁，空心柱状高柄，喇叭状圈足。豆盘内壁饰由同心圆纹和放射状线纹组成的暗纹。口径 14、圈足径8.3、高 13.6 厘米（图 9，8）。

B 型：1 件（J2①：3）。素面豆。泥质红陶。敛口，尖唇，浅盘，弧壁，柱状高柄，喇叭状圈足。口径 10.5、圈足径 6、高 10.4 厘米（图 9，5）。

罐　1 件（J2①：1）。泥质灰陶。侈口，斜方唇，仰折沿，长束颈，溜肩，鼓腹下收，凹底。颈部饰抹绳纹，肩、上腹饰弦断绳纹，下腹及腹底饰交错绳纹。口径 19、腹径 31、底径 8、高 31.5 厘米（图 9，7；图版三，4）。

盆　1 件（J2①：5）。泥质灰陶。侈口，厚方唇，平折沿，束颈，溜肩，弧腹。沿面起棱，沿上有一道深凹槽。口径 36、残高 13.2 厘米（图 9，1）。

（四）灰沟

3条。呈不规则条状或半弧状，浅弧壁，平底。现择其中之一介绍如下。

G1 开口于第2层下，东部被H15、H16打破，南部未发掘。沟口平面呈半环状，沟壁呈坡状斜收，底近平。G1西高东低，东西两端向南壁延伸。口长392、宽100～130、深30～36厘米（图10；图版四，4）。沟内填土为灰褐色土夹小石子，土质较疏松，内含少量草木灰、炭屑、红烧土块及兽骨。出土少量陶片，以绳纹陶片居多，可辨器形有鬲、豆、罐等。

鬲 1件（G1:4）。夹砂灰陶。侈口，厚方唇，折沿微卷，微束颈，溜肩，鼓腹。沿上起棱，腹部饰弦断绳纹。复原口径34、残高7.5厘米（图11，3）。

豆 1件（G1:7）。泥质黑皮陶。敛口，尖唇，浅盘，弧壁，空心柱状高柄，喇叭状圈足。豆盘内壁饰不规则同心圆纹。口径14、圈足径8、高12厘米（图11，4）。

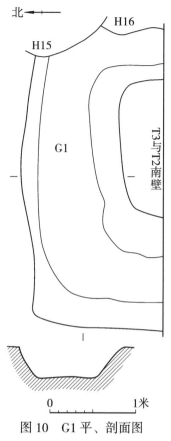

图10 G1平、剖面图

罐 1件（G1:2）。泥质灰陶。侈口，厚方唇，折沿上翘，长束颈，溜肩，鼓腹下收，凹底。颈饰绳纹，肩至中腹饰弦断绳纹，下腹至底饰交错绳纹。口径19.5、底径12、高31.5厘米（图11，1）。

盆 1件（G1:3）。泥质灰陶。侈口，方唇，折沿微卷，束颈，溜肩，鼓腹下收。沿面起棱，沿上有两道凹槽；肩部有一周凹弦纹；下腹饰交错绳纹。复原口径31.2、残高13.2厘米（图11，2）。

鼎足 1件（G1:5）。夹砂红陶。柱状实心鼎足，足尖残。残高7.9厘米（图11，6）。

纺轮 1件（G1:1）。泥质红陶。呈圆饼状，尖缘，两面较平直，截面近尖角长方形，中穿一孔。直径4.3、孔径0.6～0.8、高2厘米（图11，7）。

筒瓦 1件（G1:6）。泥质灰陶。残存部分瓦面，剖面呈半圆弧状。瓦面饰纵向绳纹，瓦边可见切痕。残长15.7、宽8厘米（图11，5）。

（五）灰坑

47个。平面呈圆形、椭圆形、圆角方形等。坑壁未见加工痕迹。坑底分平

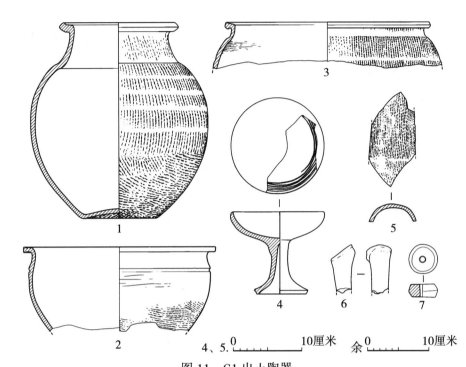

图 11　G1 出土陶器

1.罐（G1：2）　2.盆（G1：3）　3.鬲（G1：4）　4.豆（G1：7）　5.筒瓦
（G1：6）　6.鼎足（G1：5）　7.纺轮（G1：1）

底、锅底和台阶状底三类。坑内填土包含草木灰、鹅卵石、细石子等。坑内出
土遗物以陶片为主，偶见骨角器、石器、铜器、铁器等。根据出土遗物情况，
择其中 10 个典型灰坑介绍如下。

1.H5

开口于第 2 层下，打破生土。西
北部被压在关键柱下，东北部未发掘。
坑口呈不规则形，坑壁呈斜坡状内收，
坑底呈锅底状。东西长 396、南北宽
30 ～ 240、深 28 ～ 64 厘米（图 12）。
坑内填土可分两层。第 1 层：灰黑色
土，土质疏松，堆积较薄，包含少量
草木灰、炭屑及零星鹅卵石、蚌壳，
出土瓦片较多。第 2 层：灰褐色土，
土质较坚硬，包含炭屑、细石子、鹅
卵石、蚌壳等。出土陶片较多，可辨

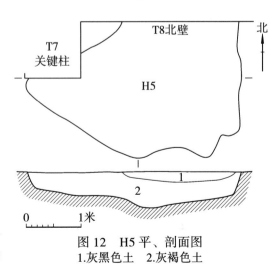

图 12　H5 平、剖面图
1.灰黑色土　2.灰褐色土

器形有鬲、豆、罐、盂等。

鬲　3件。H5②：10，夹砂红陶。侈口，方唇，折沿微卷，短束颈，溜肩，鼓腹下收，联裆，柱足，足窝较浅。颈饰绳纹，颈以下饰弦断绳纹，裆、足饰绳纹。口径28、复原高25厘米（图13，5）。H5②：21，夹砂黑皮红陶。侈口，方唇，折沿微卷，短束颈，溜肩，鼓腹下收，联裆，柱足。足尖残。肩以下饰弦断绳纹。口径24、复原高22.4厘米（图13，2）。H5②：25，夹砂红陶。侈口，方唇，平折沿，束颈，溜肩，鼓腹下收，联弧裆，裆部近平，高柱足，足窝较浅。通体饰绳纹，颈、肩各有两周抹绳纹。口径29.6、高27.7厘米（图13，3；图版三，2）。

盂　依口沿差异，分为两型。

A型：2件。卷沿。H5②：24，泥质黑皮陶。侈口，方唇，束颈，鼓腹下收，底残。上腹饰三周凹弦纹，下腹及底饰绳纹。口径31、残高19厘米（图13，6）。H5②：22，泥质黑皮陶。侈口，方唇，溜肩，鼓腹下收，底残。腹饰两周凹弦纹。口径15.7、残高8.9厘米（图13，10）。

B型：2件。平折沿。H5②：3，泥质灰陶。侈口，方唇，束颈，溜肩，鼓腹下收，凹底。肩饰一周凸弦纹，上腹饰长条形带状暗纹。口径23、底径7.5、高14.6厘米（图13，8；图版三，1）。H5②：23，泥质黑皮灰陶。侈口，方唇，窄折沿近平，直领，溜肩，鼓腹下收，底残。口沿、颈部经磨光处理。肩、腹饰两周凸弦纹，弦纹间饰一周锯齿状暗纹。口径26、残高12.1厘米（图13，7）。

豆　敛口，尖唇，浅盘，弧壁，空心柱状高柄，喇叭状圈足。依柄部的差异，分为两型。

A型：1件（H5②：4）。矮柄。泥质灰陶。豆盘内壁饰六周不规则同心圆暗纹。口径18.9、圈足径10.7、高12.2厘米（图13，13）。

B型：1件（H5②：1）。长柄。泥质灰皮红陶。通体经磨光处理。豆盘内壁中央有不规则同心圆纹与交错网格纹构成的暗纹，外缘饰多道同心圆纹；圈足饰一周凹弦纹。口径16.6、圈足径8.7、高17.4厘米（图13，12）。

罐　2件。泥质灰陶。H5②：15，侈口，方唇内凹，斜折沿，长束颈，溜肩。颈饰抹绳纹，肩饰弦断绳纹。口径16、残高6厘米（图13，11）。H5②：13，侈口，方唇内凹，仰折沿，束颈，溜肩，鼓腹。颈饰抹绳纹，肩、腹饰粗绳纹。口径18、残高6.8厘米（图13，9）。

甗　1件（H5②：26）。夹砂灰陶。侈口，厚方唇，仰折沿，束颈，折肩，

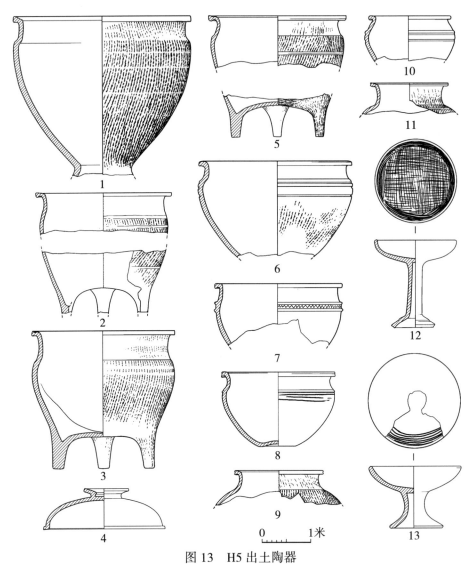

图13 H5出土陶器

1.瓯（H5②：26） 2、3、5.鬲（H5②：21、25、10） 4.器盖（H5②：2） 6、10.A型盉
（H5②：24、22） 7、8.B型盉（H5②：23、3） 9、11.罐（H5②：13、15） 12.B型豆
（H5②：1） 13.A型豆（H5②：4）

鼓腹下收，束腰，腰以下残。口沿以下饰弦断绳纹。口径36.5、腹径36、残高31.5厘米（图13，1）。

　　器盖　1件（H5②：2）。泥质灰皮陶。盖面呈覆碗状，喇叭状捉手。外壁有同心圆纹和三角形纹构成的暗纹。口径25.7、高8.2厘米（图13，4）。

　　2.H6

　　开口于第2层下，坑口被第2层下的G6、K2、H1、H7打破，且打破第3

层下的 H33、J2 以及第 4 层与生土。坑口呈不规则圆形，斜壁，底呈缓坡平底状。坑口东西长 316、南北宽 290、深 80 厘米（图 14）。坑内填土为黑灰土，土质松软，包含大量草木灰、少量卵石、零量红烧土颗粒。出土陶器以泥质灰陶为主，其次为红褐陶、灰陶、灰褐陶。器形有盆、鬲、盂、盖豆、罐、鼎足、网坠及筒瓦等。纹饰以绳纹为主，其次是暗纹、弦纹，还有少量连珠纹。此外，还出土铜镞和铃各 1 件，均残。

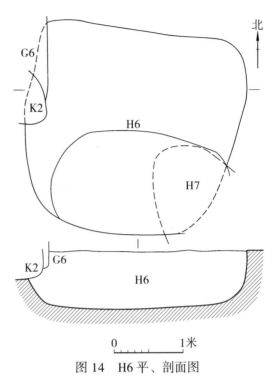

图 14 H6 平、剖面图

陶鬲 依器形差异，分为三型。

A 型：1 件（H6：30）。大口鬲。泥质红褐陶。直口，厚方唇内勾，折沿，短束颈，溜肩。沿上起棱，肩部饰弦断绳纹。复原口径 42、残高 9.5 厘米（图 15，2）。

B 型：1 件（H6：6）。瓮形鬲。夹砂灰陶。侈口，方唇，折沿，沿面内凹，短束颈，溜肩，鼓腹，下腹急收。颈以下饰弦断绳纹，下腹饰交错绳纹。口径 42、残高 20.4 厘米（图 15，6）。

C 型：1 件（H6：31）。小口鬲。夹砂黑皮红褐陶。敛口，方唇，平折沿，短束颈，鼓肩，鼓腹下收，联弧裆近平，三柱状足外撇。沿面有两道凹槽，颈饰抹绳纹，肩和上腹饰多道弦纹，腹饰弦断绳纹和交错绳纹。口径 13.4、高 17.7 厘米（图 15，13；图版五，1）。

陶盂 2 件。依领部差异，分为两型。

A 型：1 件（H6：5）。领极矮。泥质灰陶。侈口，方唇，斜折沿，束颈，溜肩，鼓腹下收。肩饰四周凹弦纹。口径 14.3、残高 8.8 厘米（图 15，9）。

B 型：1 件（H6：16）。高领。泥质黑皮陶。侈口，方唇，长束颈，溜肩，鼓腹下收。沿面饰两周凹弦纹，颈内壁可见轮制痕，颈以下器表饰密集的凹弦纹。口径 17、残高 7.2 厘米（图 15，10）。

陶盖豆 依口沿差异，分为两型。

A 型：2 件。尖圆唇，仰折沿。H6：17，泥质黑皮陶。敞口，深弧盘。器表饰六周不规则长条形暗纹。口径20.8、残高7.6厘米（图15，4）。H6：18，泥质灰陶。器表饰八周不规则长条形暗纹。口径21、残高7.2厘米（图15，7）。

B型：1件（H6：21）。方唇，翻折沿。泥质灰陶。敞口，深弧盘。腹饰六周横条形暗纹。口径28、残高8.4厘米（图15，5）。

陶罐　1件（H6：14）。泥质灰陶。凹方唇，仰折沿，束颈，斜肩。颈及其下部饰纵向绳纹。口径19、残高8.4厘米（图15，8）。

陶盆　2件。H6：19，泥质黑皮陶。侈口，方唇，平沿外卷，束颈，溜肩，鼓腹下收。沿面饰两周凹弦纹，口沿外饰一周凹弦纹，颈以下饰五周凹弦纹。

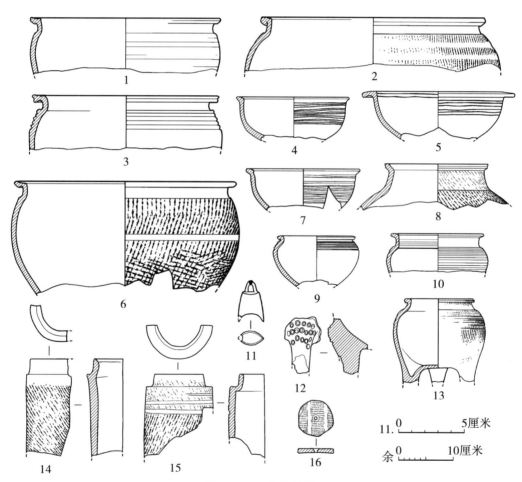

图15　H6出土遗物

1、3.陶盆（H6：26、19）　2.A型陶鬲（H6：30）　4、7.A型陶盖豆（H6：17、18）　5.B型陶盖豆（H6：21）　6.B型陶鬲（H6：6）　8.陶罐（H6：14）　9.A型陶盂（H6：5）　10.B型陶盂（H6：16）　11.铜铃（H6：3）　12.陶鼎足（H6：13）　13.C型陶鬲（H6：31）　14、15.筒瓦（H6：24、23）　16.陶网坠（H6：1）

口径36、残高10.6厘米（图15，3）。H6∶26，泥质灰陶。侈口，方唇，平折沿，沿面内凹，短束颈，凸肩，鼓腹内收。肩部有多道轮制痕。复原口径36、残高10厘米（图15，1）。

陶鼎足　1件（H6∶13）。夹砂红褐陶。蹄形足，残。外侧饰若干细密的连珠纹。残高10.2厘米（图15，12）。

陶网坠　1件（H6∶1）。泥质灰陶。用陶片加工而成，呈扁平圆形，一面略隆起，一面略凹，中间有一个单面钻孔。器表有弦断绳纹。直径6.4厘米（图15，16）。

筒瓦　2件。泥质灰陶。呈半圆长筒形，瓦舌较短，斜折肩。H6∶24，瓦身外侧饰纵向粗绳纹，内侧素面。边缘可见切痕。残长17、残宽8.4厘米（图15，14）。H6∶23，瓦舌饰斜向绳纹，瓦身外侧饰三周凹弦纹和斜向粗绳纹，内侧素面。边缘可见切痕。残长14.8、宽13厘米（图15，15）。

铜铃　1件（H6∶3）。略残，铃舌脱落。器身呈合瓦形，中空，平顶，顶部有一"U"形扁钮，下部敞口，口缘上弧。器身侧面有范线。通高3.2厘米（图15，11）。

3.H23

开口于第3层下，打破H26。坑口平面呈不规则半圆形，底部由东向西斜收成锅底状。西面坑壁较陡直，北、东两壁呈坡状，南面延伸至隔梁外。东西长402、南北最宽200、深96厘米（图16）。坑内填土呈灰褐色，土质较疏松，包含较多草木灰、炭屑、兽骨、小石子及少量红烧土颗粒。出土遗物主要为陶片，还有石砧和石条各1件。陶器以泥质陶所占比例最大，占54.08%。黑皮陶数量最多，占36.2%；红褐陶、灰陶、灰褐陶所占比例相当，约为20%。纹饰以绳纹为主，其次是暗纹、弦纹、附加堆纹、刻划纹也有少量发现。器形有鬲、罐、盂、豆等。

鬲　3件。夹砂灰陶。H23∶17，侈口，方唇，折沿外翻，束颈，溜肩，鼓腹下收。颈以下饰弦断绳纹，下腹饰交错绳纹，腹内壁有四周弦纹。口径42、残高15.6厘米（图17，1）。H23∶16，侈口，方唇下勾，折沿，沿面内凹，束颈，溜肩，鼓腹下

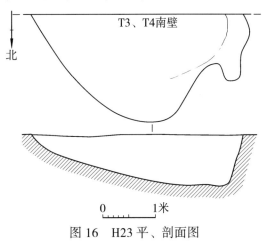

图16　H23平、剖面图

收。颈部饰抹绳纹，颈以下饰弦断绳纹。口径27、残高8.4厘米（图17，2）。

H23∶23，侈口，方唇，折沿，束颈，溜肩，鼓腹下收，联弧裆，三截锥状高柱足，足窝较深。沿外缘起棱，颈以下饰间断绳纹，裆饰交错绳纹，足饰纵向绳纹。复原口径39、高39.7厘米（图17，12）。

盂　2件。H23∶12，泥质黑皮陶。侈口，方唇，折沿微卷，短束颈，溜肩，鼓腹下收，凹底。腹饰两周凹弦纹。口径15.7、底径6.7、高11.7厘米（图17，3；图版五，3）。

豆　敛口，尖唇，浅盘，弧腹，喇叭状圈足。依圈足、柄部差异，分为

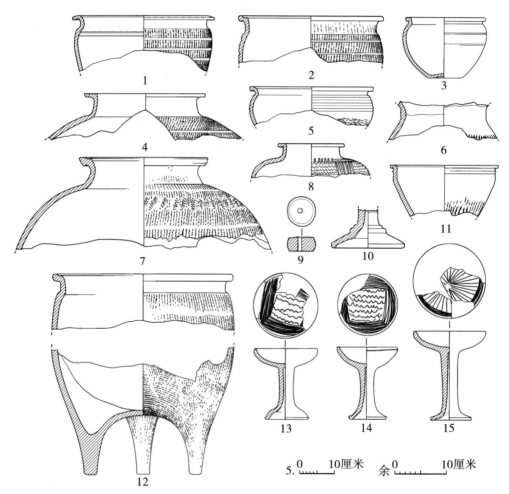

图17　H23出土陶器

1、2、12.鬲（H23∶17、16、23）　3.盂（H23∶12）　4、8.罐（H23∶20、27）　5、11.盆（H23∶15、13）　6.甗（H23∶22）　7.瓮（H23∶21）　9.纺轮（H23∶1）　10.B型豆（H23∶24）　13～15.A型豆（H23∶5、7、9）

两型。

A 型：3 件。矮圈足，细柄。泥质黑皮陶。H23：5，豆盘内壁外缘饰由纵横弦纹组成的菱形暗纹，中部饰五条波浪纹。口径 12.7、圈足径 8.2、高 13.2 厘米（图 17，13）。H23：7，豆盘内壁外缘饰由纵横弦纹组成的菱形暗纹，中部饰七条波浪纹。口径 12.6、圈足径 7.3、高 13.7 厘米（图 17，14）。H23：9，豆盘内壁饰三圈不规则同心圆纹和放射线暗纹。口径 13.8、圈足径 7.7、高 16.5 厘米（图 17，15）。

B 型：1 件（H23：24）。高圈足，粗柄。泥质灰陶。仅存圈足。圈足饰两周凸弦纹。圈足径 14、残高 7.2 厘米（图 17，10）。

罐　2 件。泥质灰陶。H23：20，侈口，方唇，宽平沿，束颈，广肩，鼓腹。沿面有两周凹槽，颈以下饰弦断绳纹。口径 24、残高 8.8 厘米（图 17，4）。H23：27，侈口，圆唇，平沿外卷，束颈，广肩，鼓腹。肩上部饰纵向短条纹和两排横向锯齿纹，其下饰横向四排波浪纹和纵向长条纹。口径 12.8、残高 6.4 厘米（图 17，8）。

盆　2 件。泥质灰陶。H23：13，侈口，方唇，折沿，短束颈，斜肩，鼓腹下收。下腹饰纵向绳纹。口径 21、残高 9.6 厘米（图 17，11）。H23：15，侈口，方唇，折沿，短束颈，溜肩，鼓腹。上腹饰六周凹弦纹。口径 36、高 10.8 厘米（图 17，5）。

甗　1 件（H23：22）。夹砂红陶。仅存甗腰。细束腰。下部饰绳纹。残高 7.2 厘米（图 17，6）。

瓮　1 件（H23：21）。泥质红陶。侈口，斜方唇，卷沿，束颈，广肩，鼓腹。沿内缘起棱，颈饰绳纹，肩饰一周按窝状附加堆纹，颈以下饰弦断绳纹。口径 25.5、残高 17.5 厘米（图 17，7）。

纺轮　1 件（H23：1）。夹砂红褐陶。圆饼状，两面较平直，腰部凸起，厚薄不一，中部有一单面穿孔。直径 5.5～5.7、孔径 1、高 2.5～2.7 厘米（图 17，9；图版五，5）。

4.H24

开口于第 3 层下，打破 H25 和生土，中部被 G7 打破，南部在发掘区外。坑口呈不规则半弧形，弧壁，近平底。坑口最宽 206、最深 40 厘米（图 18；图版四，1）。坑内填土呈灰褐色，包含少量草木灰、红烧土颗粒。出土大量陶片，可辨器形有鬲、豆、罐、鼎、器盖等。根据对出土陶片的统计可知，夹砂陶所占比例最大，约为 55.7%。黑皮陶、红褐陶、灰陶、灰褐

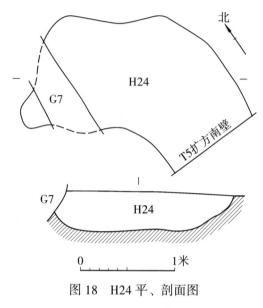

图 18 H24平、剖面图

陶各占 32.8％、25.09％、24.39％、17.55％。纹饰以绳纹为大宗，其中粗绳纹约占 12.2％，中粗绳纹约占 53.4％，细绳纹极少。暗纹、弦纹、附加堆纹也有零星发现。

鬲 2件。夹砂红陶。侈口，方唇，折沿，束颈，溜肩。H24：7，口沿外缘饰一周凹弦纹，器表饰绳纹。复原口径 32、残高 6厘米（图19，4）。H24：6，夹砂红陶。器表饰绳纹。复原口径 33、残高 5.2厘米（图19，5）。

豆 依柄部差异，分为两型。

A 型：2件。细高柄。敛口，方唇，浅盘，弧壁，空心柱状高柄，喇叭状圈足。H24：1，泥质黑皮陶。豆盘内壁饰放射线暗纹，柄上端有一周凹弦纹。口径 13、圈足径 7.2、高 12.9厘米（图19，1）。H24：2，泥质红陶。豆盘内壁饰数圈不规则同心圆纹和放射线暗纹。口径 12.2、圈足径 7.2、高 12.9厘米（图19，9）。

B 型：1件（H24：10）。粗矮柄。泥质黑皮红陶。豆柄中空，喇叭状圈足。柄中部饰一周凹弦纹。复原圈足径 9、残高 7.6厘米（图19，2）。

罐 2件。H24：11，泥质红褐陶。侈口，方唇，平折沿，束颈，溜肩，鼓腹。沿面有一周凹槽，颈饰抹绳纹，颈以下饰弦断绳纹。复原口径 19、残高 18.6厘米（图19，8）。H24：12，磨光红陶。直口，方唇，束颈，广肩，鼓腹。沿面有一周凹弦纹，颈饰一周竖条状暗纹，其下饰一组弦纹，肩饰一周竖条状暗纹，每 5～8条为一组。残高 4.5厘米（图19，6）。

鼎 1件（H24：4）。泥质磨光黑皮陶。盂形鼎，侈口，厚方唇，折沿微卷，束颈，溜肩，球形腹，圜底，三足较矮。肩饰两周凹弦纹，足饰五个乳钉。口径 17.4、腹径 18.2、高 13厘米（图19，10；图版五，4）。

鼎耳 1件（H24：8）。夹砂黑皮红陶。附耳，横截面呈长方形。残高 8.9厘米（图19，3）。

器盖 1件（H24：9）。泥质磨光灰陶。呈覆碗形，直口，方唇，平折沿，弧壁，顶残。口径 20、残高 3.5厘米（图19，7）。

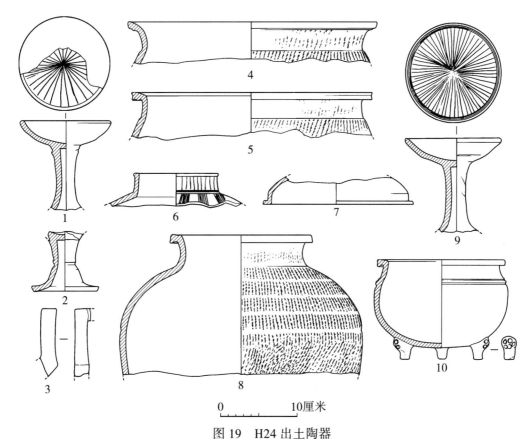

图 19 H24 出土陶器

1、9.A型豆（H24：1、2） 2.B型豆（H24：10） 3.鼎耳（H24：8） 4、5.鬲（H24：7、
6） 6、8.罐（H24：12、11） 7.器盖（H24：9） 10.鼎（H24：4）

5.H25

开口于第3层下，被 H24 打破，打破生土。平面呈椭圆形，弧壁，坑底较平缓。坑口残长 120、宽 86、深 62 厘米。坑内填土呈黄褐色，包含大量草木灰、红烧土及少许兽骨。出土大量陶片和1件骨凿（图20）。据统计，出土陶器以夹砂陶为主，占 53.7%，泥质陶占 46.3%，其中夹砂红褐陶、泥质灰陶分别占 23.6%、23%，夹砂黑皮陶、夹砂灰褐陶和泥质灰皮陶分别占 14.3%、9.56%、7.39%。纹饰以绳纹所占比例最大，其中粗绳纹约占 59.1%，细绳纹约占 6.08%。其他纹饰以附加堆纹、暗纹所占比例最大。器形有鬲、盂、豆、罐等。

鬲 3件。侈口，方唇，折沿，束颈，溜肩，鼓腹下收。H25：6，夹砂红陶。口沿以下饰细绳纹。复原口径 35、残高 11 厘米（图21，1）。H25：1，夹砂红陶。瘪裆，柱足，足窝较浅。通体饰中粗绳纹，肩饰一周附加堆纹。口径 37、

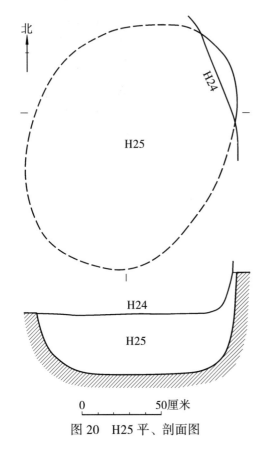

图20 H25 平、剖面图

高38.5厘米（图21，2；图版五，2）。H25：4，夹砂黑皮红陶。颈以下饰细绳纹。复原口径20、残高8.9厘米（图21，8）。

盂 1件（H25：12）。泥质磨光黑皮陶。侈口，圆唇，折沿，鼓腹。复原口径17、残高3.9厘米（图21，7）。

豆 1件（H25：3）。泥质灰陶。敛口，尖唇，浅盘，弧壁，空心柱状短柄，喇叭状圈足残。柄中部有一周凸棱。口径12.2、圈足径7.5、残高12.9厘米（图21，5；图版五，6）。

罐 3件。侈口，方唇，折沿，束颈，溜肩，鼓腹。H25：19，夹砂灰褐陶。颈以下饰弦断绳纹，上腹及中腹各饰一周附加堆纹。口径33、残高71厘米（图21，9）。H25：9，泥质红陶。颈以下饰绳纹。复原口径16、残高5.5厘米（图21，3）。H25：8，泥质灰陶。颈以下饰弦断绳纹。复原口径16、残高5.8厘米（图21，4）。

器盖 1件（H25：13）。泥质红褐陶。敛口，方唇，弧壁，顶残。盖面饰不规则网格纹。复原口径19、残高4.3厘米（图21，6）。

6.H26

开口于第3层下，东部被H11打破，西部被H23打破。坑口呈椭圆形，南部延伸至发掘区外。坑底由东向西呈坡状平底。坑西壁较陡，北壁上部呈缓坡状、下部较陡直，东壁呈斜坡状。坑口东西残长360、宽154厘米，坑底最深约160厘米（图22）。坑内填土分两层。第1层：灰黄色土，夹杂大量小石子，土质疏松，包含少量灰陶片、瓦片。第2层：灰褐色土，包含炭屑、红烧土块、蚌壳等。出土陶片可辨器形有鬲、甗、盂、豆、罐、鼎足等。据统计，第1层陶片以泥质陶为主，占58.87%，其中以灰陶和黑皮陶所占比例最大，分别占19.1%和22.1%。第2层陶片以夹砂陶为主，占53.56%，其中红褐陶所占比例

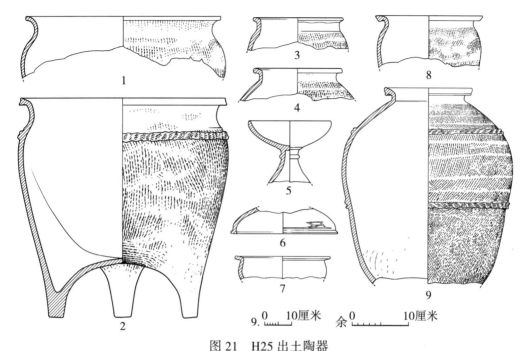

图 21　H25 出土陶器
1、2、8.鬲（H25：6、1、4）　3、4、9.罐（H25：9、8、19）　5.豆（H25：3）　6.器盖
（H25：13）　7.盂（H25：12）

最大，占 18.8%；泥质陶中灰陶和黑皮陶的比例均有所下降。纹饰以绳纹为大宗，中粗、粗绳纹占绝大部分。此外，还有少量暗纹、弦纹、附加堆纹、刻划纹等。

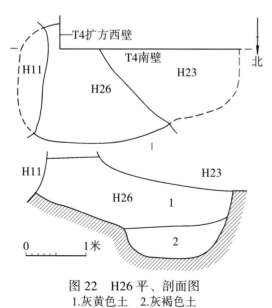

图 22　H26 平、剖面图
1.灰黄色土　2.灰褐色土

鬲　2件。侈口，方唇，平折沿，束颈，溜肩，鼓腹下收。H26①：13，夹砂灰陶。联裆近平，三柱状矮足，足窝较深。沿外缘起脊，口沿外缘有一周弦纹，颈饰抹绳纹，颈以下饰弦断绳纹，裆饰交错绳纹。口径 26、腹径 29、高 26.8 厘米（图 23，13；图版六，3）。H26②：9，夹砂灰褐陶。瘪裆，三锥状细高足内收。沿面起脊，颈以下饰弦断绳纹，下腹及足根部饰绳纹。口径 34、腹径 35.5、高 32.1 厘米（图 23，11；图版六，6）。

盂　2件。泥质黑皮陶。侈口，

· 25 ·

方唇，折沿，束颈，溜肩，鼓腹下收，凹底。H26①：8，肩部饰两周凹弦纹，下腹饰交错绳纹。口径22、底径8.8、高14.4厘米（图23，6；图版六，1）。

H26①：10，口沿外缘起脊，肩饰三周凹弦纹，下腹及底饰交错绳纹。口径23.4、底径11、高15.8厘米（图23，5）。

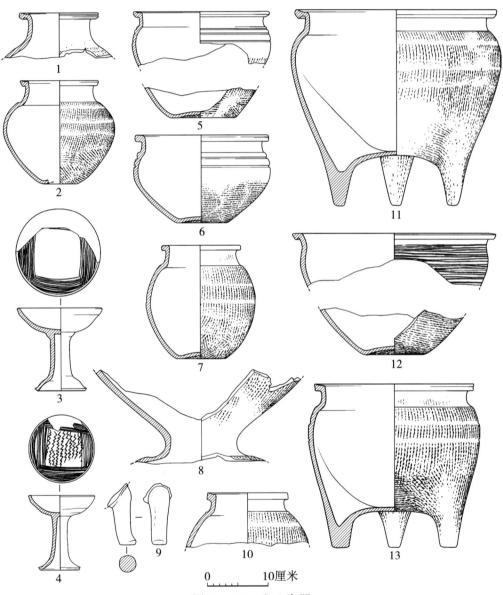

图 23　H26 出土陶器

1.A型罐（H26①：15）　2、7、10.B型罐（H26②：12、H26①：11、H26①：12）　3、4.豆（H26②：5、3）　5、6.盂（H26①：10、8）　8.甗（H26①：14）　9.鼎足（H26②：11）　11、13.鬲（H26②：9、H26①：13）　12.盆（H26①：7）

豆　2件。敛口，方唇，浅盘，折腹，空心柱状高柄，喇叭状圈足。H26②：5，泥质灰陶。豆盘内壁外缘饰由纵横线组成的暗纹。口径14.3、圈足径8.5、高13.5厘米（图23，3）。H26②：3，泥质黑陶。豆盘内壁外缘饰由纵横线组成的暗纹，中央饰波浪线状暗纹。口径11.4、圈足径7、高12.4厘米（图23，4；图版六，4）。

罐　依领、肩差异，分为两型。

A型：1件（H26①：15）。高领，狭溜肩。夹砂红陶。侈口，方唇内勾，折沿。沿面有一周凹槽，颈以下饰绳纹。复原口径18、残高7.1厘米（图23，1）。

B型：3件。矮领，溜肩。泥质灰陶。形制基本相同。直口，方唇，折沿，束颈，溜肩，鼓腹下收。H26①：11。凹底。颈饰抹绳纹，颈以下饰弦断绳纹，下腹及底饰交错绳纹。口径13、底径8、高18.6厘米（图23，7；图版六，2）。H26①：12，沿面有一周凹槽，颈以下饰弦断绳纹。复原口径13、残高8.8厘米（图23，10）。H26②：12，凹底。沿面有一周凹槽，颈以下饰弦断绳纹。口径13.2、底径6、高16.8厘米（图23，2；图版六，5）。

盆　1件（H26①：7）。泥质灰陶。敞口，斜方唇，下折沿，微束颈，溜肩，深弧腹下收，凹底。上腹饰九周横条状暗纹，下腹及底饰交错绳纹。复原口径34、底径10、高20厘米（图23，12）。

瓿　1件（H26①：14）。夹砂黑皮陶。仅存瓿腰，束腰明显。器表饰绳纹。腰径12、残高14.7厘米（图23，8）。

鼎足　1件（H26②：11）。夹砂红陶。高蹄足，足尖外撇。残高10厘米（图23，9）。

7.H29

开口于第2层下，坑口被H28打破，打破H30、H33，并打破第3、4层和生土。坑口呈不规则圆形，斜壁。坑口东西长354、南北宽215厘米；坑底呈阶梯状，东浅西深，深76～92厘米（图24；图版四，3）。坑内填土分两层。第1层：青灰色土，土质较软，包含大量草木灰、少量卵石和零星红烧土颗粒。出土一些陶片和1件陶罐、1件铜削刀。第2层：青灰色土，土质较松软，包含少量草木灰、少量卵石和零星红烧土颗粒。出土少量陶片和1件陶罐、1件石料。出土陶片以泥质灰陶为主，其次为红褐陶、灰陶、灰褐陶。陶片纹饰以绳纹为主，其次是暗纹、弦纹。器形有盂、豆、罐、盆、钵等。

盂　2件。泥质黑皮陶。H29①：5，侈口，方唇，折沿，束颈，溜肩，鼓腹下收，凹底。上腹饰五周凹弦纹，下腹饰交错绳纹。口径21，底径7.5、高

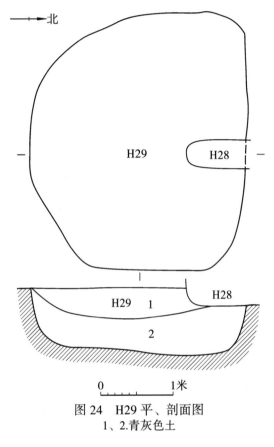

图24 H29平、剖面图
1、2.青灰色土

12.8厘米（图25，8）。H29①：16，侈口，尖圆唇，折沿，沿面低于口部，束颈，溜肩，鼓腹下收。上腹饰四周凹弦纹，下腹饰交错绳纹。复原口径20、残高11.3厘米（图25，4）。

豆 2件。H29①：7，泥质黑皮陶。敛口，方唇，浅盘，弧壁，空心柱状高柄，喇叭状圈足。豆盘内壁饰组合暗纹，以两圈同心圆纹将纹饰分为内、外两圈，内圈饰螺旋状同心圆纹，外圈饰一周三角折线纹。口径14、圈足径7.8、高15.2厘米（图25，9）。H29①：19，磨光黑皮陶。侈口，尖唇，浅盘，弧壁，空心柱状高柄，喇叭状圈足。豆盘内壁饰放射线状暗纹。口径12.5、圈足径8.6、高13厘米（图25，10）。

盖豆 1件（H29①：9）。泥质灰陶。直口，方唇，子母口以承盖，深腹盘，空心柱状矮柄，喇叭状圈足。口沿外缘饰九周长条状暗纹，圈足饰一周凹弦纹和八周长条状暗纹。口径18、圈足径15、高22厘米（图25，5；图版七，5）。

罐 依颈部差异，分为两型。

A型：2件。短颈。方唇，直口，束颈，溜肩，鼓腹下收，凹底。H29①：1，泥质红陶。肩部附双耳，并饰一周弦纹。口径9.8、底径9、高12厘米（图25，6；图版七，1）。H29②：1，泥质灰陶。口部以下饰十周凹弦纹。口径10.8、底径7、高10.7厘米（图25，7；图版七，4）。

B型：1件（H29①：20）。长颈。夹砂灰陶。口部烧变形。侈口，方唇，平折沿，长颈，溜肩，鼓腹下收。沿面有凹槽，颈以下饰弦断绳纹，下腹及底饰交错绳纹。口径16、底径8.3、高26.6厘米（图25，2；图版七，2）。

盆 1件（H29①：10）。泥质灰陶。侈口，方唇，仰折沿，短束颈，溜肩，鼓腹。上腹饰八周凹弦纹，下腹饰交错绳纹。口径34.5、残高15.3厘米（图25，1）。

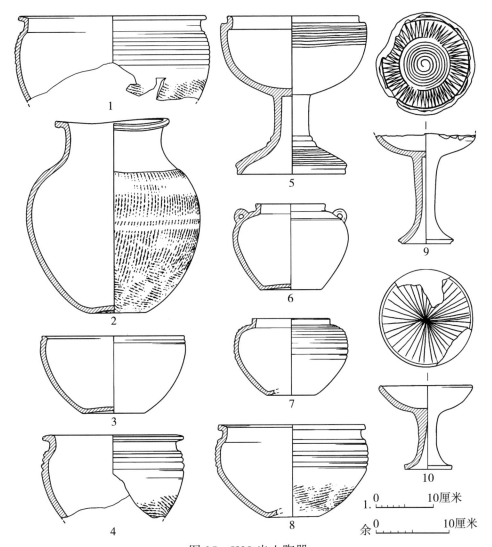

图 25　H29 出土陶器

1.盆（H29①：10）　2.B型罐（H29①：20）　3.钵（H29①：3）　4、8.盂（H29①：16、
5）　5.盖豆（H29①：9）　6、7.A型罐（H29①：1、H29②：1）　9、10.豆（H29①：7、19）

钵　1件（H29①：3）。泥质灰陶。敛口，方唇，鼓腹下收，凹底。口沿外缘饰一周凸弦纹。口径20、底径8、高10.7厘米（图25，3；图版七，3）。

8.H33

开口于第3层下，打破第4层和生土，南部被G2打破一角，中部被G5打破，西部、西北部被H6、H29、H30、J2打破。坑口呈不规则圆角方形，坑壁较陡，弧壁内收成平底。坑口东西长360、南北宽350、深约72厘米（图26；见图版四，3）。坑内填土呈灰黄色，土质疏松，包含大量红烧土颗粒、炭屑、

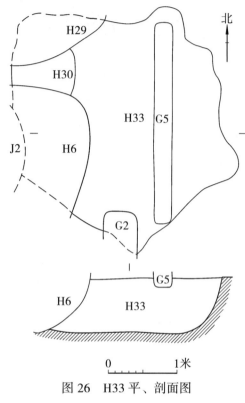

图26　H33平、剖面图

草木灰和少量蚌壳、鹅卵石等。出土大量陶片和骨角器。

陶鬲　夹砂灰陶。依口径差异，分为两型。

A型：2件。大口鬲。H33：12，侈口，卷沿，方唇，束颈，溜肩，弧腹。颈部饰抹绳纹，肩部有一周按窝状附加堆纹，颈以下饰弦断绳纹。复原口径36、残高14厘米（图27，10）。H33：35，侈口，方唇，折沿外卷，束颈，溜肩，鼓腹，联裆，三柱足，足窝较浅。颈饰绳纹，颈以下饰弦断绳纹。复原口径32厘米（图27，11）。

B型：1件（H33：30）。小口鬲。侈口，方唇，束颈，斜肩，鼓腹，瘪裆，三柱足。颈饰一周凹弦纹及绳纹，肩以下饰弦断绳纹，下腹及足饰绳纹。口径14.4、高28.5厘米（图27，12；图版八，7）。

陶盂　4件。H33：15，泥质磨光灰陶。微敛口，斜方唇，斜折沿，溜肩，鼓腹内收。肩部两周凸弦纹间饰一周锯齿纹。口径23、高15.6厘米（图27，4）。H33：16，泥质磨光灰陶。侈口，方唇，折沿外卷，束颈，溜肩，鼓腹下收，凹底。肩饰一周凹弦纹和锯齿纹。口径25.7、底径8、高17.8厘米（图27，9；图版八，4）。H33：18，泥质灰陶。侈口，方唇，平折沿，束颈，溜肩，鼓腹下收。肩饰一周凹弦纹。复原口径26、残高8.5厘米（图27，2）。H33：21，泥质磨光黑皮陶。侈口，方唇，平折沿，束颈，溜肩，鼓腹下收。肩部两周凸弦纹间饰一周锯齿纹。复原口径26、残高10.2厘米（图27，3）。

陶豆　依柄部差异，分为两型。

A型：3件。高柄。H33：4，泥质灰陶。敞口，圆唇，浅盘，弧壁，空心柱状柄，喇叭状圈足。口径19.3、圈足径8.2、高12.2厘米（图27，7）。H33：10，泥质磨光黑陶。微敛口，圆唇，浅盘，空心柱状柄，圈足残。盘内壁外缘饰不规则的同心圆纹，盘壁中央饰平行的锯齿纹。口径17.2、残高12.1厘米（图 27，8）。H33：27，泥质灰陶。敛口，尖唇，浅盘，弧壁，空心柱状高柄，喇叭状圈足。柄底部有明显的轮制痕。口径 18.1、圈足径 11.7、高 15.1 厘米（图 27，6）。

B 型：1 件（H33：29）。矮柄。泥质黑皮红陶。敛口，尖唇，浅盘，弧壁，空心柱状柄，喇叭状圈足外撇。豆盘内壁边缘饰纵横线纹组成的大菱形暗纹。

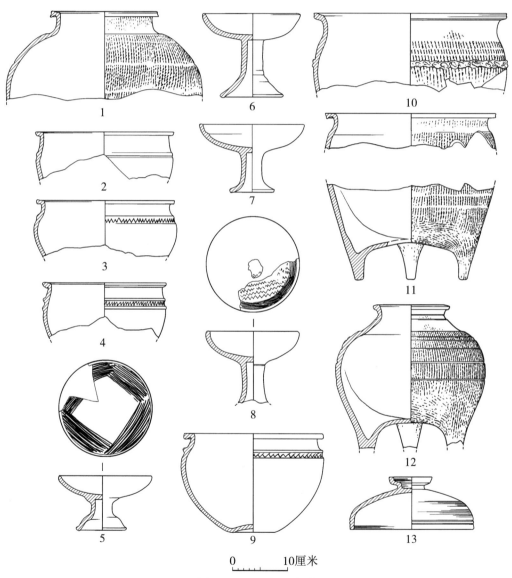

图 27　H33 出土陶器

1.罐（H33：34）　2～4、9.盂（H33：18、21、15、16）　5.B型豆（H33：29）　6～8.A型豆（H33：27、4、10）　10、11.A型鬲（H33：12、35）　12.B型鬲（H33：30）　13.器盖（H33：17）

口径 17.5、圈足径 9.4、高 9.8 厘米（图 27，5）。

陶罐　1件（H33：34）。夹砂灰陶。侈口，方唇，折沿外卷，束颈，溜肩，鼓腹，腹以下残。颈饰绳纹，颈以下饰弦断绳纹。复原口径 20、残高 16 厘米（图 27，1）。

陶器盖　1件（H33：17）。泥质磨光灰陶。呈覆碗状，直口，方唇，弧顶，喇叭状盖钮。口沿饰两周凹弦纹，盖面饰数周弦纹。轮制。口径 23.4、钮径 8.1、高 9.6 厘米（图 27，13；图版八，1）。

陶纺轮　1件（H33：1）。泥质黑陶。鼓状，平面呈圆形，上、下两面平直，侧面外鼓。直径 3.3、孔径 0.8～1、厚 1.5～1.6 厘米（图 28，4）。

陶网坠　依器形差异，分为两型。

A 型：1件（H33：2）。近橄榄形。泥质红褐陶。平面为扁椭圆形，两边薄、中间厚，中央纵向有浅弧状凹槽以挂渔网。素面。长径 4.9、短径 3.1 厘米（图 28，5）。

B 型：1件（H33：6）。圆角方形。泥质黑皮红陶。由陶片改制而成，半成品，体扁平，中部有孔，但未钻透。直径 6.2、厚 0.6 厘米（图 28，6；图版七，7）。

鹿角　2件。梅花鹿角。H33：7，浅黄色。树枝状，有分枝，末端切割平整。长 24 厘米（图 28，3；图版八，3）。H33：8，黄棕色，鹿角的主干，呈"Y"字形。长 42.4 厘米（图 28，7；图版八，2）。

骨镖　1件（H33：5）。灰褐色。由大型动物骨骼加工而成，整体呈"一"字形，中部弯曲，横剖面呈半环状，镖头加工成三角状，尾部稍宽。长 16 厘米（图 28，1；图版七，6）。

骨簪　1件（H33：3）。红褐色。细长棒形，两端略细，圆头。通体打磨光滑。直径 0.7～0.8、长 16.7 厘米（图 28，2）。

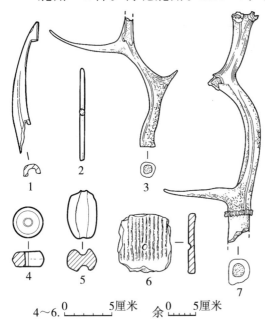

图 28　H33 出土遗物
1.骨镖（H33：5）　2.骨簪（H33：3）　3、7.鹿角（H33：7、8）　4.陶纺轮（H33：1）　5.A 型陶网坠（H33：2）　6.B 型陶网坠（H33：6）

9.H35

开口于第 3 层下，被 H10、H11、H12、J3 打破，底部打破生土。坑口

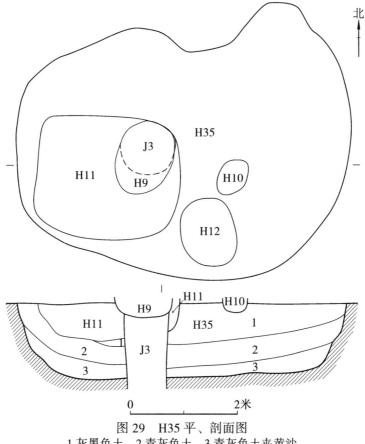

图 29 H35 平、剖面图
1.灰黑色土 2.青灰色土 3.青灰色土夹黄沙

呈椭圆形，弧壁，坑底近平。坑口东西长 610、南北长 468、深 128 厘米（图
29）。坑内填土分三层。第 1 层：灰黑色土，包含零星草木灰、碎石子及少许
兽骨。出土大量陶片，可辨器形有鬲、豆、罐等。第 2 层：青灰色土，包含零
星草木灰和少许兽骨。出土少量陶片。第 3 层：青灰色土夹黄沙，包含零星草
木灰、细沙。出土少量陶片，可辨器形有鬲、盂、豆、罐等。据统计，出土陶
片以泥质陶为主，约占 60%。其中黑皮陶所占比例略有变化，第 1 层黑皮陶占
38%，第 2 层黑皮陶占 42.12%，第 3 层黑皮陶约占 45%。纹饰以中粗、粗绳
纹为大宗。第 1 层陶器的中粗、粗绳纹共占 74.3%，第 2 层陶器的中粗、粗绳
纹比例下降为 63.6%。第 1 层陶器的器形多样，第 2、3 层陶器的器形逐渐减少。

陶鬲 侈口，方唇，束颈，溜肩，鼓腹下收。依口沿差异，分为两型。

A 型：2 件。卷沿。H35③：4，夹砂灰褐陶。联裆，三柱足。颈饰抹绳纹，
颈以下饰弦断绳纹。口径 31、腹径 30、高 29.2 厘米（图 30，18；图版九，6）。

H35③：25，夹砂红陶。颈饰抹绳纹，肩饰弦断绳纹。复原口径 32、残高 9.8 厘米（图 30，4）。

B 型：2 件。折沿。H35②：7，夹砂褐陶。弧裆，三截锥状柱足。肩饰一周间断短绳纹，腹以下饰绳纹。口径 26、腹径 25.2、高 25 厘米（图 30，5；图版八，5）。H35③：19，夹砂红褐陶。颈饰抹绳纹，颈以下饰弦断绳纹。复原口径 26、残高 14.2 厘米（图 30，7）。

陶盂　依口沿差异，分为两型。

A 型：2 件。卷沿。侈口，方唇，束颈，溜肩，鼓腹下收，凹底。H35②：5，泥质灰陶。颈饰一周竖条状暗纹，肩饰两周凹弦纹，下腹饰戳印纹。口径 17、底径 6.8、高 10.8 厘米（图 30，8）。H35③：5，泥质橙黄陶。肩饰一周凹弦纹。口径 16.3、底径 6.5、高 11.8 厘米（图 30，9；图版九，1）。

B 型：2 件。折沿。H35③：9，泥质黑皮陶。直口，方唇，束颈，溜肩，鼓腹，凹底。沿面有一周凹槽，颈饰一周凹弦纹，肩饰一周锯齿状暗纹和多道横条状暗纹，下腹及底饰交错绳纹。口径 25、底径 10、高 17.7 厘米（图 30，6；图版九，2）。H35③：13，泥质红褐陶。敛口，圆唇，束颈，溜肩，鼓腹。肩、腹部饰上下两周凹弦纹，其间饰网格状暗纹。复原口径 26、残高 8.8 厘米（图 30，17）。

陶豆　2 件。磨光黑陶。盘内均饰暗纹。H35②：2，敞口，尖唇，浅盘，空心柱状柄，喇叭状圈足。盘内近口处饰多道圆圈纹，纹饰相互重叠，盘中央饰放射线纹。口径 13.3、圈足径 8、高 12.2 厘米（图 30，10）。H35③：6，侈口，方唇，浅盘，空心柱状高柄，喇叭状圈足。盘内壁方框内为一组"S"形卷云纹，方框外涂黑至唇部，圈足外壁有"×"形刻划纹。口径 12、圈足径 8.3、高 13.8 厘米（图 30，14；图版九，5）。

陶盖豆　1 件（H35②：20）。磨光黑陶。子母口内敛，圆唇，深盘，底残。外壁饰三周凹弦纹，其中第一周弦纹之上、口部以下饰一周等距离分布的短竖条状暗纹，第一、三周弦纹间饰一周网格状暗纹，第三周弦纹以下饰横向的长条状暗纹。口径 18、残高 10.8 厘米（图 30，3）。

陶罐　3 件。侈口，卷沿，束颈，溜肩，深腹，凹底。H35②：8，泥质灰陶。方唇。颈以下饰弦断绳纹，下腹及底饰交错绳纹。外颈有轮制痕。口径 17.8、腹径 29.5、底径 9.2、高 32 厘米（图 30，15；图版八，6）。H35③：10，泥质灰陶。方唇内勾呈三角形，唇上缘微内折。颈饰抹绳纹，肩饰弦断绳纹，上腹饰竖向绳纹，下腹及底饰交错绳纹。口径 17、腹径 29.5、底径 8、高 26.7 厘米（图 30，2；图版九，4）。H35③：26，夹砂红陶。颈饰抹

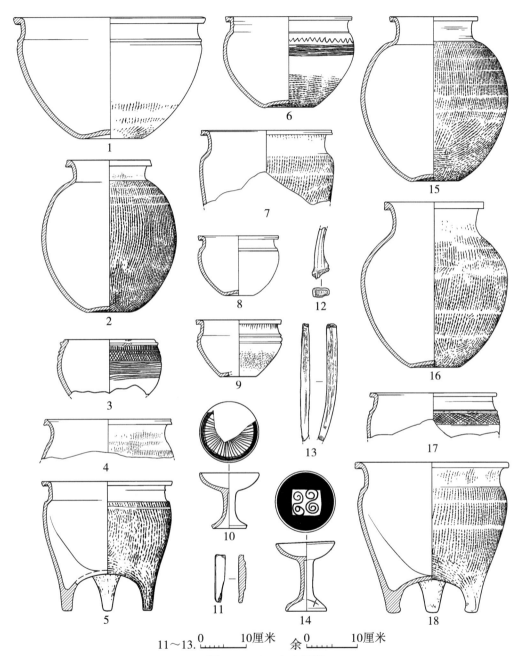

图 30　H35 出土遗物

1.陶盆（H35②：6）　2、15、16.陶罐（H35③：10、H35②：8、H35③：26）　3.陶盖豆
（H35②：20）　4、18.A型陶鬲（H35③：25、4）　5、7.B型陶鬲（H35②：7、H35③：19）　6、
17.B型陶盂（H35③：9、13）　8、9.A型陶盂（H35②：5、H35③：5）　10、14.陶豆（H35②：2、
H35③：6）　11.砺石（H35①：1）　12.鹿角（H35③：2）　13.角锥（H35③：1）

绳纹，颈以下饰弦断绳纹，下腹及底饰交错绳纹。复原口径20、腹径29、底径10、高32厘米（图30，16）。

陶盆　1件（H35②：6）。泥质灰陶。侈口，圆唇，折沿外卷，束颈，溜肩，鼓腹下收，凹底。肩饰一周凹弦纹，下腹饰绳纹。口径39、底径12、高24厘米（图30，1；图版九，3）。

角锥　1件（H35③：1）。黄棕色。长弧锥状。用鹿角制成，通体打磨光滑，锥尖残。柄部有切割痕。长26厘米（图30，13）。

鹿角　1件（H35③：2）。黄棕色。梅花鹿角。单枝，根部稍粗，有切割痕，尖残。长11.2厘米（图30，12）。

砺石　1件（H35①：1）。青灰色砂岩。长条状。正面有磨面，侧边有破损。长10.6、宽2.4、厚0.7～1.6厘米（图30，11）。

10.H55

开口于第7层下，东部被G9打破，打破第8层和生土，北部延伸至探沟壁面之内。坑口呈不规则长条形，斜壁内收，底部呈斜坡状，西高东低，坑洼不平。已揭露坑口东西长372、南北宽130、最深105厘米（图31；图版四，2）。坑内填土为黑灰色土，夹杂零星红烧土粒、草木灰，土质疏松。出土1件残铜镞和少量陶片、筒瓦。陶器有夹砂灰陶、红陶和泥质红陶，以绳纹陶居多，可辨器形有鬲、盂、豆、罐等。

鬲　2件。夹砂黑皮褐陶。直口，方唇，仰折沿，束颈，微耸肩，弧腹。H55：4，弧裆残。沿面有凹槽，肩以下饰纵向绳纹，绳纹间有多组平行抹痕。口径24厘米（图32，2）。H55：12，颈饰抹绳纹，其下饰多组弦断绳纹。口径40、残高12厘米（图32，1）。

盂　2件。H55：5，泥质灰陶。直口，尖圆唇，平折沿，直颈，弧肩，弧腹，中腹以下斜内收，小凹底。肩饰多组平行横向凹弦纹，腹至底饰斜向粗绳纹。泥条盘筑而成，口部轮制。

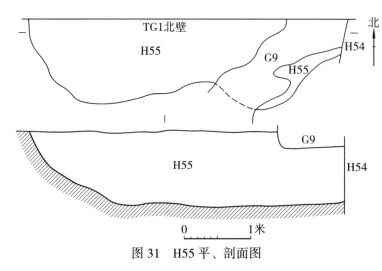

图31　H55平、剖面图

口径22.4、高15厘米（图32，3）。H55：15，磨光黑皮红陶。侈口，圆唇，卷沿，弧肩，斜弧腹内收，底残。通体磨光。肩饰两道凹弦纹夹菱形方格纹。口径20、残高5.6厘米（图32，7）。

豆 2件。H55：3，磨光灰皮红陶。敞口，浅盘，细柄，喇叭状圈足。口径14.6、圈足径8.3、高11.6厘米（图32，5）。H55：16，泥质灰陶。中空柄，喇叭状圈足。圈足上有凸棱。圈足径13.1、残高8.4厘米（图32，6）。

罐 1件（H55：13）。夹砂灰陶。直口微侈，圆唇，平沿，束颈，圆肩，弧腹，腹以下残。沿面有凹槽，通体饰纵向绳纹，肩、腹处有横向抹痕。口部轮制。口径20、残高14.3厘米（图32，4）。

鼎足 1件（H55：9）。夹砂黑皮灰陶。蹄状矮足，足尖外撇。通体戳印圆珠纹。残高7厘米（图32，9）。

板瓦 1件（H55：10）。泥质黄褐陶。外饰粗绳纹，内为素面。残长14、宽12厘米（图32，8）。

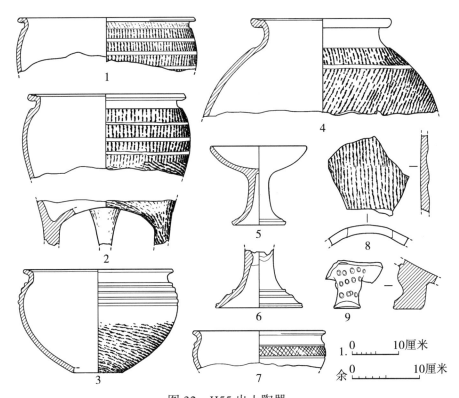

图32 H55出土陶器

1、2.鬲（H55：12、4） 3、7.盂（H55：5、15） 4.罐（H55：13） 5、6.豆
（H55：3、16） 8.板瓦（H55：10） 9.鼎足（H55：9）

三、典型遗存的初步分期

（一）典型遗迹单位的地层关系

上文介绍的12个典型遗迹单位，可归纳出以下四组地层关系。

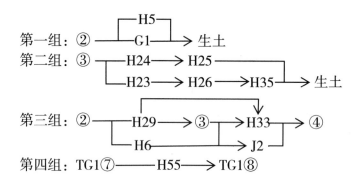

在上述四组地层中，除第一组H5、G1无法判断相对年代外，其他各组遗迹单位均可初步判断其相对早晚关系。其中，开口于第2层下且打破第3层（西区TG1⑦）的遗迹要晚于开口于第3层（西区TG1⑦）之下的遗迹，即H6、H29要晚于H23～H26、H33、H35、H55、J2；而根据打破关系（H24→H25，H23→H26，H26→H35）判断，H23晚于H26，H26晚于H35，H24晚于H25。

（二）典型陶器形制的演变规律

根据12个典型遗迹单位出土陶器的形制差别，试分析遗址常见的五种器形的演变规律。

鬲　口沿从卷沿或卷折沿→折沿、沿面内凹或起棱。唇部从方唇→凹方唇→厚方唇、内勾。颈部从长→短。裆部从瘪裆→联弧裆→联裆近平。

盂　口沿从卷沿→折沿→折沿、沿面内凹或起棱。唇部从方唇→凹方唇→尖圆唇。腹部逐渐内收。

盆　口沿从卷沿→卷折沿→平折沿、沿面内凹→平折沿、沿面起棱。颈部从长→短。纹饰从绳纹→绳纹＋暗纹的组合纹饰，再到通体素面、仅肩腹饰多道凸棱。

豆　豆盘从深→浅，柄部从粗矮→高细，圈足从高→矮。

罐　口沿从卷沿或卷折沿→折沿、沿面内凹或起棱。唇部从方唇→凹方唇→尖圆唇。颈部从矮→高→矮。

（三）典型遗迹单位的分组

根据上述典型陶器形制演变规律，结合地层关系，试对12个典型遗迹单位进行分组。

第一组：H25。陶器以鬲、盂、豆、罐为主。口沿为卷折沿或卷沿，方唇。豆为矮柄带凸棱的深盘豆，鬲、罐肩部饰附加堆纹。

第二组：H33。陶器以鬲、盂、豆、罐为主，但在器形和纹饰上与第一组陶器存在差别。口沿为卷折沿或折沿，鬲和罐的肩部较鼓，瘪裆较甚，豆柄加高而豆盘变浅。鬲的肩部饰弦断绳纹，不见第一组的附加堆纹装饰，新出现饰暗纹的豆和盂。

第三组：H5②、H35。本组中，H5②所在T7北部的东周文化层可能被汉代人类活动所破坏，但H5②层与H35出土陶器在器形特征上基本相同。鬲为联裆鬲，下腹内收较明显，基本不见第二组的瘪裆鬲。盂和盆有明显的颈部。豆分细高柄和矮粗柄两类，豆盘内壁和盂的肩部饰暗纹。

第四组：H24、H26。陶器有鬲、盂、豆、罐，盆的数量较多。鬲为平折沿，边缘凸起，方唇或方唇内凹。盂、盆的肩部有两种纹饰：一种是暗纹，另一种是多道凸棱。鬲、罐的肩部饰弦断绳纹。豆的盘较浅，豆柄较高。

第五组：H23、H55、J2。陶器以鬲、盂、豆、罐为基本组合，其中H55还出土板瓦、鼎足等，H23还出土陶盆等。这三个遗迹单位出土陶器的形制接近，如H23与H55出土的豆形制一致，鬲、盂、盆等为斜折沿或平折沿，口沿上有凹槽或数道凸棱，鬲整体显得矮胖，腹部外鼓，盂颈部短，高柄豆的盘内饰放射线暗纹。

第六组：H6、G1。从层位关系看，本组两个遗迹单位要晚于以上五组各遗迹单位。本组陶器组合为鬲、盂、豆、罐、鼎，还出土大量的筒瓦等建筑材料。鬲较大，平折沿，方唇内勾或略微下垂，颈部较短。

第七组：H29。陶器与第六组的主要陶器形制基本相同，略有区别的是，本组出现了一些新的器形，如凹底钵、饰弦纹的小直口鼓腹罐和通体素面的小直口双耳罐。

（四）典型遗迹单位的分期与特征

上述七组遗迹单位中，第一组与第二组，第二组与第三组，第三组与第四组，第四组与第五组，第五组与第六、七组之间，所出土陶器形制变化明显、早晚关系清楚，而第六组与第七组之间虽有区别，但总体特征基本相同，因此分为以下六期（图33）。

第一期：第一组（H25）。此期夹砂陶所占比例略高于泥质陶，其中夹砂红褐陶和泥质灰陶所占比例最大，夹砂黑皮陶次之；纹饰以中粗、粗绳纹所占比

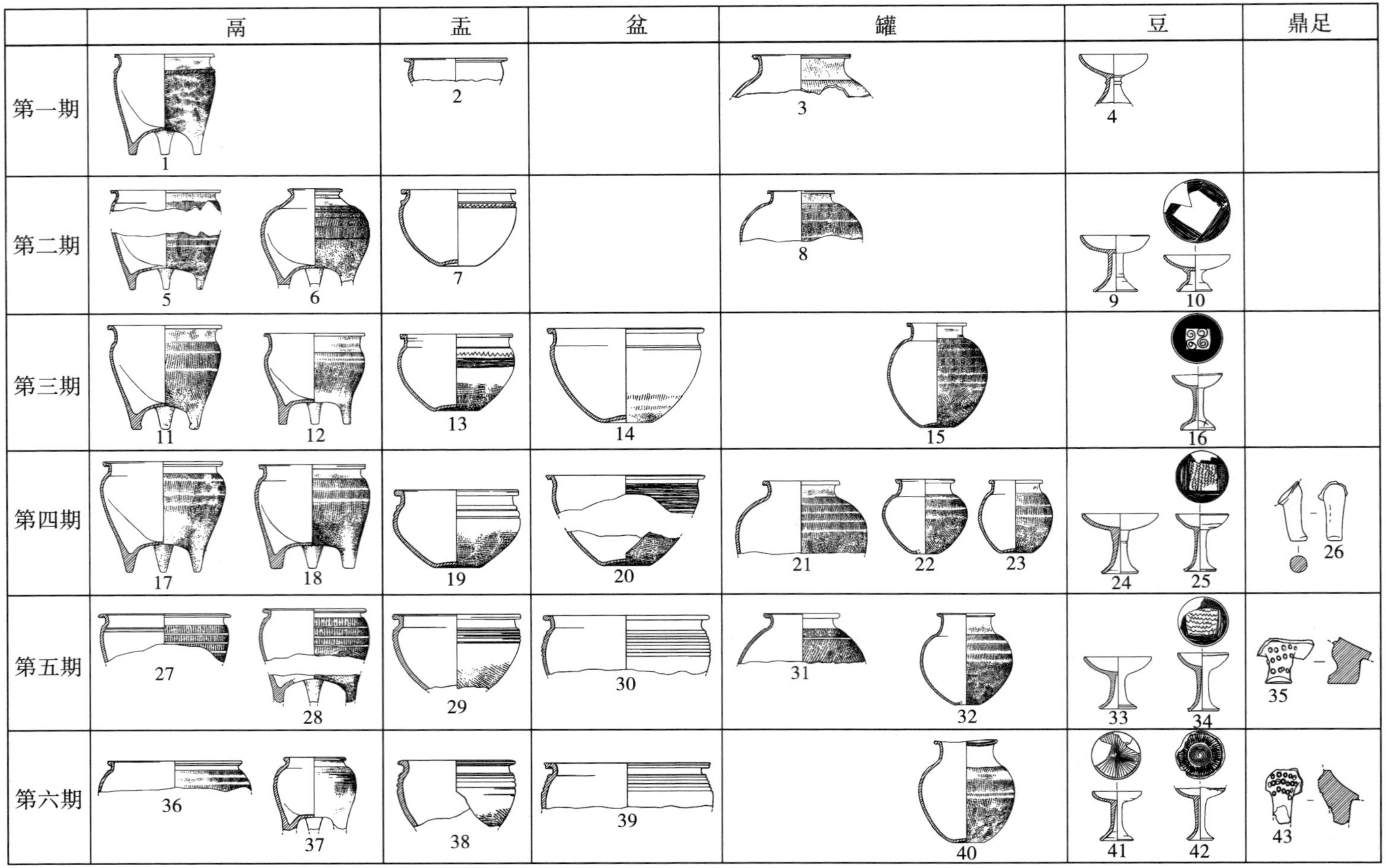

	鬲	盂	盆	罐	豆	鼎足
第一期	1	2		3	4	
第二期	5 6	7		8	9 10	
第三期	11 12	13	14	15	16	
第四期	17 18	19	20	21 22 23	24 25	26
第五期	27 28	29	30	31 32	33 34	35
第六期	36 37	38	39	40	41 42	43

图33 欧庙遗址典型遗迹出土陶器分期

1～4.H25：1、12、8、3 5～10.H33：35、30、16、34、27、29 11、13、16.H35③：4、9、6 12.H5②：25 14、15.H35②：6、8 17、22、25、26.H26②：9、12、3、11 18～20、23、24.H26①：13、8、7、1、4 21.H24：11 27、34.H23：17、7 28、31、33、35.H55：4、13、3、9 29、30、32.J2①：6、5、1 36、37、39、43.H6：30、31、26、13 38、40～42.H29①：16、20、19、7

例最大，也有一定比例的细绳纹，其次为附加堆纹，暗纹较少。鬲分卷沿和折沿两类，口径多大于或等于肩、腹径，腹部深瘦，截锥状柱足。盂较少。豆为深盘、粗柄、高圈足的素面豆。罐为矮领、折沿罐。

第二期：第二组（H33）。此期夹砂陶与泥质陶所占比例相当，黑皮陶所占比例大幅上升。纹饰仍以中粗、粗绳纹为主，细绳纹比例降低，暗纹较第一期多见。此期鬲的上腹内瘦，联弧裆的鬲增多。盂的形制为方唇、折沿（卷沿）、束颈、凹底，肩部多饰一周折线锯齿形暗纹或波浪线暗纹，下腹素面。粗柄豆的柄部加高，素面仍是主流，其次是暗纹，种类有菱形纹、同心圆纹和波浪纹。高领深腹罐更为常见。

第三期：第三组（H5②、H35）。此期以泥质陶为主，占比达60％以上，夹砂陶进一步减少。纹饰以绳纹为主，中粗绳纹占多数，附加堆纹极为少见，暗纹保持上一期比例，新见圈足上饰刻划纹。此期陶器多折沿、凹方唇，流行大口深腹鬲、高领深腹罐、暗纹盂和高柄豆。瘦裆微弧形制的鬲成为主流，其肩部拍印的弦断绳纹极短，往往有较大留白。盂为平折沿或卷沿，颈部变短，所饰暗纹变化较大，除见于肩部外，还多见于颈部、上腹部，横条纹和竖条纹是新出现的暗纹种类，下腹开始出现绳纹。豆多为浅盘、细高柄，新出现云纹、网格纹等暗纹种类；此期开始出现磨光黑陶盖豆。罐多为灰皮红陶，肩至底饰绳纹。

第四期：第四组（H24、H26）。此期以泥质陶为主，其中灰陶和黑皮陶所占比例相当。此期陶器的口沿多有凹槽或起棱，鬲、盂的颈部变短，肩部突起，鼓腹下收更大。鬲的腹裆微鼓，足裆弧矮，足尖高细。弦纹盂比例增加，第三期流行的肩饰一周锯齿暗纹的盂在此期较为少见。豆以高柄为主，盘更浅，外壁轮制痕迹清楚，豆柄上可见泥条盘筑痕迹。陶罐主要流行高领深鼓腹罐和矮领鼓腹的小型粗绳纹罐。此期鼎增多，足呈高蹄形或矮兽头形。

第五期：第五组（H23、H55、J2）。此期以泥质陶为主，黑皮陶比例下降，灰陶、灰褐陶、红褐陶比例相当。纹饰以中粗绳纹为主，弦纹比例增加。此期陶器口沿起棱或有多道凹槽，唇部变厚。新出现瓮形矮足鬲、直口广肩罐形鼎、斜腹盆，盖豆更为常见，弦纹盂十分流行。条带状暗纹是罐、鼎、盂等器形的主要装饰。长颈罐开始增多。

第六期：第六、七组（G1、H6、H29）。此期陶器基本为泥质陶，夹砂陶占比进一步下降，鬲、甗急剧减少，盆、罐数量迅速增加。纹饰以粗绳纹为主，其次是弦纹，多饰于盆、罐和盂的颈部和上腹部。此期陶器口部变化明显，为尖圆唇或方唇内勾，翻沿，沿面一般低于口部。鬲的颈部进一步变短，平裆，足细高。豆的质地发生根本性变化，以泥质灰陶为主，磨光黑皮陶所占比例降低至次要地位。豆盘极浅，内饰弧边形或同心圆暗纹，豆柄极细，柄上端常为实心。此外，素面豆、盖豆比例增加。双耳罐大量出现。新出现凹底钵。筒瓦、板瓦等建筑材料数量较多。

（五）各期年代的初步判定

第一期陶器中的卷沿鬲与宜城郭家岗遗址第一期 D Ⅰ 式鬲（H109：1、2）[1] 相同；肩部饰附加堆纹的大口鬲与宜城肖家岭第一期 A Ⅰ 式鬲（H18 ② ：1）[2]、襄阳真武山第三期 A Ⅳ 式鬲（H18：1）[3]、襄阳黄家村 A Ⅳ 式鬲（H19 ② ：6、7）[4] 相同；矮柄凸棱深盘豆与宜城郭家岗第二期 B Ⅲ 式豆（H18：1）、宜城肖家岭第一期 A Ⅲ 式豆（H18 ③ ：43）、襄阳黄家村 Ⅱ 式豆（H5：6）相近。因此，欧庙遗址第一期与宜城肖家岭第一期、宜城郭家岗第二期、襄阳真武山第三期、襄阳黄家村 H19 等的年代接近，相当于春秋早期。

第二期陶鬲折沿、方唇、肩部饰按窝状附加堆纹。此类鬲在宜城肖家岭 H14、H18、H22 等中大量出现，与郭家岗第三期 A Ⅳ a 型鬲、真武山第四期 A Ⅴ 式鬲形制相同。此期陶盂基本是磨光黑陶或磨光灰陶，肩饰一周锯齿状暗纹。此类盂在当阳赵家湖春秋中期楚墓[5] 中大量存在。此期陶豆多中粗柄，盘内有暗纹装饰。此类豆是春秋中期楚文化遗址中常见器形。因此，第二期遗存的年代相当于春秋中期。

第三期陶器中的唇部微内凹、瘪裆微弧的大口鬲与郭家岗春秋晚期 A Ⅴ 式鬲相同；高领深鼓腹罐与郭家岗春秋晚期 A Ⅵ 式罐相同；高柄豆（H35 ③ ：6）的盘内饰双卷云纹，与真武山春秋晚期 A Ⅲ 式豆、郭家岗战国早期 A Ⅴ 式豆相同。因此，第三期遗存的年代相当于春秋晚期。

第四期陶器中的沿面有凹槽或起棱、联弧裆近平的大口鬲与郭家岗战国早期 A Ⅵ 式鬲、A Ⅳ 式鬲相同；沿面有凹槽或起棱的盂、罐分别与郭家岗战国早期 A Ⅵ 式盂、A Ⅶ 式罐相同。因此，第四期遗存的年代相当于战国早期。

第五期陶器中的瓮形矮足鬲、弦纹盂分别与郭家岗战国中期 E Ⅱ 型鬲、A Ⅶ 和 A Ⅷ 式盂相同；高领鼓腹罐与楚都纪南城 30 号建筑遗址 J11 所出罐[6] 相同。因此，第五期遗存的年代相当于战国中期。

第六期陶器中的尖圆唇、弦纹盂（H29 ① ：16）与宜城郭家岗战国晚期 B Ⅸ 式盂相同；盘口高领深腹罐（H29 ① ：20）与宜城郭家岗战国晚期 A Ⅸ 式罐相同；新出现的直口矮领双耳罐、钵与襄阳卸甲山战国晚期至秦代墓葬[7] 出土同类器相近。因此，第六期遗存的年代相当于战国晚期。其中，G1 和 H6 的年代略早，大致相当于战国晚期偏早；H29 的年代略晚，大致相当于战国晚期偏晚。

<h2 style="text-align:center">四、结　语</h2>

欧庙遗址面积约 20 余万平方米，是继襄阳真武山、宜城郭家岗遗址之后，在襄宜平原地区经科学发掘的两周时期典型楚文化遗址。此次仅在遗址的边缘进行了小面积发掘，却发现了丰富的遗存，下面就此略谈几点粗浅认识。

欧庙遗址以楚文化为主要内涵。遗址出土的日用陶器以鬲、盂、豆、罐、盆为主要器形，暗纹装饰非常普遍，主要陶器与湖北其他区域楚文化陶器基本相同或相似。

欧庙遗址所见楚文化遗存具有一定的区域性特征。本次报道的东周遗存文化面貌与襄宜地区楚文化相同，各期陶器演变序列清晰。例如，襄宜地区的瘪裆鬲较为盛行，而湖北其他地区联弧裆鬲更为流行，这显然是受到周文化的强烈影响。瘪裆从深陷到不明显，是一种渐进式的变化过程。欧庙遗址的罐形小口陶鬲出现于第二期，所占比例较小，这类器形应从两荆地区传入。欧庙遗址的泥质陶器中，第二至五期以磨光黑皮陶所占比例最大，这与江陵地区以泥质灰陶为主不同。欧庙遗址的陶罐以高领、鼓腹罐为主，而两荆地区则流行长颈罐。此外，欧庙遗址的一些陶豆盘内、柄部和圈足上有刻画符号，这在其他地区楚文化遗址中则很少发现。

欧庙遗址位于欧庙镇城关的东部，东距今汉水河道约 2 公里，与《水经注·沔水》所记载的"沔水东南流，径犁丘故城西"之"犁丘故城"的地理位置相一致。通过对欧庙镇实地考古调查并参考中科院地理研究所提供的 1969 年美国遥感卫星影像资料可知，欧庙镇城关以西有一条古河道，在欧庙镇的南部汇入汉水，而欧庙遗址所见丰富的东周楚文化遗存说明此处可能即楚"犁丘"之城。

欧庙遗址东周地层堆积厚且内涵丰富，限于篇幅，本文未予以报道。大致上，西区第 8 层和东区第 4 层属于春秋中期文化堆积，西区第 6、7 层和东区第 3 层属于战国中期文化堆积。需要说明的是，欧庙遗址以战国中、晚期的遗存最为丰富，说明这一阶段人类在此活动频繁。

附记：本次发掘领队为王先福，项目负责人为胡刚，参与发掘与整理的工作人员有付强、黄旭初、王传富、王国曾、黄文广、张丙舟、李凯、赵辉、尹爱平、李珊、张贵财。本文插图由李凯、符德明绘制。本次发掘得到了襄阳市文物考古研究所、襄城区文物管理处以及欧庙镇政府的大力支持和协助，在此一并致谢！

执笔者　胡　刚　王先福　黄旭初

注　释

［1］ 武汉大学历史系考古教研室等：《湖北宜城郭家岗遗址发掘》，《考古学报》1997年第4期。后文所引郭家岗遗址发掘资料均出自此文，不再加注。

［2］ 湖北省文物考古研究所等：《湖北宜城县肖家岭遗址的发掘》，《文物》1999年第1期。后文所引肖家岭遗址发掘资料均出自此文，不再加注。

［3］ 湖北省文物考古研究所等：《湖北襄樊真武山周代遗址》，《考古学集刊》第9集，1995年。后文所引真武山周代遗址发掘资料均出自此文，不再加注。

［4］ 襄樊市文物考古研究所：《湖北襄樊市黄家村遗址周代灰坑的清理》，《考古》2009年第11期。后文所引黄家村遗址发掘资料均出自此文，不再加注。

［5］ 湖北省宜昌地区博物馆等：《当阳赵家湖楚墓》，文物出版社，1992年。

［6］ 湖北省博物馆：《楚都纪南城的勘查与发掘（下）》，《考古学报》1982年第4期。

［7］ 湖北省文物考古研究所等：《湖北襄阳卸甲山墓地战国–西汉墓葬发掘简报》，《江汉考古》2017年第4期。

Brief Report on the Excavation of the Eastern Zhou Site at Oumiao in Xiangyang City, Hubei

Hubei Provincial Institute of Cultural Relics and Archaeology, Xiangyang City Institute of Cultural Relics and Archaeology and Xiangzhou District Department of Cultural Relic Management

KEYWORDS: Xiangyang City, Hubei   Oumiao Site   Eastern Zhou   Chu Culture

ABSTRACT: From November 2017 to January 2018, the Hubei Provincial Institute of Cultural Relics and Archaeology et al. conducted a rescue excavation at the Oumiao site within the construction area of the Zhengwan high-speed railway. The excavation covered an area of 245 square meters, revealing 77 varied features dating from the Eastern Zhou to the Tang Dynasty. The Eastern Zhou period remains were particularly abundant, with a total of 54 features, including 2 water wells, 3 midden ditches, 47 midden pits, 1 tomb, and 1 hearth. A total of 211 artifacts were unearthed made of pottery, stone, bronze, bone and antler. The pottery objects consisted of *li* tripods, *ding* tripods, *yu* bowls, *dou* stemmed vessels, jars, steamers, bowls, basins, spindle whorls, net weights, and pottery paddles. Stone tools included whetstones, anvils, axes, and chisels. Bronze items included fishhooks, arrowheads, bells, umbrella spoke finials, belt buckles, and scrapers. Bone and antler tools included needles, awls, and hairpins. The excavation of the Oumiao site holds significant importance for further refining the chronological sequence of Chu culture in the Xiangyi Plain region and deepening the understanding of its cultural content.

（责任编辑　洪　石）

辽宁盖州市青石岭山城东北角楼发掘简报

中国社会科学院考古研究所　辽宁省文物考古研究院
盖州市文物局

关键词： 辽宁盖州市　青石岭山城　东北角楼　城墙　高句丽时期

内容提要： 2019～2020年，中国社会科学院考古研究所等单位对辽宁盖州市青石岭山城东北角楼进行了考古调查和发掘。东北角楼位于东城墙和北城墙连接处，主要包括角楼基础、西侧土石混筑护坡、南侧石砌护坡、西北侧马道、东北侧护坡等。在角楼及其附近发现大量瓦件、铁器、陶器、木炭、红烧土和火烧痕迹等，推断东北角楼原来应有木结构建筑，屋顶使用了瓦件。在对高句丽地层土样浮选中发现了丰富的植物遗存，包括炭化粟、稷、红小豆、小麦、狗尾草、马唐草、樱桃核、栎果壳碎片等，为探索当时的气候、植被等方面情况提供了重要资料。根据发掘结果推断，东北角楼建筑始建于高句丽晚期，毁于火灾，可能与唐朝和高句丽的战争有关。

青石岭山城位于辽宁省盖州市青石岭镇（图1）。自2015年开始，中国社会科学院考古研究所、辽宁省文物考古研究院、盖州市文物局联合对青石岭山城进行了考古调查和发掘。山城平面形状大体为横"凸"字形，周长约6485米。山城考古调查收获、金殿山遗址和二号建筑址[1]、四号门址[2]的考古发掘成果已经发表。青石岭山城为辽南地区重要的高句丽大型山城。它的修建和使用应与高句丽晚期的"西部防线"关系密切。根据目前的考古调查和发掘成

图1　青石岭山城位置示意图

图 2　青石岭山城主要遗迹及发掘区域

果可知，山城共有 6 座城门，东、西城墙各有两座城门，南、北城墙各有一座城门。山城四个角上均有角楼遗迹，其中东北角楼位于东城墙和北城墙连接处（图 2）。2019～2020 年，我们对东北角楼进行了考古调查和发掘，现将东北角楼发掘情况报道如下。

一、发掘目标和工作思路

东北角楼是我们在青石岭山城发掘的第一座角楼，地势险要，易守难攻，同时具有良好的视域范围。考古调查时，在东北角楼及附近斜坡上发现大量高句丽瓦件。此次考古发掘的目标有三个：第一，在考古调查和发掘的基础上，对东北角楼进行整体揭露，搞清东北角楼的形制、规模和结构；第二，根据考古发掘结果特别是东北角楼的形制结构和出土遗物等，确定东北角楼的年代和维修情况；第三，以东北角楼的发掘结果为基础，探索山城的年代及相关问题。

东北角楼面积较大，根据国家文物局批准的面积，结合角楼的实际情况进行发掘。首先，我们采用探方发掘法，完整探方面

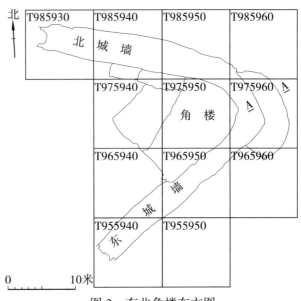

图3　东北角楼布方图

积均为 10 米 × 10 米，部分区域因发掘需要而进行了扩方（图3）。其次，东城墙和北城墙埋藏较深，考虑到人员安全及后期文物保护等因素，对角楼所在区域的东城墙（图版一〇，2）和北城墙并未完全发掘到底。再次，对角楼基础、西侧土石混筑护坡、南侧石砌护坡、西北侧马道、东北侧护坡等进行考古发掘及局部解剖，搞清上述遗迹的结构。最后，根据发掘出土的建筑构件和相关器物等，复原东北角楼建筑。

二、地层堆积

东北角楼的面积较大，其中东北侧护坡附近的地层堆积较厚、保存较好，我们以其为例来说明地层堆积情况（图4）。

第1层：灰褐色表土层，土质比较疏松，包含较多草根、石块和高句丽碎瓦片。厚约 17 ～ 52 厘米。

第2层：灰褐色倒塌堆积层，包含较多石块和高句丽瓦片等。厚约 23 ～ 66 厘米。

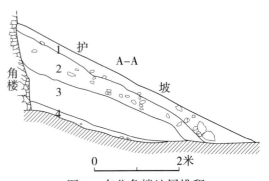

图4　东北角楼地层堆积
1.灰褐色表土层　2.灰褐色倒塌堆积层　3.黄褐色护坡土层　4.灰褐色原始地表层（A–A位置见图3）

第 3 层：黄褐色护坡土层，土质坚硬，未见明显的夯打痕迹，包含一些小石块。厚约 16～73 厘米。

第 4 层：灰褐色原始地表层，土质疏松，应为当时高句丽人修角楼时的原始地面，地层应为当时地表的杂草腐烂后与泥土等混合而形成的堆积。厚约 4～18 厘米。

第 4 层下为生土层，主要是黄褐色土石混杂形成的地层，石块大小不一，硬度不高，推测应是地表石块风化、粉碎后形成的堆积。

三、遗　　迹

从发掘情况看，东北角楼保存较好。在东墙和北墙连接处内面（西侧、南侧）有角楼基础、西侧土石混筑护坡、南侧石砌护坡、西北侧马道，外面（东北侧）的护坡依次为夯土护坡、石砌护坡、堆土护坡（图 5；图版一〇，1）。

（一）角楼基础

角楼基础大体为梯形，北侧较窄、南侧较宽，西南角部分塌毁。角楼有比较完整的南墙、西墙。墙体在砌筑时采用高句丽城墙常用的内收技法，即砌筑时上一层石块的外立面比下一层石块的外立面向内收缩，内收幅度约 2 厘米。砌筑南墙外立面、西墙外立面的石块基本为高句丽典型的楔形石。西墙外立面的局部石块有明显的火烧痕迹，有的石块外立面由于火烧而呈现红褐色，有的石块外立面经火烧后质地比较疏松而容易出现局部掉块及剥落的现象。西墙目前可见砌石 5～9 层，长 12.1、高 0.9～2.4 米（图版一一，1）。南墙可见砌石 2～8 层，长 5.7、高 1.1～2.3 米（图版一一，2）。在上述石墙及东北角楼的其他石墙中均未发现使用石灰等黏合剂的情况，而在石块间隙中插入的小石块或小石片则起到进一步加固作用。角楼基础长约 11～12.1、宽约 5.7～8.3、高 0.9～3.2 米。

（二）西侧土石混筑护坡

西墙外侧的护坡保存较好，系使用石块夹杂泥土堆砌的台状护坡，形状大体为梯形，长 6.7～10.3、宽 4.7～6.5、高 0.8～1.5 米（图版一二，1）。北侧局部护坡被马道叠压。经解剖可知，护坡为土石混筑而成，石块均为石英砂岩，碎石长、宽、高大体在 0.3～0.6 米，应是就地取材。

（三）南侧石砌护坡

南墙下有保存较好的石砌护坡，根据其断面判断，护坡是用碎石砌筑而成。从碎石的材质来看，应是就地取材。碎石的大小及材质与西侧土石混筑护坡基

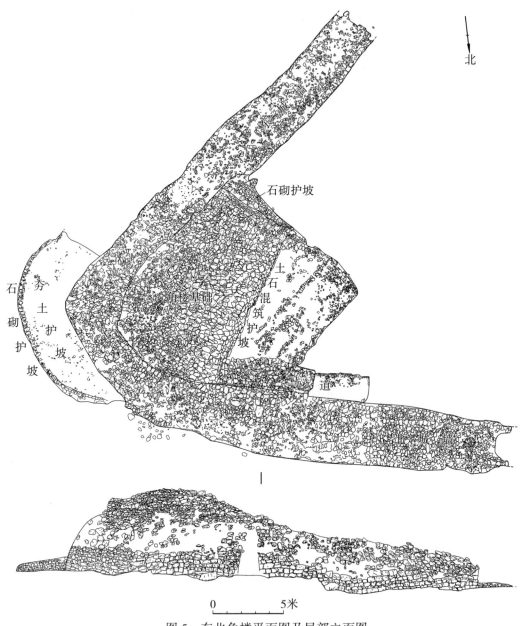

北

0   5米

图 5　东北角楼平面图及局部立面图

本一致。南侧石砌护坡保存高度为 0.9～1.4 米。

（四）西北侧马道

马道位于角楼西墙与北城墙内墙相连接的地方，大体为长条形，总长 12.3 米。发掘结果表明，马道是由东、西两段组成。东段马道（图版一二，2）较高且保存较好，可以看到明显的台阶。现存石砌台阶 15 级，由修凿较为规整的石块砌筑而成，其中外立面的石块、脚踏处的石块比较平整。东段马道长约8.4、宽约2～3米。每级台阶高约0.3～0.35、宽约0.4～0.45米。西段马道（图版一二，3）保存不好，仅残留边缘的石块。根据发掘情况推断它是土石混筑而成。西段马道长约3.9、宽约1.65～1.85米。根据马道与角楼西侧土石混筑护坡的关系可知，东段呈台阶状的马道直接压在角楼西侧土石混筑护坡之上，二者有明显的叠压关系，同时马道最东侧的三级台阶又直接叠压在角楼基础的西北侧墙体之上。此外，东段马道和土石混筑护坡的砌筑方法与用材也明显不同：前者的石块较大且比较规整，砌筑得也比较规整；后者的石块明显较小且看不出明显的砌筑痕迹。因此，可以确定马道是在角楼西侧土石混筑护坡、角楼基础修建完成后再修筑的。在距西段马道西侧不远的北城墙内侧局部发现有补筑的痕迹，补筑的宽度为1～1.2米。补筑部分没有发掘，补筑墙体的长度和高度不详。

（五）东北侧护坡

东北侧护坡位于东墙和北墙连接处的东北侧。这一区域护坡结构比较复杂，从东墙和北墙连接处往外依次为夯土护坡、石砌护坡、堆土护坡。夯土护坡紧贴东墙和北墙，大体为弧形，土质为黄褐色，夯土中夹杂一定数量的白色碎石。夯层厚8～10厘米，夯土护坡宽约4.2米。紧贴夯土护坡外有石砌护坡，以打凿较为规整的石块砌筑。石块为就地取材的石英砂岩，长、宽、厚大体在0.4～0.6米。石砌护坡为弧形（图版一三，1），已发掘部分长约16.5、宽约0.4～0.6、残高1.4～2.6米。上下两层石块间有向内收缩的现象，收缩幅度约为1～2厘米。石块间隙夹杂小石块或小石片。石砌护坡外为堆土护坡，大体呈斜坡状，土质大体为黄褐色，含碎石，质地比较坚硬，夯打痕迹不明显，也看不出有明显的夯层，由此推断这一区域土质经过压实处理或简单夯打。从剖面看，石砌护坡和堆土护坡是直接在经过平整的基岩上修建而成。东北角楼地势较高，周围山势比较陡峭，因而修建了多重护坡来保证角楼基础的坚固和稳定。类似多重护坡的情况也见于青石岭山城四号门址南侧墩台及其附近。

从目前的发掘情况看，角楼的北部、东部可能只砌筑部分墙体，主要依靠山城北城墙的内侧、东城墙的内侧砌筑而成。因此可以推断东北角楼与城墙的砌筑方法是：先在预定砌筑东城墙、北城墙及东北角楼的区域平整地面，再用碎石混合黏土、碎石铺垫，作为基础和护坡，然后砌筑东墙、北墙、东北角楼基础。东北角楼基础可能是从南向北、从低到高逐渐砌筑的。北墙、东墙的外立面一般使用修凿规整的楔形石，结构坚固，墙面整齐；墙体中间多使用梭形石和比较规整的板石。同时在北墙和东墙连接处的外侧依次修建夯土护坡、石砌护坡、堆土护坡。根据角楼目前的保存情况及局部解剖情况看，角楼顶部西侧的石块普遍较大，长、宽、厚在0.4～0.6米。角楼顶部东侧的石块明显较小，长、宽、厚大体在0.15～0.3米。角楼贴近东墙和北墙连接处的内侧用较大石块砌筑几道单层石墙（图版一三，2）。石墙之间填充碎石。碎石摆放比较随意，没有发现砌筑的痕迹。目前的东北角楼顶面呈现出北高南低的情况，整个台面也不平整，推测角楼基础遭到了一定的破坏，与原来修建有木结构建筑的角楼基础存在一定的差异，因此角楼基础的柱网结构等还需要进一步探索。

砌筑东北角楼的石块质地多为石英砂岩，个别为花岗岩。山城城内、四号门址及东北角楼附近的山体均为石英砂岩，且发现多处有疑似采石的痕迹，因此我们推测砌筑东北角楼的石块应为就地开采，打制成形以后用来砌墙。用来砌墙的石块多数长、宽、高在0.4～0.6米，个别长度接近0.8米。从目前发掘的情况看，部分墙体（东北侧石砌护坡、堆土护坡）的基础位于基岩之上，部分墙体（南侧石砌护坡、西侧土石混筑护坡）位于当时经过平整的地面之上，没有发现墙体有基槽的现象。墙体的砌法在高句丽时期比较常见，上下两层石块之间有向内收缩的现象，收缩的幅度为1～2厘米。为了保证砌筑石墙的坚固和稳定，石块间隙夹杂小石块或小石片。从墙体的顶部看，墙体外侧的石块多为高句丽时期常见的楔形石，墙体内部用打制成形的石块逐层砌筑而成，石块间填充碎石。

四、遗 物

东北角楼应是当时山城内的重要建筑之一，发现的遗存有发掘出土的，也有地表采集的，主要包括板瓦、筒瓦、陶器、铁器、红烧土块、木炭及浮选植物遗存等。

（一）板瓦和筒瓦

出土的大量板瓦和筒瓦基本为夹砂红褐或黄褐色，其中部分瓦件因火烧而变形。由于东北角楼地势较高，加之周围地形陡峭，致瓦件在掉落过程中受损严重，给后期瓦件拼对和复原造成了较大困难。

筒瓦 一端较大，另一端较小，均无瓦舌（瓦唇）。依器形大小，分为两型。

A型：整体较短小。数量较少。2020LGQT975940②：73，夹砂红陶，烧制火候不高。凸面饰细绳纹，凹面饰布纹，两端有明显的切削痕迹。复原长31.3、大端宽18.5、小端宽15、厚1～1.8厘米（图6，4）。

B 型：整体较瘦长。数量较多。2020LGQT975940 ②：74，夹砂红陶，烧制火候不高。凸面的细绳纹被有意抹平，整体似素面；凹面饰布纹。复原长43、大端宽18.3、小端宽10.8、厚1～1.7厘米（图6，5）。

板瓦 夹砂黄褐陶。形制基本相同，一端较大，另一端较小。凸面多饰绳纹，个别为斜方格纹，有的绳纹上有明显划痕；凹面饰布纹。有的两端或角上有明显的切削痕迹。依器形大小，分为两型。

A 型：较小。2020LGQT975940 ②：39，烧制火候较高，保存基本完整。凸面的绳纹上有刻划纹（图版一四，2），凹面饰布纹（图版一四，3），纹饰触感明显。长约36、大端宽32、小端宽29、厚1.6～3.2厘米（图6，3）。

B 型：较大。2020LGQT975940 ②：60，烧制火候不高。凸面的绳纹上有明显的划痕。复原长47.6、大端宽31、小端宽29、厚1.2～2.3厘米（图6，2）。2020LGQT975940 ②：66，烧制火候不高。凸面的绳纹上有明显的划痕。复原长43.6、大端宽34、小端宽30、厚1.7～3.3厘米（图6，1）。

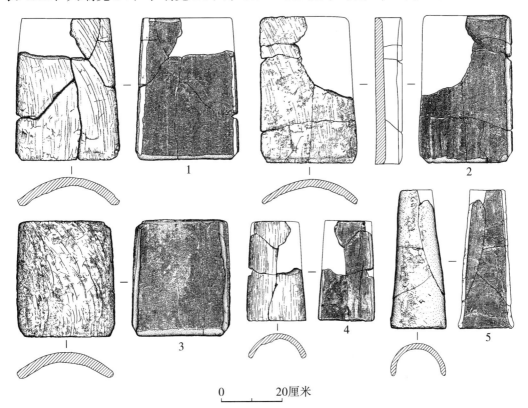

图6 东北角楼出土筒瓦和板瓦
1、2.B型板瓦（2020LGQT975940②：66、60） 3.A型板瓦（2020LGQT975940②：39） 4.A型筒瓦（2020LGQT975940②：73） 5.B型筒瓦（2020LGQT975940②：74）

在发掘过程中发现多处因火烧而变形的瓦件（图版一四，4），部分瓦件表面呈琉璃状，由此推测当时角楼木结构建筑的火灾应该非常大。

（二）陶器

数量较少，能辨识的器形主要有瓮、罐等，均为夹砂陶器，胎中常夹杂滑石。

瓮　1件（2019LGQT975940②：5）。夹砂灰陶。器形较大。微侈口，方唇，短颈，溜肩，鼓腹，平底。上腹部有两个横桥耳，与耳部齐平的器身饰两周凹弦纹，腹部饰两周压印绳纹，近底部饰一周压印绳纹。口径25、底径30、最大腹径50.6、高53、壁厚0.8～1.8厘米（图7；图版一四，1）。

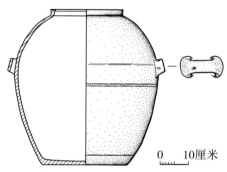

图7　陶瓮（2019LGQT975940②：5）

（三）铁器

数量较多，主要包括釜、斧、矛、镞、甲、钉等，其中以镞的数量最多。

釜　均为残块，能够确定的有口沿和腹部残片，无法复原。口沿残片多件。2020LGQT985930②：2，圆唇，直颈，折肩。颈、肩连接处有一道凸弦纹。残高7.2、残宽7.6、厚0.4～0.7厘米（图8，8）。2020LGQT985930②：4，圆唇，直颈，折肩。颈、肩连接处有一道凸弦纹。残高5.1、残宽7、厚0.4～0.7厘米（图8，9）。2019LGQT985930②：3，圆唇，直颈，鼓腹。颈、肩部有三道凸弦纹，腹部有一道凸棱。残高14.5、残宽13、厚0.4～1.3厘米（图8，10）。上述3件釜的口沿厚度和凸弦纹等明显不同，推测应是3件釜的残块。腹部残片多件。2019LGQT985930②：1，弧腹。腹部外侧有一道凸棱。残长12.2、残高8.2、厚0.4～1厘米（图8，7）。

斧　1件（2019LGQT985950②：10）。保存基本完好。中部有一个方孔，顶部及刃部有明显的使用痕迹。斧长约15.2、宽约5.6、厚约0.5～2.8厘米。方孔长3.8、宽1.2厘米（图8，13）。

矛　发现多件，保存基本完好。

A型：刃部剖面大体为椭圆形。2020LGQT975940②：30，刃部长13.6、銎部长11.6、通长25.2、宽0.8～2.8厘米（图8，1）。

B型：刃部更加细长。2020LGQT975940②：22，刃部保存较好，銎部残损。刃部长16.5、銎部残长5.5厘米（图8，2）。

镞　数量较多，依形制差异，大体可分为四型。

A 型：头部大体呈蛇头形。发现多件，保存较好。2019LGQT975940②：44，头部剖面呈椭圆形，铤部剖面呈圆形。头部长 14、铤部长 2 厘米（图 8，3）。

B 型：头部大体呈柳叶形。发现多件。2019LGQT975940②：24，头部剖面呈椭圆形，铤部剖面呈圆形。头部长 5.5、铤部残长 3.8 厘米（图 8，4）。

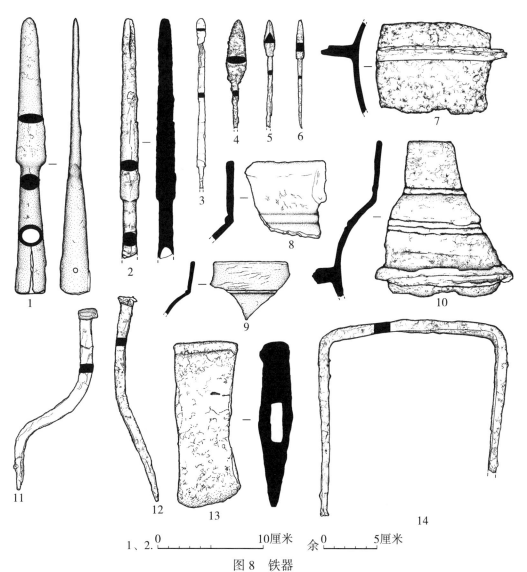

图 8　铁器

1.A 型矛（2020LGQT975940②：30）　2.B 型矛（2020LGQT975940②：22）　3.A 型镞（2019LGQT975940②：44）　4.B 型镞（2019LGQT975940②：24）　5.C 型镞（2019LGQT975940②：2）　6.D 型镞（2019LGQT975940②：8）　7.釜腹部残片（2019LGQT985930②：1）　8～10.釜口沿残片（2020LGQT985930②：2、2020LGQT985930②：4、2019LGQT985930②：3）　11、12.B 型钉（2019LGQT965940②：12、11）　13.斧（2019LGQT985950②：10）　14.A 型钉（2019LGQT965940②：1）

C型：头部呈三棱锥形。发现多件。2019LGQT975940②：2，头部剖面呈三角形，铤部剖面呈圆形。头部长3.5、铤部长6.4厘米（图8，5）。

D型：头部呈四棱锥形。发现多件。2019LGQT975940②：8，整体保存较好，铤部稍残。头部剖面呈方形，铤部剖面呈圆形。头部长3.6、铤部长6.3厘米（图8，6）。

钉　数量较多，依形制差异，大体可分为两型。

A型：锔钉。仅1件（2019LGQT965940②：1）。大体呈"⌒"形，局部因被挤压或火烧等而变形。一侧钉尖残损，另一侧钉尖基本完整。长13.3～16.3、宽约17.5厘米（图8，14）。

B型：直钉。一端有钉帽，另一端较尖。多数直钉因被挤压等而呈弯曲状。2019LGQT965940②：11，一端有方形钉帽，钉身稍弯曲。长约19厘米（图8，12）。2019LGQT965940②：12，一端有方形钉帽，钉身弯曲呈S形。长约16.7厘米（图8，11）。

甲　在角楼西侧的倒塌堆积中发现一堆连缀在一起的铁甲残块（2020LGQT975940②：23），可能是甲衣的下部裙摆部分。每片铁甲的形状大体为椭圆形，长8～12、宽2.5～4厘米。每片铁甲上一般有四五个圆孔（图版一四，5）。

铁皮　发现于西墙西侧的倒塌堆积中，大体为长条形，其上还有一枚铁钉。铁皮因被挤压等而局部变形。2019LGQT965940②：15，残长约31、宽约6厘米（图版一四，6）。

（四）红烧土块和木炭

在东北角楼发现大面积火烧痕迹，其中红烧土块较多，一般呈红褐色或黄褐色，形状不规则。从红烧土块残损部分可以看出，当时使用的泥料中加入了疑似植物秸秆等。红烧土块长、宽、厚大多在10～15厘米（图版一五，7）。

木炭数量较多，均为火烧后的残留遗存。木炭的大小差异较大，结合发现的大量瓦件推测，木炭应为东北角楼木结构建筑被火烧后的遗存。比较粗大的木炭（图版一五，8）可能与木柱、梁架和椽等较大的木建筑构件有关。比较细小的木炭或与门窗、栏杆等较小的木建筑构件有关。

（五）浮选植物遗存

对高句丽地层中的土样进行了科学采集和初步浮选，经鉴定，其中有炭化粟、稗、红小豆、小麦、狗尾草、马唐草、樱桃核、栎果壳碎片（图版一五，1～6）等。

五、结　语

　　青石岭山城东北角楼出土了大量高句丽时期瓦件、陶器、铁器，以及红烧土块和木炭等遗存。通过对角楼基础、出土遗物和相关史料等的分析，我们对东北角楼的形制及年代等问题有了一定的认识。

　　根据东北角楼出土遗存，结合沈阳石台子山城西门址和角楼[3]、丹东凤凰山山城 1 号门址和角楼[4]、平壤万寿台附近的高句丽门址[5]、大城山城南门及角楼[6]等高句丽门址和角楼的发掘情况等，我们推测东北角楼有木结构建筑，梁架结构比较坚固，屋顶使用板瓦和筒瓦，可能有门窗或栏杆，建筑上使用铁条和门钉，建筑使用的泥料中加入了疑似秸秆等掺合料。由于东北角楼基础的顶部遭到一定破坏，柱网结构不清楚，角楼的开间、进深等问题尚待进一步的考古工作来解决。

　　东北角楼出土的大量红色板瓦和筒瓦，纹饰多为绳纹，少量为斜方格纹。目前没有发现瓦当。板瓦和筒瓦的质地、烧制火候、颜色和纹饰等与青石岭山城金殿山遗址、四号门址出土同类瓦的特征基本一致。板瓦的形制基本相同，大小有明显差异，其中保存完整的一件板瓦明显较小。筒瓦主要有两型，其中短小型数量较少，瘦长型数量较多。这两型筒瓦可能是在同一时期在屋顶的不同部位使用的，也可能是在不同时期使用的，即数量较少的短小型筒瓦是在后期维修时使用的。2018 年，我们在金殿山遗址周围残存的瓦片堆积下发现一枚唐初武德"开元通宝"[7]。武德"开元通宝"始铸于唐高祖武德四年（公元 621 年），由唐初著名书法家欧阳询撰文并书[8]。武德"开元通宝"的发现，为判断金殿山遗址废弃年代、瓦件年代乃至山城瓦件年代和山城年代等提供了重要佐证。

　　出土的陶瓷烧制火候较高，器形较大，器身上腹部两侧各有一个横桥耳，是典型的高句丽陶器，与抚顺高尔山城[9]和韩国京畿道瓠芦古垒[10]高句丽晚期遗址出土同类器的形制比较接近，时代应该是高句丽晚期。结合金殿山遗址所见武德"开元通宝"和东北角楼木炭的碳十四测年数据等推断，这件陶瓷的时代大体为隋唐时期，其用途可能是盛放饮用水或其他食物等。

　　出土的大量铁镞、铁矛、铁甲等与军事活动密切相关的器物，一定程度上反映了东北角楼的性质，高居山顶，视野开阔，具有良好的瞭望和预警等功能。铁斧、铁釜应该是当时士兵的日常生活用具。根据铁釜残片判断至少有 3 件铁釜，推测它们应是东北角楼值守士卒的日常炊具。类似的铁釜残片在青石岭山城四号门址也有发现。这从一个侧面说明当时士卒的值守活动可能已经日常化，战争可能会随时爆发。

对高句丽地层土样进行浮选，发现了丰富的植物遗存，包括炭化粟、稗、红小豆、小麦、狗尾草、马唐草、樱桃核、栎果壳碎片等，为探索当时的气候、植被等方面情况提供了重要资料。粟、稗、红小豆、小麦应是当时的农作物，这些炭化的农作物种子在青石岭山城发现的高句丽农田中都已得到确认。狗尾草和马唐草应是当时的杂草，樱桃核、栎果壳碎片可能是当时值守士兵的食物遗存。

角楼附近有大量红烧土和火烧遗迹，其中部分瓦件因被火烧而变形，可见当时火势之大。我们认为角楼最终因火灾而被毁。角楼被毁应与贞观十九年（公元645年）、乾封元年（公元666年）至总章元年（公元668年）[11]唐朝和高句丽的战争有关。角楼被烧毁的情况在吉林省集安市丸都山城[12]、辽宁省沈阳市石台子山城[13]和丹东凤凰山山城[14]等山城中均有发现，推测上述部分角楼被毁应与隋唐两朝和高句丽的战争有关。

附记：参加青石岭山城东北角楼考古发掘的人员主要有中国社会科学院考古研究所贾笑冰、金英熙、王飞峰、张伟振、王迪，辽宁省文物考古研究院李新全、李海波，盖州市文物局孙丽、孟丽、王晓东、缪川鹏、李智、高巨鹏，营口市博物馆杨帅等。辽宁师范大学历史文化学院田野、张萌、邓玲玲、张德良老师和13名本科生参加了青石岭山城2019年的考古调查与发掘工作。中央民族大学硕士研究生许丹凤，北京科技大学硕士研究生韩昊、王冲、刘凯特参加了青石岭山城2020年的考古调查与发掘工作。东北角楼高句丽地层植物遗存的鉴定工作由中国社会科学院考古研究所考古科技与实验研究中心钟华、杨金刚等完成，碳十四检测工作由中国社会科学院考古研究所考古科技与实验研究中心陈相龙等完成。简报整理得到了国家社科基金重大专项"高句丽渤海相关考古资料的普查、汇集和整理"（项目批准号：17VGB002）的资助，项目负责人为中国社会科学院考古研究所陈星灿研究员。

执笔者　王飞峰　李新全　杨筱筠　李海波　张伟振　王晓东

注　释

[1] 中国社会科学院考古研究所等：《辽宁盖州市青石岭山城的调查与发掘》，《考古》2017年第12期。
[2] 中国社会科学院考古研究所等：《辽宁盖州市青石岭山城四号门址》，《考古》2022年第5期。
[3] 辽宁省文物考古研究所等：《石台子山城》，文物出版社，2012年。
[4] 李龙彬等：《辽宁丹东凤凰山山城首次发掘取得重大收获》，《中国文物报》2007年3月23日

第2版。

[5] 小泉顯夫：《平壤萬壽台及其附近の建築物址》，见《昭和十二年度古蹟調查報告》，朝鲜古蹟研究會，1962年。

[6] 김일성종합대학 고고학 및 민속학강좌：《대성산성의 고구려유적》，김일성조합대학출판사，1973년。

[7] 资料现存中国社会科学院考古研究所青石岭山城考古队。

[8] 《旧唐书·食货志上》载："高祖即位，仍用隋之五铢钱。武德四年七月，废五铢钱，行开元通宝钱，径八分，重二铢四絫，积十文重一两，一千文重六斤四两。"《资治通鉴·唐纪五·高祖武德四年》载："至是，初行开元通宝钱，重二铢四参，积十钱重一两，轻重大小最为折衷，远近便之。命给事中欧阳询撰其文并书，回环可读。"《新唐书》有与此类似的记载。

[9] 徐家国（抚顺市博物馆）、孙力（辽宁省博物馆）：《辽宁抚顺高尔山城发掘简报》，《辽海文物学刊》1987年第2期。

[10] 심광주、이형호외：《漣川瓠蘆古壘Ⅳ-第3·4次發掘調查報告書》，한국토지공사토지박물관，2014년。

[11] 隋、唐两朝都曾出兵东征高句丽，《隋书》、《旧唐书》、《新唐书》及《资治通鉴》等文献均有比较详细的记载。根据上述文献记载推断，隋军与高句丽的战争可能没有到达青石岭山城所在的营口地区，而唐初贞观十九年、乾封元年至总章元年与高句丽的两次战争中，唐军均到达青石岭山城所在的营口地区。

[12] 吉林省文物考古研究所等：《丸都山城——2001~2003年集安丸都山城调查试掘报告》，文物出版社，2004年。

[13] 辽宁省文物考古研究所等：《石台子山城》，文物出版社，2012年。

[14] 李龙彬等：《辽宁丹东凤凰山山城首次发掘取得重大收获》，《中国文物报》2007年3月23日第2版。

Brief Report on the Excavation of the Northeast Corner Tower at the Qingshiling Hill–top City, Gaizhou City, Liaoning

Institute of Archaeology, Chinese Academy of Social Sciences, Liaoning Provincial Institute of Cultural Relics and Archaeology and Gaizhou City Cultural Heritage Administration

KEYWORDS: Gaizhou City, Liaoning   Qingshiling Hill-top City   Northeast Corner Tower   City Wall   Goguryeo Period

ABSTRACT: From 2019 to 2020, the Institute of Archaeology, Chinese Academy of Social Sciences et al. conducted archaeological surveys and excavations at the northeast corner tower of the Qingshiling hill-top city in Gaizhou City, Liaoning Province. The northeast corner tower is located at the junction of the eastern and northern city walls and mainly includes the tower's foundation, a mixed earth and stone slope protection on the west side, a stone slope protection on the south side, a ramp on the northwest side, and a slope protection on the northeast side. Numerous artifacts were discovered in and around the corner tower, including roof tiles, iron objects, pottery, charcoal, red burnt earth, and firing traces, suggesting that the original structure was a wooden building with a tiled roof. The flotation of soil samples from the Goguryeo strata revealed a wealth of plant remains, including charred millet, barnyard grass, red beans, wheat, foxtail grass, crabgrass, cherry pits, and oak shell fragments. These findings provide important information for reconstructing the climate and vegetation of the time. Based on the excavation results, it is inferred that the northeast corner tower was built during the late Goguryeo period and was destroyed by fire, possibly in connection with the wars between the Tang Dynasty and Goguryeo.

（责任编辑　洪　石）

长沙市开福区德雅村唐墓发掘简报

长沙市文物考古研究所

关键词： 长沙　唐墓　陶俑　生肖俑

内容提要： 1983 年，长沙市文物考古研究所对长沙市开福区德雅村湖南省社会科学院建筑工地内的一批战国至宋代的墓葬进行了抢救性发掘。其中 M9 为唐墓，出土遗物较为丰富。该墓为长方形土圹砖室墓，墓壁采用三横一竖的方法砌筑，南北两壁留有"凸"字形壁龛，龛内置生肖俑。此墓被扰动，出土遗物有陶俑及模型明器、瓷器等共计 51 件。根据墓葬形制和出土遗物推断，M9 的年代为唐高宗后期至武则天时期。长沙、湘阴等地隋至唐前期随葬陶俑群的墓葬可分为三个阶段，M9 属其中第三阶段。将这些陶俑与同时期的武昌隋唐墓葬出土陶俑对比，可以发现二者既有显著的共同特征，又有明显的地域差异，可能与两地文化交流和陶瓷业发展密切相关。

德雅村位于长沙市开福区德雅路中段，北连丝茅冲，西接砚瓦池。1983 年底，长沙市文物工作队（今长沙市文物考古研究所）在德雅村湖南省社会科学院建筑工地抢救性发掘了一批战国至宋代的墓葬，编号 M1 ～ M14（图 1）。其中 M9 为唐墓，出土遗物较为丰富，现将发掘情况简报如下。

一、墓葬形制

M9 早年被盗，墓室前端已被破坏，无法判断是否有甬道。券顶几乎不存，残留西、南、北三壁，墓内器物多被扰乱（图版一六，1）。从残存的墓圹来看，该墓为长方形土圹砖室墓，方向约 60 度（图 2）。墓室残长 2.5、

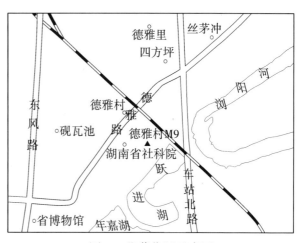

图 1　墓葬位置示意图

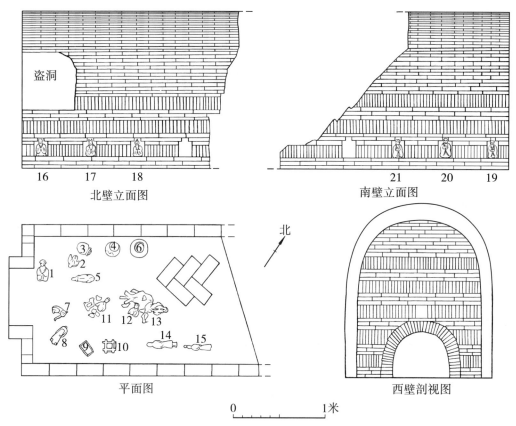

北壁立面图

南壁立面图

北

平面图

西壁剖视图

0　　　　　　　1米

图 2　M9墓室平面、剖视、立面图

1.陶狗首生肖俑　2.陶鸟　3、4、6.瓷罐　5.陶猪　7.陶狗　8、11、15.陶女侍俑　9.陶案 10.陶井　12.陶武士俑　13.陶马　14.男侍俑　16.陶猴首生肖俑　17.陶牛首生肖俑　18.陶鸡首生肖 俑　19.陶猪首生肖俑　20.陶蛇首生肖俑　21.陶羊首生肖俑

宽1.35、高1.68米。西壁采用三横一竖的方法叠砌，下段中部有一宽0.62、高 0.48、进深0.3米的耳室，耳室上方有一与砖同高的小灯龛。南、北两壁下段采 用三横一竖的方法叠砌三组，上段用方砖错缝平砌。北壁西端上段被一盗洞破 坏。南、北两壁近底各残存4个"凸"字形壁龛，其中6个壁龛内放置生肖俑 （图版一六，2）。墓底地砖保存较好，呈"人"字形铺砌。墓中填土为红黏土。

二、出土遗物

由于此墓被扰动，除部分生肖俑存于壁龛，其余随葬品大多散落于墓室各处， 还有部分从墓中被挖出，原位置不明。清理出随葬品及标本共51件，现分述如下。

（一）陶器

共30件，均为素烧，无釉，质地较为坚硬，多为瓷土制作。因烧制火候高低不同，胎呈灰白色或红棕色，器表多因土壤侵蚀而泛黄色。按形态，可分为武士俑、侍俑、伎乐俑、生肖俑、模型明器等类。

武士俑　2件。形制、大小相近。头戴尖顶兜鍪，双目圆睁，浓眉阔鼻，络腮胡。上身着明光铠，颈前结巾，腰束宽带，短甲裙，双手握拳置于腹前，手中空。鍪顶、双肩、颈前、胸甲及腹部均缀有花饰，腰带饰菱格纹。下身穿套脚裤，尖足，立于方形底座之上。M9：12，腹部残缺。通高51厘米（图3，1；图版一七，1）。M9：22，多处残缺。通高51厘米（图3，2；图版一七，2）。

男侍俑　1件（M9：14）。俑头缺失。身着圆领窄袖过膝长袍，腰束带，脚穿尖头靴，右手执斧置于胸前，左手笼于袖中并托斧柄，作侍立状，立于方形底座之上。残高24.3厘米（图4，2；图版一七，3）。

女侍俑　4件。形制各不相同。M9：15，头梳高髻，圆脸，细眼，高鼻，小嘴，肩部披帛，上身着露胸圆领紧身衫，胸下高腰束带，系结于前，带两端下垂及膝，左臂屈肘横置于腹前，下身长裙及地，脚尖露出。左手及右臂残，俑体中空。通高28.2厘米（图4，4；图版一七，4）。M9：8，与前述女侍俑造型相似，稍矮，左手残缺，右臂自然下垂，高束腰，长裙中部亦束带。高24.2厘米（图4，5；图版一七，5）。M9：11，头梳"丫"形高髻，圆脸，细眼，身着圆领窄袖过膝长袍，腰束带，脚穿尖头靴，左手握拳置于胸前，手中空，右臂残缺，立于方

1　　　　　　　　　　　　　　2

0 _____ 10厘米

图3　M9出土陶武士俑
1、2.M9：12、22

图 4　M9 出土陶俑
1、3～5.女侍俑（M9：23、11、15、8）　2.男侍俑（M9：14）　6.伎乐俑（M9：24）

形底座之上。通高28.2厘米（图4，3；图版一七，6）。M9：23，俑头缺失。身着圆领窄袖过膝长袍，腰束带，脚穿尖头靴，双手笼于袖中并拱于腹前，立于方形底座之上。残高22.1厘米（图4，1；图版一八，1）。

伎乐俑　2件。形制、大小相近。头梳"丫"形高髻，圆脸，细眼，肩部披帛，上身着露胸圆领紧身衫，腰束带，系结于前，带两端下垂及膝，下身穿长裙，踞坐。俑体中空。M9：24，头略向右偏，左手持四弦曲颈琵琶，右手执拨子。拨子仅存柄部。通高20.9厘米（图4，6；图版一八，2）。M9：25，头略向左偏，左手作持物状置于胸前，所持物已失，右臂残缺。高20.9厘米（图版一八，3）。

生肖俑　8件。俑皆人身，造型一致，着宽领对襟广袖长袍，褶皱明显，袖长及膝，胸下高束宽带，双手交握拱于胸前，交握处有扁圆形中空，双腿隐于袍下，似盘膝而坐。俑体中空，无底。颈部之上附不同的生肖兽首，分述如下。

牛首生肖俑　1件（M9：17）。双眼圆鼓，阔嘴，大鼻，双耳张开，左侧犄角残缺，右侧犄角外伸。高19.5厘米（图5，1；图版一八，4）。

蛇首生肖俑　1件（M9：20）。头顶扁平，圆眼，吻部前伸，头后刻画方格纹。高18.2厘米（图5，2；图版一八，5）。

马首生肖俑　1件（M9：26）。尖耳直立，顶毛浓密，门鬃长而厚，鼻宽眼大，阔嘴微张。高20.1厘米（图5，3；图版一八，6）。

羊首生肖俑　1件（M9：21）。双耳张开，犄角向后弯曲，吻部前伸，嘴下有长须。高19.6厘米（图5，4；图版一九，1）。

猴首生肖俑　1件（M9：16）。额顶及两颊有褶皱，眉骨凸出，浓眉鼓眼，耳似人耳，吻部突出，嘴向下弯。高20.2厘米（图5，5；图版一九，2）。

鸡首生肖俑　1件（M9：18）。鸡冠高耸，圆眼，尖喙，下巴两侧有肉裾。高20厘米（图5，6；图版一九，3）。

狗首生肖俑　1件（M9：1）。长耳向外弯折，扁圆形眼，吻部长而前伸，鼻侧有须。高19.3厘米（图5，7；图版一九，4）。

猪首生肖俑　1件（M9：19）。头顶有鬃毛，双耳外张，其中一耳残，眼细长，吻部长，鼻宽而上翘，圆鼻孔。高19.6厘米（图5，8；图版一九，5）。

双人首蛇身俑　1件（M9：27）。两端各有一人首，中间用蛇身连接，蛇身中部向上拱起。两人首背向，形制相近，头略向上昂，顶梳高髻，面带微笑，长颈，颈下各有两兽足，足弯曲向前伸，四趾张开，伏卧于长方形底座之上，其中一足残缺。长30、宽6.4、高11.6厘米（图6，5；图版一九，6）。

图5　M9出土陶生肖俑

1.牛首生肖俑（M9∶17）　2.蛇首生肖俑（M9∶20）　3.马首生肖俑（M9∶26）　4.羊首生肖俑
（M9∶21）　5.猴首生肖俑（M9∶16）　6.鸡首生肖俑（M9∶18）　7.狗首生肖俑（M9∶1）
8.猪首生肖俑（M9∶19）

　　鸟身俑　1件（M9∶2）。颈以上残缺。长颈，鸟身，双翼张开，翼面呈半圆形，靠近尾部有一对小翼，长尾向上卷翘，尾端三叉分开，身下两爪向前伸，伏卧于长方形底座之上。长13.3、宽9.2、残高11.2厘米（图6，9；图版二〇，1）。

鸡　1件（M9：28）。头顶有冠，圆眼，尖喙，下巴两侧有肉裾，通体刻画羽毛，尾羽上翘，爪向前，伏卧于方形底座之上。长12.9、宽6.5、高11.6厘米（图6，4；图版二〇，2）。

狗　1件（M9：7）。头微昂，长耳向外弯折，吻部长而前伸，身体健壮，尾上翘并贴于背部，四肢前立后蹲，其中三条腿残缺。长10.9、宽5.8、高14.4

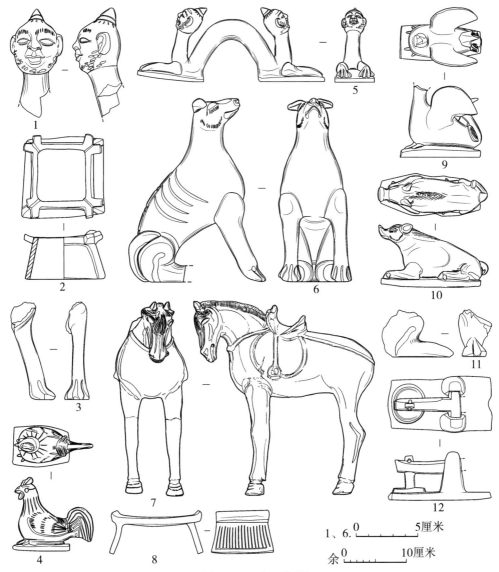

图6　M9出土陶器

1.人首残件（M9：49）　2.井（M9：10）　3.镇墓兽前足（M9：50）　4.鸡（M9：28）　5.双人首蛇身俑（M9：27）　6.狗（M9：7）　7.马（M9：13）　8.案（M9：9）　9.鸟身俑（M9：2）　10.猪（M9：5）　11.镇墓兽后足（M9：52）　12.碓（M9：29）

厘米（图6，6；图版二〇，3）。

猪　1件（M9：5）。双耳向斜后方张开，眼细长，鼻长而上翘，背部有刻画的猪鬃，卷尾贴于背部，四肢弯曲伏卧于底座之上。长17.7、宽6.7、高9.8厘米（图6，10；图版二〇，5）。

马　1件（M9：13）。面部狭长，尖耳直立，鼻宽眼大，门鬃长而浓密，头顶沿颈背至肩胛刻画鬃毛，马背配有鞍、镫、攀胸和后鞧，尾残缺，四肢伫立，高大健壮。长29、宽12、高31厘米（图6，7；图版二〇，4）。

井　1件（M9：10）。仅存井栏。平面呈方形，口小底大，中空，口沿四角出边呈"井"字形，井壁斜直外敞。长13.5、宽13.5、高7.5厘米（图6，2；图版二〇，7）。

案　1件（M9：9）。案面呈长方形，微弧，两端翘起，面下有两宽扁形足，略向外斜，足外侧面刻有直棂条纹。长15.1、宽10.2、高6.8厘米（图6，8；图版二〇，8）。

碓　1件（M9：29）。底座呈长方形，一端有圆形碓窝，另一端立有两个尖状轴架，架上置长杆碓头，碓座及长杆残缺。残长17、宽8.7、高7.6厘米（图6，12；图版二〇，6）。

人首残件　1件（M9：49）。头略向上昂，顶梳高髻，面带微笑，长颈。残高8.5厘米（图6，1）。

镇墓兽　残存三足，其中二足直立，一足卧地，推测原呈前立后蹲的姿态。M9：50，前立足。残高15.3厘米（图6，3）。M9：51，前立足。残高12.9厘米。M9：52，后卧足。残长11.6厘米（图6，11）。

（二）瓷器

共21件。均为青瓷，灰胎或灰黑胎，因土壤侵蚀而呈黄褐色或红褐色。釉色较深，剥釉严重。

水盂　1件（M9：31）。敛口，圆唇，扁圆腹，假圈足，平底。器表剥釉严重。口径5.1、腹径9.3、底径4、高5.4厘米（图7，4）。

唾壶　1件（M9：30）。大喇叭口，圆唇，束颈，鼓腹，矮圈足。器表青釉有剥落。口径15.7、底径6.2、高10.1厘米（图7，5）。

碗　4件。依形制差异，分为两型。

A型：3件。敞口，圆唇略外撇，弧腹，下腹内收，假圈足，平底。内壁施满釉，外壁施半釉或仅在口沿下施釉。M9：45，口径11.9、底径4.5、高4厘米（图7，6）。

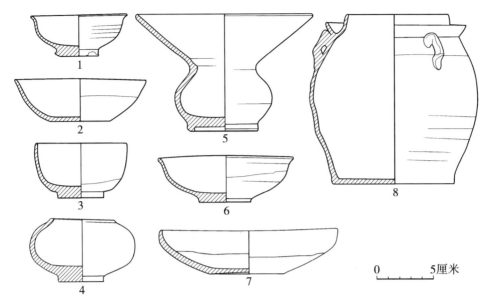

图 7　M9 出土瓷器

1.A型杯（M9：32）　2.B型碗（M9：48）　3.B型杯（M9：33）　4.水盂（M9：31）　5.唾
壶（M9：30）　6.A型碗（M9：45）　7.碟（M9：38）　8.三系罐（M9：3）

B 型：1 件（M9：48）。敞口，圆唇，斜直腹，下腹略弧，平底。内壁施满釉，外壁施半釉。口径 11.7、底径 5.4、高 3.7 厘米（图 7，2）。

杯　5 件。依形制差异，分为两型。

A 型：1 件（M9：32）。侈口，圆唇外卷，弧腹，假圈足，平底，底边略凸出。釉几乎全部脱落。口径 8.5、底径 3.9、高 3.6 厘米（图 7，1）。

B 型：4 件。形制、大小相近。直口，圆唇，微弧壁，深腹，近底部向内折收，假圈足，平底。内壁施满釉，外壁施半釉，剥釉严重。M9：33，口径 8、底径 4、高 4.7 厘米（图 7，3）。

三系罐　3 件。形制、大小相近。内口微敛，外口敞开，溜肩，肩部贴塑三个桥形系，鼓腹下收，平底，底边略凸出。外口外侧、肩部及系部施青釉。M9：3，口径 9、高 14.3 厘米（图 7，8）。

碟　7 件。直口，圆唇，浅腹，腹中部向内折收，平底或平底略内凹。器身内外均施半釉，剥釉严重，内外底均无釉。M9：38，口径 15.8、底径 6.6、高 3.8 厘米（图 7，7）。

三、结　　语

M9 未出土明确的纪年材料。从墓葬形制看，该墓为长方形券顶砖室墓，墓壁采用三横一竖方式砌筑，与本地区六朝至隋唐时期砖室墓的构筑方法相同。墓壁砌多个小龛，内置生肖俑，这一做法也见于隋大业六年（公元610年）墓[1]、咸嘉湖唐墓[2]、桐子山唐墓[3]等。出土遗物以陶俑和青瓷器为主，器物组合在本地区已发现的唐墓中较为常见，器物形制与黄土岭M024[4]、牛角塘M1[5]等出土者大多相似。上述唐墓均未出土纪年材料，可作参考的纪年墓是1978年发掘的四川万县唐墓[6]。据墓志所记，发掘者考证后认为万县唐墓墓主为刺史冉仁才，卒于永徽三年（公元652年），永徽五年（公元654年）归葬万州南浦。该墓出土器物组合和形制均与咸嘉湖唐墓出土者高度近似，两墓年代应接近，故推测咸嘉湖唐墓年代应在高宗永徽年前后。M9出土瓷器较隋大业六年墓和咸嘉湖唐墓出土者的质量显著下降，俑及模型明器皆为陶质，不见二墓出土的瓷俑，年代应比咸嘉湖唐墓更晚一些。随葬的鸟身俑应是人首鸟身，同类器在河北、辽宁、江苏等地唐墓均有发现，年代主要集中在唐高祖至武则天时期[7]。M9出土的双人首蛇身俑，在山西、河北、河南、辽宁等地唐墓都有发现，与上元三年（公元676年）王惠墓[8]和调露元年（公元679年）王深墓[9]出土者形制相近。根据各地已公布的纪年墓资料可知，高宗至武则天时期是双人首蛇身俑的繁荣期，其他时期仅有零星发现[10]。因此，初步推断M9的年代当在唐高宗后期至武则天时期，应不会晚到玄宗时期。

　　根据现有资料判断，兽首生肖俑首先出现于两湖地区隋墓，流行于隋至唐代前期。墓中除常见的盘口壶、碗、罐等日用瓷器外，往往伴出一整套俑及模型明器，包括镇墓类的武士俑、镇墓兽、生肖俑等，出行仪仗类的文武吏俑、牵马或牵驼俑等，家内侍仆类的男女侍俑、杂役俑、伎乐俑等及各种家禽家畜和模型明器。其中长沙、湘阴等地隋唐墓出土器物具有较高一致性，应出自同一窑址。这些隋唐墓大致可分为三个阶段。第一阶段以隋大业六年墓为代表，日用瓷器种类丰富，胎色浅而细腻，多施青釉，少数为褐釉，釉质较好；俑及模型明器亦为瓷质，类型较唐墓简单，胎釉结合略差，镇墓俑仅见生肖俑。第二阶段以咸嘉湖唐墓为代表，随葬器物90余件，种类更加丰富，且制作工艺水平较高。瓷器多灰白胎，质地坚硬，釉色晶莹，为黄绿色或黄绿中泛青色，胎釉结合好。瓷俑制作精细，其中镇墓俑除生肖俑还有武士俑、镇墓兽及人首鸟身俑。第三阶段以本文报道的M9为代表，随葬器物质量急剧下降，胎质和釉色都大不如前。瓷器胎色变深，胎质较粗糙，有杂质和气孔，釉色较深，多为青色偏褐色，仅上腹部施釉，剥釉非常严重。瓷俑被陶俑取代，皆为素烧。俑的类型大体同前，镇墓俑新增双人首蛇身俑。

与同时期的武昌隋唐墓对比可以发现，两个区域既有显著的共同特征，又有明显的区域差异。武昌出土陶俑数量更多，流行时间更长，文化面貌更加丰富。权奎山将武昌郊区隋唐墓出土陶俑分为四群，其中甲群数量最多，应是武昌本地烧造的，使用年代从隋至唐高宗、武则天时期；乙群文化面貌与长沙、湘阴等接近，应产自湖南，年代在高宗、武则天时期；丙群和丁群可能产自扬州及其附近地区和中原地区，年代在中宗至玄宗开元时期[11]。与两京地区流行武士俑和镇墓兽的传统不同，两个区域均流行生肖俑、人首鸟身俑和双人首蛇身俑等镇墓俑，且高宗、武则天时期武昌乙群俑与长沙、湘阴等地第二、三阶段俑群的组合和形制非常相似，充分体现了两湖地区具有共同的时代特征，武昌和长沙、湘阴等地文化交流密切。隋至武则天时期，武昌甲群俑形制与长沙、湘阴等地第一阶段俑群差异很大；中宗至玄宗时期武昌流行丙群和丁群俑，并出现三彩器，而同时期长沙、湘阴等地几乎不再随葬俑，说明两地随葬器物具有浓厚的地域特色，可能与两地陶瓷业发展密切相关。

附记：本次考古发掘领队为 黄纲正 ，参与发掘的人员为余长宏。线图由曾心鑫、曾令斌绘制，照片由易家敏、方浙跃拍摄。

执笔者　师　磊

注　释

[1]　熊传新：《湖南湘阴县隋大业六年墓》，《文物》1981年第4期。

[2]　湖南省博物馆：《湖南长沙咸嘉湖唐墓发掘简报》，《考古》1980年第6期。

[3]　湖南省博物馆：《湖南湘阴唐墓清理简报》，《文物》1972年第11期。

[4]　湖南省文物管理委员会：《长沙黄土岭唐墓清理记》，《考古通讯》1958年第3期。

[5]　何介钧、文道义：《湖南长沙牛角塘唐墓》，《考古》1964年第12期。

[6]　四川省博物馆：《四川万县唐墓》，《考古学报》1980年第4期。

[7]　耿超：《唐宋墓葬中的观风鸟研究》，《华夏考古》2010年第2期。

[8]　长治市博物馆：《山西长治唐代王惠墓》，《文物》2003年第8期。

[9]　山西省文物管理委员会：《山西长治唐墓清理简报》，《考古通讯》1957年第5期。

[10]　a.王琼：《双人首蛇身俑考》，《文物鉴定与鉴赏》2019年第21期。

　　　b.张永珍：《唐墓地轴的再认识——兼谈唐代镇墓俑组合》，《四川文物》2022年第4期。

[11]　权奎山：《武昌郊区隋唐墓出土陶俑的分期》，见《庆祝宿白先生九十华诞文集》，科学出版社，2012年。

Brief Report on the Excavation of the Tang Tomb at Deya Village, Kaifu District, Changsha City

Changsha City Institute of Cultural Relics and Archaeology

KEYWORDS: Changsha   Tang Tomb   Pottery Figurines   Zodiac Figurines

ABSTRACT: In 1983, the Changsha City Institute of Cultural Relics and Archaeology conducted a rescue excavation of a group of tombs dating from the Warring States period to the Song Dynasty at a construction site in Deya Village, Kaifu District, Changsha, Hunan, within the premises of the Hunan Provincial Academy of Social Sciences. Among them, tomb No. 9 was a Tang Dynasty tomb, yielding a rich assemblage of burial goods. The tomb is a rectangular pit brick-chamber tomb, with the walls constructed using a "three horizontal and one vertical" bricklaying method. Both the northern and southern walls feature reversed T-shaped niches, in which zodiac figurines were placed. Although the tomb had been disturbed, a total of 51 artifacts were recovered, including pottery figurines, *mingqi* models, and porcelain. Based on the tomb structure and the unearthed artifacts, tomb No. 9 is dated to the late Emperor Gaozong's reign to the period of Wu Zetian's reign. Tombs containing pottery figurine groups from the Sui to early Tang periods in Changsha, Xiangyin, and other nearby areas can be divided into three stages, with tomb No. 9 belonging to the third stage. A comparison of these pottery figurines with those excavated from Sui-Tang tombs in Wuchang reveals both notable commonalities and significant regional differences, likely reflecting the cultural exchanges and developments in the ceramic industry between the two regions.

（责任编辑　洪　石）

次玉与璧珀：中国出土早期煤精器研究

宋　蓉

关键词：煤精器　次玉　琥珀　新石器时代　商周时期　汉晋时期

内容提要：中国早期煤精器的发展经历了新石器至早期青铜时代、西周至西汉中期、西汉晚期至西晋和东晋十六国四个阶段。从第二阶段起，煤精器的类型逐渐丰富，器物造型由简洁质朴趋向细腻生动。中国早期煤精器的地域分布"北重南轻"，从主要分布区都富集煤炭资源且各区煤精器类型多有地域偏好推断，早期煤精器多为就地取材、本土加工，同时并存部分原料、成品的贸易流通。新疆和内蒙古的煤精器自成一系，被视为石材，使用上没有贫富、性别的限制。而其余地区自第二阶段起煤精被赋予了次玉的内涵，具有象征等级身份的社会属性。在此基础上，随着琥珀进入汉代人的视野并融入汉地玉饰系统，因煤精的物理形状与之高度近似，加之汉晋上流社会对异域奢侈品的偏好，煤精又被赋予了类琥珀的新内涵以及彰显个人威望、地位的社会价值。

煤精是一种产于煤系地层中的碳质有机岩，抛光后呈玻璃光泽、黝黑闪亮，因摩氏硬度较低，易于切割和雕刻，常被用以制作各类装饰品[1]。早在新石器时代，煤精就被用来制作小件器物。西周之后，煤精器的数量、种类增加，尤其中原地区大型墓葬随葬的玦、环、珠串等物造型精美、工艺精良。进入汉代，煤精制品的种类更为多元，分布范围也大幅扩展。公元5世纪之后，煤精器急剧衰落，直至清中叶才再度复兴。纵观中国古代煤精器的发展历程，新石器时代至公元5世纪前后是其发展的重要阶段。然而，相较于玉、琉璃、琥珀等其他宝玉石器，对于煤精制品的研究还相对薄弱，除造型各异的兽形串饰常在同类琥珀串饰的研究中被论及[2]，还未见有关中国早期煤精器的综合研究。虽然曾有古代煤精器、先秦煤精器等概述性专论[3]，但多为器类及特征的梳理，未

作者：宋蓉，上海市，200444，上海大学文化遗产与信息管理学院考古学与博物馆学系。

论及使用群体、文化内涵等内容。近年也有关于煤雕技艺的专著论及产地、内涵等问题[4]，但所用资料背景不明，时代、真伪难辨。基于此，笔者拟以考古出土的新石器时代至公元5世纪的煤精制品为中心，通过对其时代风格、地域分布、出土背景和文化内涵的系统研究，以期深入探讨中国早期煤精器的文化意义与社会价值。

一、时代与类型

迄今所见新石器时代至公元5世纪前后的遗址、墓葬中，约有120余处出有煤精器（附表）。除个别残块难以辨识用途，绝大多数煤精器形态清晰，据其功能大致可分为葬玉、用具和饰品三大类。葬玉有窍塞和猪形手握两种，用具有球、权杖头、印章和纺轮四种。饰品是早期煤精器的最大宗器物，占已有考古发现总数的70%以上，包括发笄、耳饰玦、珥珰、璜、环、戒指、带饰、串饰等，其中以串饰数量最多，造型最丰富，又可细分为几何形串珠及鸟形、羊形、狮形、胜形等不同形制。根据器物类型及风格的变化，可将中国早期煤精器的发展历程大致分为新石器至早期青铜时代、西周至西汉中期、西汉晚期至西晋和东晋十六国四个阶段。

（一）新石器至早期青铜时代

新石器至早期青铜时代是煤精器的起步阶段，器物数量少，造型简单。沈阳新乐下层文化房址出土的球形、泡形、珰形饰小巧规整、打磨光滑（图1，1～3）[5]，是目前已知年代最早的煤精器。在该遗址文化层中还发现带有明显切割加工痕迹的碎煤精，发掘者推断新乐先民是将煤精当作一种乌黑的石料使用。赤峰南宝力皋吐BM44出土的煤精五角

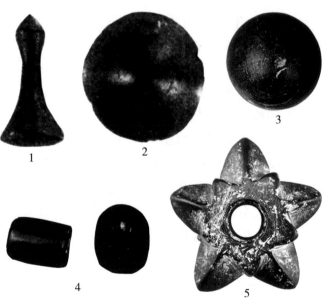

图1 新石器至早期青铜时代的煤精器
1.珰形饰（新乐F1：209） 2.泡形饰（新乐F1：222） 3.球形饰（新乐F30：1） 4.圆柱形珠（干骨崖M78：8） 5.权杖头（南宝力皋吐BM44出土）

权杖头亦是造型规整、乌黑光滑（图1，5）^[6]，并且同时期见有同类形制的石权杖头^[7]。此外，酒泉干骨崖和赤峰大甸子墓地还随葬有煤精串珠^[8]，干骨崖M78出土的2颗圆柱形珠直径仅0.8厘米，外表乌黑光亮（图1，4），与16颗肉红石髓珠穿连成串^[9]。

这一阶段的煤精器散布于辽东、蒙东、河西及长江下游等地。各类器物数量很少，除串珠外多为个例，可见此时对于煤精制品的加工还未形成规模，煤精多被当作乌黑的石料而采用。

（二）西周至西汉中期

西周至西汉中期是煤精器的快速发展阶段，器物类型丰富，并逐渐形成了以窍塞为中心的葬玉和以几何形串珠、耳饰玦、璜、环为核心的佩饰两大主流器类，此外还有发笄、纺轮等。

窍塞　多见于东周至汉初关中地区的秦人墓^[10]。器形有束腰圆柱形、棱柱形和锥柱形，典型器如西安茅坡邮电学校M45：5、M100：2、M63：1（图2，1～3），以棱柱形最为常见，长度多为2.6～2.9厘米，端径1.2～1.8厘米。

几何形串珠　广泛分布于宁夏^[11]、甘肃^[12]、陕西^[13]、山西^[14]、河南^[15]、内蒙古^[16]、黑龙江^[17]和广东^[18]等地。常见龟形、橄榄形和球形三种形制。龟形珠仅见于西周王侯大墓，呈扁圆形，一面中部起脊并刻画龟背纹，直径均在2厘米以内，典型器如扶风黄老堆M29：2（图2，8）。橄榄形珠整体近似两端细、中间粗的圆柱形，两端直径多在0.5～0.6、中段直径0.7～0.8、长1厘米以内，典型器如甘谷毛家坪M2179所出者（图2，9）。球形珠圆润饱满，直径0.6～0.8厘米，典型器如梁带村M26：181上半部的14颗珠子（图2，10）。除以上三种形制，早期青铜时代已有的圆柱形珠在庆安莲花泡屯遗址仍有发现，此外还有虢国墓地M2012出土的菱形珠以及海拉尔谢尔塔拉古墓出土的圆盘形珠（图2，5）。从出土位置看，除梁带村M26的位于墓主头顶、虢国墓地M2012的置于铜盒之中，其余大多位于墓主胸、颈部位，应是作为项饰或组玉佩使用。

璜、环　数量少，多有残断，仅见于关中地区的个别遗址。如长安冯村西周制骨作坊遗址出土的璜^[19]，凤翔马家庄一号建筑K76出土的2枚环^[20]。

耳饰玦　集中出自宝鸡、扶风一带的西周大墓^[21]。器形统一，均为边侧有缺口的圆环形，中孔较大，直径多为3～5厘米，大者直径达8.8厘米，如竹园沟M20：24（图2，4）。

发笄　数量较多，多呈一端粗、一端略细的长棒形，长4.5～7.8、端径

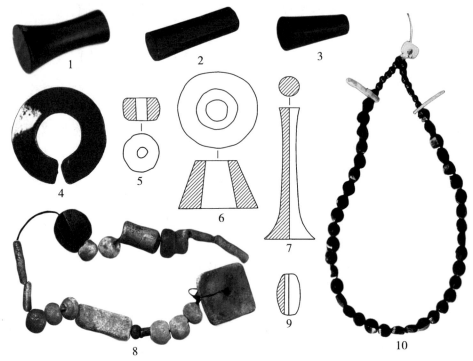

图2　西周至西汉中期的煤精器

1.束腰圆柱形窍塞（茅坡邮电学校M45：5）　2.棱柱形窍塞（茅坡邮电学校M100：2）
3.锥柱形窍塞（茅坡邮电学校M63：1）　4.耳饰玦（竹园沟M20：24）　5.圆盘形珠（海拉尔谢尔塔拉古墓出土）　6.纺轮（石河子南山M7：1）　7.发笄（郝家坪M29：2-2）
8.龟形珠（黄老堆M29：2）　9.橄榄形珠（甘谷毛家坪M2179出土）　10.球形珠（梁带村M26：181）

1.1～1.5厘米。荥经古城坪 M1、青川郝家坪 M29 等墓所出者（图2，7）与铜镜、木梳、木篦等共置于漆奁内[22]。

　　纺轮　仅见于新疆。整体呈圆台形，中部穿孔。如石河子南山 M7：1，顶径1.2、底径2.3、厚1.4厘米（图2，6）[23]。

　　这一阶段煤精器的分布范围大幅扩展，从东北的呼伦贝尔高原到西北的伊犁河谷，从关中平原到长江上、中游之地，尤以长江以北分布集中。此时的煤精器整体造型简单、质朴，只加工出几何外形，少见刻画细部纹饰。

　　（三）西汉晚期至西晋时期

　　西汉晚期至西晋时期是煤精器发展的繁荣阶段，其地域分布更加广泛，扩展至湖南、山东、江苏等地。同时，器物类型出现了明显转变，特别是各类饰品，如璜、环和耳饰玦消失；发笄仅在陕县刘家渠东汉墓、晋宁河泊所等少数遗址有所发现（图3，8）[24]；几何形串珠数量锐减，龟形珠、菱形珠和橄榄形珠已难觅踪迹，常见圆盘形珠、条形珠和蜻蜓眼式球形珠（图 3，7、5、6）[25]；新兴的羊形、鸟形、狮形、胜形[26] 等圆雕串饰成为主流；并兴起了带饰和珥珰。从出土位置看，几何形串珠多位于墓主的头、颈部位，应仍是项饰；圆雕串饰则位于墓主的颈部或肢骨附近，既可作项饰，又可作腕饰。此外，葬玉中新见猪形手握，用具类新添印章。现将各类新见器形分述如下。

羊形串饰　数量较多，始见于西汉晚期。造型统一，均为四蹄蜷于身下的卧姿羊，以流畅的线条雕刻出羊的瘦长头颅、尖而长的双耳以及弯曲的双角等关键特征，腹中部横穿一孔，典型器如扬州邗江姚庄 M101 所出者（图 3，2）[27]。

鸟形串饰　数量极少，始见于西汉晚期。外形似鸠，卧姿，双翅收拢，其尖喙、扁尾及翅羽等细节惟妙惟肖，典型器如邗江姚庄 M101 所出者（图 3，1）。

狮形串饰　数量最多，出现于东汉中后期。整体造型呈趴伏状，细节上着重突出狮子健硕的后肢以及大而圆的头部，以与羊形串饰相区别，典型器如奉节白杨沟 M1：1（图 3，3）[28]。

胜形串饰　数量较少，出现于东汉中后期。整体近扁方形，纵轴两端突出，腰部四道凹槽将其分为上下两部分，中腰处横穿一孔，典型器如张家界大塔岗 M14：1（图 3，4）[29]。

带饰　数量少且仅见于呼伦贝尔地区。外形近长方形或椭方形，多出自墓主腰部。1959 年扎赉诺尔圈河古墓出土的一件表面阴刻龙纹（图 3，10）[30]。圈河 M3012：2 的表面阴刻几何纹并镶嵌绿松石（图 3，9）[31]。

珥珰　数量较少，集中发现于关中和河西一带[32]。形制统一，均为束腰短柱形，轴心处纵向穿孔，长度多为 1.5～2 厘米，典型器如民和胡李家 M5：1-3（图 3，11）。

猪形手握　汉末曹魏之际兴起于嘉峪关[33]、酒泉[34]、张掖[35] 等河西之地。整体形似头部略扁的短柱，以细腻的阴线刻画出蜷卧猪的四肢及眼、耳、口、鬃毛，全长约 8、高约 3 厘米，典型器如嘉峪关新城 M4：9（图 3，15）。

印章　多为采集品，可分为文字印和图形印两种。文字印如尼雅遗址"司禾府印"，方形，桥钮，印文篆书阴刻，边长 2、高 1.57 厘米（图 3，16）[36]。图形印如木垒菜子沟古墓所出方印，扁方形，无钮，阳刻双叶纹，整体尺寸略大，边长 5.5 厘米[37]。另外，旅顺博物馆还收藏 30 余枚出自新疆的煤精图形印，年代约为东汉后期至魏晋北朝时期。这批印章系 20 世纪初大谷光瑞"中亚探险队"的劫掠品，从其多样的形制可知，图形印的造型除方形之外，还有三角形、圆形、

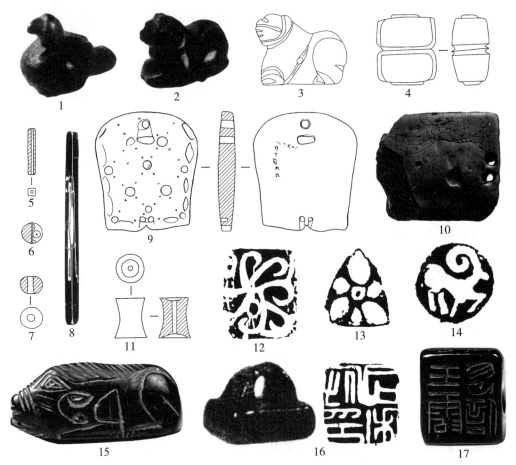

图3　西汉晚期至西晋时期的煤精器

1.鸟形串饰（邗江姚庄M101：243）　2.羊形串饰（邗江姚庄M101：243）　3.狮形串饰（奉节白杨沟M1：1）　4.胜形串饰（张家界大塔岗M14：1）　5.条形珠（满洲里蘑菇山M1：2）　6.蜻蜓眼式球形珠（大通上孙家寨乙M8：07）　7.圆盘形珠（满洲里蘑菇山M3：4）　8.发笄（晋宁河泊所TN71E95HD1④：9）　9、10.带饰（扎赉诺尔圈河M3012：2、59M1出土）　11.珥珰（民和胡李家M5：1-3）　12～14.图形印（旅顺博物馆藏）　15.猪形手握（嘉峪关新城M4：9）　16、17.文字印（尼雅遗址出土、嘉峪关新城M7：55）

半圆形等，印文图案也有莲花、忍冬、羊等各式（图3，12～14）[38]。此外，嘉峪关新城M7所出方印，扁方形，无钮，中段横向穿孔，一面阴刻"王霩印信"，另一面刻白虎，边侧刻朱雀、青龙（图3，17）[39]，巧妙地将图形印的形制与文字印的印文以及汉式祥瑞图案三者有机融为一体。

　　总体上看，这一阶段出土煤精器的遗址数量增加，分布范围扩展，器物类型也更为丰富。煤精串饰成为主流器类，尤其造型各异的圆雕串饰，制作精致、考究，以凝练的线条刻画出鸟、兽的关键特征，造型生动，细部刻画细腻传神。

（四）东晋十六国时期

东晋十六国时期是煤精器发展的衰落期，器物数量、种类与分布范围均大幅缩减。在长江以北，除新疆、河西、关中和山西的部分遗址、墓葬年代下限可至十六国北魏，其他地区已难觅煤精器踪迹，分布中心转向宁镇地区。此前流行的窍塞、纺轮和胜形饰消失，猪形手握和羊形串饰数量锐减，仅见酒泉西沟 M7 出土的煤精猪[40]、南京幕府山 M4 出土的煤精羊[41] 等数例。唯狮形串饰和几何形串珠有所发展。

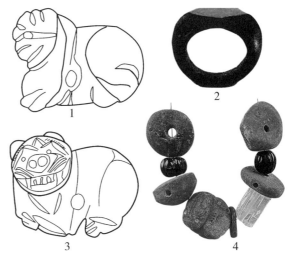

图 4　东晋十六国时期的煤精器
1.狮形串饰（广元昭化宝轮 M4∶9）　2.戒指（库车友谊路 M13∶110）　3.狮形串饰（镇江宝华牡丹西路 M1∶15）　4.瓜棱形串珠（大同红旗街北魏墓出土）

狮形串饰除此前流行的俯卧、目视前方的造型，如广元昭化宝轮 M4∶9（图 4，1）[42]，出现了小兽回首侧目的新造型，又如镇江宝华牡丹西路 M1∶15，器物尺寸较之前略大，通长约 3.5、高 2.5～2.8 厘米（图 4，3）[43]。串珠已不见此前流行的圆盘形、圆球形珠，而多为造型更为精巧的瓜棱形珠，在南京幕府山 M4 和大同红旗街北魏墓中均有随葬（图 4，4）[44]。另外，新疆库车友谊路 M13 出土一枚煤精戒指，圆环形，椭圆形素戒面，直径 1.9、戒面长 1.1、宽 0.7厘米，制作考究（图 4，2）[45]。

二、地域分布

煤精器发展阶段的划分不仅体现了器物类型、造型风格在时间上的变化，同时也反映出煤精器空间分布的特点及其变迁（表 1）。新石器至早期青铜时代，煤精器的分布相对分散，各地所出互不相同，还未表现出明显的地域分布特点。西周至西晋时期，煤精器的分布范围大幅扩展，整体上呈现明显的"北重南轻"格局，除川渝、湖南和广东等地的零星发现，其余 96% 的煤精器集中出土于长江以北地区。考虑到遗址现存状况可能带来的统计偏差，笔者从出土煤精器的遗址总数与器物总量两方面进行了综合分析，如图 5 所示，陕西、山西、新疆和甘肃是早期煤精器分布最为集中的地区，内蒙古、河南、川渝和辽宁次之。

表 1 各阶段煤精器的类型与分布

时代	器物种类	主流器类	造型风格	分布区域
新石器至早期青铜时代	球形、泡形、珰形、钮形饰，权杖头、几何形串珠	无	规整光滑	辽、内蒙古、甘、皖
西周至西汉中期	窍塞、几何形串珠、耳饰玦、璜、环、发笄、纺轮	葬玉（窍塞）、佩饰（几何形串珠、耳饰玦）	简洁质朴	内蒙古、甘、黑、宁、新、陕、晋、豫、京津冀、川渝、鄂、粤
西汉晚期至西晋	窍塞，猪形手握，几何形串珠，鸟、羊、狮、胜形串饰，珥珰、发笄，纺轮，印章	串饰（各形圆雕串饰）	细致具象	辽、内蒙古、甘、青、新、陕、豫、京津冀、川渝、云、湘、粤、鲁、苏
东晋十六国	几何形串珠、狮形串饰、印章、戒指	狮形串饰	生动多样	新、甘、陕、晋、苏、川渝

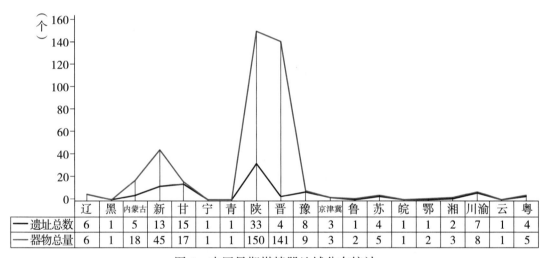

	辽	黑	内蒙古	新	甘	宁	青	陕	晋	豫	京津冀	鲁	苏	皖	鄂	湘	川渝	云	粤
遗址总数	6	1	5	13	15	1	1	33	4	8	3	1	4	1	1	2	7	1	4
器物总量	6	1	18	45	17	1	1	150	141	9	3	2	5	1	2	3	8	1	5

图 5 中国早期煤精器地域分布统计

目前关于古代煤精器的科技检测多为材质鉴别，而少有产地分析，上述煤精器的地域分布特点或可为产地研究提供线索。一方面，早期煤精器"北重南轻"的分布特点正符合我国煤炭资源的整体分布格局；另一方面，上述煤精器的主要分布区内均有富集的煤炭资源。如陕西的早期煤精器几乎均出自关中地区，区内有咸阳、铜川和渭南三大产煤区。山西的煤精器多集中于晋西南的临汾盆地，附近即是煤炭储量近 600 亿吨的霍西煤田。新疆煤精器的出土地点多位于准东、库拜两大煤田附近。辽宁煤精器的发现集中在沈阳、辽阳、营口等辽东之地，邻近煤都抚顺。河南煤精器的发现多集中于豫西的三门峡煤矿周边。川渝煤精器的出土地点周边也有广安、达州和广元三大煤矿。甘肃煤精器的发现集中于河西，内蒙古的煤精器多出自呼伦贝尔，这两地本即矿区，全境均有可开采的煤矿。除上述分布相对集中的区域，江苏邳州、南京，湖北云梦及广东广州、肇庆等煤精器的出土地点附近也都有丰富的煤炭资源[46]。从矿物学角度讲，煤精是硬质木料长期埋藏地下经石化作用而成，赋存于煤层中间或附近的沥青质岩层中[47]。因此可以说，富集的煤炭资源是获取煤精料的先决条件。早年新乐遗址出土的煤精器经科技检测，其原料产地也指向了附近的抚顺煤田[48]。另外，清代、民国文献所记载的煤精产地，如《篆刻针度》中的"秦中"、《中国十大矿厂调查记》中的"抚顺"即位于上述关中和辽东两大煤精器分布区，同时这两地也都是著名的煤炭产区[49]。综上，中国早期煤精器的原料可能大多即出自当地的产煤矿区。不过，从清中叶的文献中才始有"煤精""炭精"之名看，清代之前的人们还未形成对煤精矿藏特性的清晰认知，因而早期煤精原料应当并非古人有意开采所得。结合中国古代的采玉方式推断，早期煤精原料可能是出露于地表或崩落的矿体坠入河流、漂聚岸边，被古人拣拾所得。另外，各地煤精器的类型多具有地域特点，尤其用具、葬玉以及带饰、珮珰等饰品仅集中于某个区域，圆雕串饰虽造型风格一致，但辽东兴羊形饰、川北兴狮形饰，各地在器形上又多有本土偏好，因此早期煤精器大多应是在本地加工生产的。不过鉴于战国之后已有发达的地域商贸往来，正所谓"富商大贾周流天下，交易之物莫不通"[50]，并且除上述区域，还有其他零星出土地点，不排除同时还有煤精原料、煤精成品贸易流通的可能性。

三、出土背景

目前已知的早期煤精器既有出自墓葬、祭祀坑的随葬品，也有出自生活类遗址的实用之物。常见于墓葬的煤精发笄和狮形串饰也见于天津北仓战国居址、晋宁河泊所遗址和奇台石城子遗址。尉犁县营盘 M7、M20 的煤精纺轮出土时与木纺杆相套并残留有毛线痕迹。虢国 M2012 的煤精串珠收于小铜盒内并摆放在内棺的棺盖之上。可见，除窍塞、手握等煤精葬玉，其余煤精用具和饰品大多并非专事埋葬的明器，而是墓主生前惯用或珍爱之物。从早期煤精器的类型看，新疆始终以用具类为主，少有装饰品；内蒙古则仅见几何形串珠和带饰，不见圆雕串饰。这两地煤精器的地域特征鲜明，均可自成一系。而其余地区的煤精器则多有共同的类型和近似的风格，可共成一体。新疆的煤精印章多出自遗址，出土单位不详，戒指和纺轮出自墓葬。目前发现的戒指仅 1 枚，出自多人多次合葬墓，被盗扰破坏，人骨散乱，已无法判断出土位置与共出器物。随葬纺轮的石河子南山 M7、营盘墓地 99M7 和 95M20 保存状况较好，墓中纺轮均被置于墓主头部周围，但其组合并无定式。南山 M7 随葬品简单，纺轮与陶罐、羊尾骨、小铁件堆于一处，墓主是男性[51]。营盘墓地两墓的随葬品丰富，纺轮近旁有铜镜或木粉盒等物，组合及摆放方式与同墓地的木、陶纺轮完全相同，两位墓主都是女性[52]。由此可知，新疆的煤精纺轮在使用上并无贫富、性别的限制，与其他质地的纺轮一样。类似情况也见于内蒙古，随葬串珠和带饰的墓葬相较于同墓地的其他墓葬并无明显的等级差异。带饰的用法也与金属带饰相同，均为男性服饰。因此可以说，在新疆、内蒙古，煤精器只有捻线或装饰身体的功能，并无象征等级或标志身份的社会属性。

两地之外的其余地区情况则完全不同，煤精饰品多有相对固定的组合，并且使用煤精饰品或煤精葬玉的墓葬也都具有一定规模，它们不仅有装饰身体或殓葬的功用，同时还具有一定的社会价值。

（一）煤精饰品

各种煤精饰品，除了作为发饰、耳饰、项饰等，还常与其他饰物共同装饰墓主身体。其器物组合有直接组合与间接组合两个层次。耳饰玦、珥珰和发笄均能独立佩戴，仅有间接组合。而串珠和各形圆雕串饰都需由绳串连，或再连缀其他材质、类型的饰物，故两个层次的组合皆有。

在直接组合方面，第一、二阶段的珠串整体风格庄重，特别是西周时期，常是数颗或十数颗煤精珠与玛瑙、绿松石或料珠串联再连缀玉佩饰，如韩城梁带村 M26 ∶ 181（见图 2，10）。通过对同串其他材质饰物出现频率的统计（表2）可知，玉和玛瑙 / 红石髓是此时最常与煤精组合的材质。到了第三、四阶段，珠串的整体风格转向琳琅缤纷，整串中仅有一两颗煤精珠，除玛瑙 / 红石髓、绿松石外，又添蓝色的琉璃、褐色的琥珀及透明的水晶等材质的珠子。其中，琥珀和琉璃成为最常与煤精珠组合的材质，玉饰的出现频率大幅降低。在间接组合方面，第一、二阶段除煤精饰品外，83% 的墓主还佩戴各类玉饰，此

表 2　　　　　　　　　　　　　煤精共出饰物的材质出现频率统计

发展阶段	材质	玉	玛瑙 / 红石髓	绿松石	料珠	琥珀	琉璃	兽骨 / 象牙	珍珠	水晶	银	金	铜
直接 组合	一、二	60%	50%	40%	30%	/	/	/	/	/	/	/	/
	三、四	14%	21%	29%	21%	50%	36%	14%	7%	7%	/	/	/
间接 组合	一、二	83%	/	/	/	/	6%	/	/	/	/	/	27%
	三、四	8%	8%	/	/	3%	10%	3%	/	/	25%	18%	18%

外有少量铜或象牙发笄、铜带钩等。发展至第三、四阶段，墓主所佩饰品的材质大为丰富，常见有银或铜手镯、金耳坠、琉璃或玛瑙珥珰等。此时最常与煤精饰品组合佩戴的已非玉饰，而是各种银、金、铜饰品。

统观两个层次的组合，西周至西汉中期的煤精饰品最常与玉饰组合，而西汉晚期之后，无论是直接组合中的琥珀、琉璃，还是间接组合中的金银饰品，都是当时颇具异域风格之物。尽管琥珀和琉璃可能既有海外舶来也有中国出产[53]，但在汉晋人的观念中，它们不仅是史书记载中的外邦特产，还是胡族进献给皇帝的贡物。如《汉书·西域传上》记载罽宾、乌弋山离出"虎魄"；《后汉书·西域传》记载大秦"土多金银奇宝、有夜光璧……虎魄、琉璃"；《盐铁论》有言"汝、汉之金，纤微之贡，所以诱外国而钓胡、羌之宝也。……而璧玉珊瑚琉璃，咸为国之宝。是则外国之物内流，而利不外泄也。"[54]另外，有研究者也指出，尽管汉代金银已是财富的象征，但仍少见于人体装饰领域，它们并非中原汉文化的产物，而是带有鲜明的西方或草原文化色彩[55]。从这个意义上看，西汉晚期之后，不仅煤精饰品自身显示出浓郁的域外色彩，就连墓主的装饰也表现出对异域格调的偏好。

使用煤精饰品的墓葬多为竖穴木椁墓和前后双主室的砖室墓。竖穴木椁墓中不乏王侯大墓，特别是西周时期，如宝鸡茹家庄強伯墓和井姬墓、韩城梁带村芮桓公夫人墓以及曲沃晋献侯夫人、靖侯夫人墓等[56]。东周之后，竖穴木椁墓的规格有所降低，多一椁重棺或一椁单棺墓。春秋中期的毛家坪 M2179 和战国中期的申明铺 M25 的墓主为中下士[57]。西汉时期的常德南坪 D8M3 和邗江姚庄 M101 随葬有龟钮铜印，前者印文"赵玄友印"[58]。据《汉书·百官公卿表上》记载："凡吏秩比二千石以上，皆银印青绶……秩比六百石以上，皆铜印黑绶。"《汉旧仪》云："银印，背龟钮，其文曰章。六百石、四百石至二百石以上，皆铜印鼻钮，文曰印。"[59]据此推断，上述两位西汉墓主的生前官秩大约在六百石至二千石之间。西汉后期随着葬制的变革，随葬煤精饰品的墓葬多为前后双主室的砖室墓，其墓室全长多在 10 米左右，随葬品中常见壶、鐎斗、洗等青铜容器以及漆器、铅车马器等体现经济实力或象征身份之物。参考汉墓等级的相关研究成果可知，此类砖室墓属中等规格，墓主多为中级官吏或财富水平与之相当的富裕阶层。此外，随葬煤精饰品的还有少数单室砖墓和崖墓。崖墓仅有昭化宝轮镇 23 号墓，墓内随葬有印文为"阴平太守"的龟钮铜印。以单室墓为葬者，年代已至魏晋，其时正逢多室墓衰落、单室墓发展的葬制变革期，墓室数量不再是墓葬等级的象征[60]。沈阳八家子 M6 随葬的玛瑙、珍珠等饰品显示出墓主超越普通庶众的经济实力[61]。宁镇地区东晋单室墓的规格更高，南京富贵山 M4、幕府山 M4 的墓主被认为是东晋王族或皇室成员[62]，汽轮电机厂大墓则是晋穆帝司马聃的陵寝[63]。综上可知，使用煤精饰品的群体大多有一定的社会地位，西周时期为诸侯、大夫等社会上层群体，东周之后煤精饰品主要流行于社会中层群体之中，东晋时期其使用等级又再度提升至王侯贵族甚至帝王。这些身处社会中上层的人们在丧葬仪式中将煤精饰品佩戴在身体最醒目的位置，不仅是出于装饰的需要，更有彰显身份地位的目的。

（二）煤精葬玉

煤精窍塞和手握均为单独使用，不见二者相互组合，也未见二者各自与口琀组合，并且墓中仅有单独使用的肛塞、耳塞，也没有不同部位窍塞的成套使用。

出土煤精葬玉的墓葬主要有竖穴土洞墓和砖室墓两类。竖穴土洞墓均为战国晚期至西汉初的秦人墓，不见高规格随葬品。不过，从随葬品数量看，使用煤精窍塞的世家星城 M193 等墓的墓主是同墓地较为富庶的群体。砖室墓集中分布于魏晋时期的河西地区，墓葬规模较大者如酒泉西沟 M5，为前、中、后三室，前室附耳室，墓道全长 37 米，前室和中室四壁装饰彩绘画像砖，墓葬虽被盗扰，但仍残存铜樽、漆器等高规格随葬品。其余墓葬多是前、后两室，嘉峪关新城 M4、M13 及西沟 M7 的墓室壁画中的宴饮、庖厨、狩猎等场景形象展现了墓主生前的社会地位与财富。并且，新城、西沟还均是聚族而葬的家族墓地，其中新城 M1 墓主画像榜题"段清"。据《晋书·段灼传》记载，河西段氏"世为西土著姓"。综上可知，使用煤精葬玉的群体虽没有显赫的政治地位，但大多生活富足，其中不乏魏晋时期的大族。有学者认为，随着葬玉制度废弛，使用葬玉逐渐由别尊卑的礼制转变为社会风俗，通常仅以材质体现使用者身份的高下，王侯多用玉，其余则多为琉璃、滑石等[64]。从这个层面看，煤精窍塞、猪形手握的使用方式和使用等级均符合当时葬玉的规制。另外，也有学者认为，魏晋以降的玉石猪形手握多与铅人（锡人）、弩机、买地券、衣物疏等组合，象征司命信仰，表达了墓主希冀死后不朽和复活成仙的愿望[65]。然而，从河西诸墓的器物组合看，均未见猪形手握与铅人（锡人）、买地券、衣物疏共出，仅新城 M4 出有铜弩机。河西临近关中，两汉时期三辅文化曾对其产生了深远影响，东汉后期逐渐成长起了以张奂、段颎为代表的亦文亦武的地方豪族。在他们的影响下，河西文化在魏晋十六国时期始终秉持汉代的经学传统[66]。同时，河西魏晋墓葬之中也保留了大量中原汉墓的传统做法。如上所述，煤精葬玉是自战国时期即流行于关中的传统风俗，并且煤精猪形手握不同于线条粗疏的滑石手握，而更近汉代诸侯王墓中雕工精细的玉手握。因此，笔者认为流行于河西地区的煤精猪形手握并非司命信仰的象征，更像是当地世家大族对汉代风俗以及传统身份象征的固守。

四、文化内涵

如前文所述，新石器至早期青铜时代的煤精多被当作乌黑的石料使用。除此之外，将煤精视为黑石的还有新疆和内蒙古。在新疆，纺轮和图形印都是颇具当地传统之物，不仅数量多，而且延续时间久，还常见有多种材质。年代大致相当于西周至春秋时期的拜城克孜尔吐尔墓地就常见有骨纺轮和陶纺轮随葬[67]。吐鲁番艾丁湖 80M13 出土的黑石纺轮，器表细腻乌黑[68]，形制大小与尉犁营盘 M20所出煤精纺轮亦颇近似。图形印除青铜、煤精等材质，也常有石质的，如木垒菜子沟古墓即出有形制、印文完全相同的煤精和白石印各一枚[69]。在内蒙古，汉墓中也常见石带饰，如扎赉诺尔圈河 M3012 的墓主腰间除马蹄形煤精带饰，还有一件圆角方形的白石带饰[70]。有学者认为，石带饰是西汉晚期至东汉时期蒙古境内匈奴墓葬的典型器物，如贝加尔德列斯图依 M114 出土的矩形煤精带板、蒙古国乌布苏省呼椤陶勒盖墓地出土的椭方形石带扣（图 6，17、18）[71]，其形制分别与圈河 59M1 出土者和圈河 86M3012：2 高度相似[72]。色彩上，煤精与白石的组合形成了强烈对比，强化了装饰效果，同时二者的组合形式也表明，在新疆和内蒙古，煤精是与白石相类的黑石。

新疆、内蒙古之外，自西周时期起，煤精器逐渐形成了较为稳定的器类和使用群体，自然属性之外又被赋予了文化内涵。有学者认为，质地温润、色泽饱满的煤精是周人观念中的次玉之物[73]。自西周逐步兴起的耳饰玦、璜、环、发笄、珥珰、窍塞、猪形手握等煤精饰品、葬玉，不仅有形制相同的玉质同类器（图 6，5～8，12）[74]，且器物的演变发展也与玉器基本同步。同时，前文所述东周之后煤精器使用群体的降级也正符合用玉渐趋平民化的倾向。由是观之，自西周起逐渐兴起的煤精饰品、葬玉均是周代用玉制度中"煤精次玉"内涵的延续与发展。西汉晚期，随着圆雕串饰的兴起，煤精器的风格、组合出现了明显转变，其文化内涵也应随之有了变化。玉石器的圆雕工艺虽然商代已有，但商周时期无论立体造型的玉雕动物还是玉人，都少见腹部横向穿孔的做法（图 6，1、2，穿孔分别在牛鼻和发髻处）[75]，并且玉串饰也多为片状雕刻、顶端穿孔（图 6，3、4）[76]。此类圆雕成形且腹部横穿孔的小型串饰始见于西汉早期偏晚阶段，河北献县陵上寺村 M36 出土的琥珀圆雕狮形饰[77]是目前所见

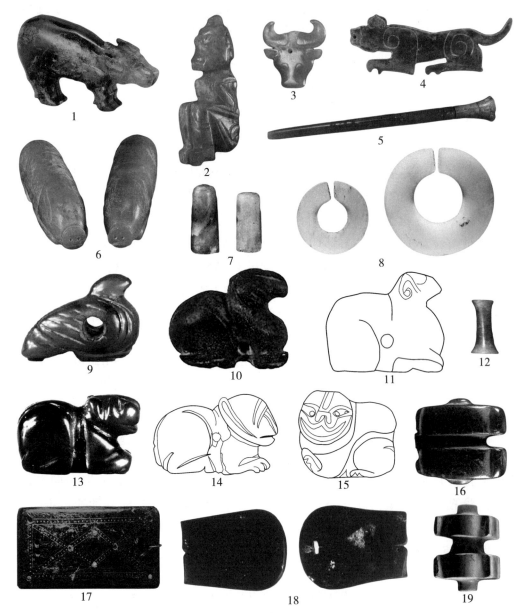

图6 玉石、琥珀葬玉、饰品举例

1.玉牛形饰（宝鸡茹家庄M1出土） 2.玉人形饰（扶风强家M1出土） 3.玉牛首形饰（宝鸡竹园沟M9出土） 4.玉虎形饰（宝鸡茹家庄M1出土） 5.玉笄（淅川下寺M1出土） 6.玉猪形手握（西安市文物保护所藏） 7.玉塞（盱眙大云山M1出土） 8.玉玦（博罗横岭山M192出土） 9.琥珀鸟形饰（青岛土山屯M6棺2出土） 10.琥珀羊形饰（长沙五里牌M3出土） 11.玉羊形饰（莒县双合村汉墓出土） 12.玉珥珰（西安龙首原M170出土） 13、15.琥珀狮形饰（青岛土山屯M6棺2出土、南京富贵山M4：39） 14.玉狮形饰（南阳天冠滨河小区M26出土） 16.琥珀胜形串饰（邗江甘泉M2出土） 17、18.石带饰（德列斯图依M114出土、呼楞陶勒盖墓地出土） 19.玉胜形饰（徐州土山东汉墓出土）

年代最早的一件。从其造型看，狮子是西亚地区的动物，带有神秘色彩和异域情调[78]；从其材质看，汉代的琥珀也多是域外舶来品[79]。可见，最初进入汉代人视野的圆雕串饰应是一类具有异域格调的饰品。西汉晚期，这类圆雕串饰流行开来，不仅增添了羊、胜、鸠等新造型，还出现了透闪石真玉以及煤精、玛瑙、绿松石、水晶等次玉的多种材质（图6，9～11、13～16、19）[80]。圆雕串饰的各类新造型中，羊有兆吉避凶的寓意。《说文·羊部》云："羊，祥也。"尤其与民间神仙信仰结合后，羊更是被神化入了仙境[81]。《列仙传》中的葛由即是"骑羊而入西蜀……随之者不复还，皆得仙道"[82]。胜在汉代被视为西王母的象征，《山海经·西山经》描绘西王母"蓬发戴胜"[83]。随着西王母崇拜的盛行，胜也被赋予了祥符的功能。鸠则是汉代敬老的象征，同时鹰鸠转化还意味着生命轮回[84]，正如《周礼·春官·罗氏》郑玄注："是时鹰化为鸠，鸠与春鸟变旧为新，宜以养老，助生气。"[85]与此同时，狮子进入中原后也被赋予了祥瑞的内涵，成为"射魅辟邪除群凶"的神兽[86]。因此可以说，琥珀圆雕串饰虽源自域外，但在落地中国后很快便融入了汉地玉饰系统，并不断创新发展。

统观加工圆雕串饰的各种材料，仍是琥珀最多，其次便是煤精，且二者的器物类型多有重合，同类器的造型和风格演变也是高度一致（见图3，1～4；图4，3；图6，9、10、13、15、16）。从这个角度看，当时熟悉琥珀制作的工匠，也同样熟悉煤精的加工，能够很容易地转换使用这两种材料。只是两种材料的地域分布差异显著，琥珀偏于南方，尤以岭南为主，而煤精则主要集中于北方。另外，在物理特性方面，煤精是各类次玉材质中最接近琥珀的一类。煤精与琥珀均为非晶质体，有树脂光泽，摩氏硬度低，易于雕刻，韧性略差，易碎裂。二者密度都很小，可悬浮在水中，摩擦都可带电[87]。在缺乏量化标准和科学检测仪器的古代，煤精与琥珀无论观其质地、纹理，还是测其浮力、静电，都高度近似。若抛开颜色，仅凭耳听、目测，恐怕即使专业从事"相玉"的"玉人"也很难将其准确区分。在文献记载中，古人也的确时常将琥珀与煤精混为同类。如明代中叶成书的《本草纲目》记载："瑿是众珀之长……其色黳黑，故名。……古来相传松脂千年为茯苓，又千年为琥珀，又千年为瑿。"[88]类似观点宋代已有，南宋成书的《通志·昆虫草木略第二·木类》记载："瑿曰瑿珀。旧云：'琥珀千年为瑿。'"[89]可见，即便到了宋明时期，古人对煤精的认知仍是模糊的，只是含混地将其视为一种稀有的黑色琥珀。直至清乾隆年间，出现了"煤精""炭精"这类名称，才表明人们对这类材料的矿藏特性有了较为清楚的了解。与此同时，不仅中国，在西方古代的煤精产地也普遍存在将煤精与琥珀混同的认识。英国青铜时代墓葬中常有造型完全相同的煤精和琥珀动物挂件，并且二者均被当地社会视为个人地位的象征[90]，甚至时至今日有的地区仍将煤精称为"黑琥珀"[91]。

不过，若从名称看，中国古人似乎对琥珀的认识程度更高，汉初已有"琥珀"或"虎魄"之名。陆贾在《新语·道基篇》中说："琥珀珊瑚，翠羽珠玉，山生水藏，择地而居。"[92]前引《汉书》和《后汉书》中将其写作"虎魄"。虽然此时对琥珀的认知未必全然清晰，但名出于形，相对固定的名称至少说明当时人对琥珀的本体形式已形成了一定的共识性理解，这可能也是后世文献以琥珀释煤精的重要原因。如上所述，琥珀多是源自域外的奢侈品，价格昂贵，得之不易。《南史》记载齐东昏侯为妃子潘氏置办的服御中有一只琥珀钏甚至"直百七十万"。在北方，琥珀等域外奇珍素来备受上流社会青睐，文献中不乏官员、贵戚极尽所能搜求异域奢侈品的记载，皇帝更是将域外贡物视为个人成就和荣誉的象征[93]。因此，对汉晋社会而言，琥珀之类的殊方异物不仅象征个人财富，更彰显了个人社会地位和权威。各方面物理特性高度近似琥珀的煤精相对易得，正能满足社会中间阶层的需求，就这样次玉的煤精又被赋予了一重类琥珀的新内涵。这也就不难理解为何从煤精串饰的组合到使用者的整体装饰无不显示出对异域风格的注重和偏爱。

五、余　　论

通过对中国出土早期煤精器的系统梳理和讨论，可总结以下三点认识。

第一，中国早期煤精器的发展大致经历了新石器至早期青铜时代、西周至西汉中期、西汉晚期至西晋和东晋十六国四个阶段。从第二阶段起，煤精器的类型逐渐丰富，器物造型由简洁质朴趋向多元生动。

第二，中国早期煤精器的地域分布"北重南轻"，从主要分布区富集煤炭资源且各区煤精器类型多有地域偏好推断，早期煤精制品多为就地取材、本土加工，同时可能也存在部分原料、成品的贸易流通。

第三，新疆和内蒙古的煤精器自成一系，被视为石材，使用方面没有贫富、性别的限制。而其余地区自第二阶段起，煤精被赋予了次玉的文化内涵，具有象征等级身份的社会属性。在此基础上，随着琥珀进入汉代人的视野并融入汉地玉饰系统，因煤精的物理形状与之高度近似，加之汉晋上流社会对异域奢侈品的偏好，煤精又被赋予了类琥珀的新内涵，被用来彰显个人威望和社会地位。

公元5世纪之后，煤精器急剧衰落，目前的考古发现仅有寥寥数件，如旬阳出土独孤信印、华山出土王猛印、高昌故城出土方盒及镇江宋墓出土带饰等[94]。煤精器的衰落，一方面，由于隋唐时期贵金属及镶嵌宝石饰品已在中上层社会普及，玉不再是饰品的首选材料[95]，那么次玉的煤精自然也随之落寞；另一方面，唐代人对琥珀的热衷不仅在于材质，更有对其颜色的偏爱，唐诗中不乏以琥珀之色比喻美酒的佳句，这一时期的琥珀器也以杯、盅、盏等酒具为多。煤精虽与琥珀质地高度近似，但黝黑的色泽并不宜衬托酒的色泽，因此也就逐渐淡出了人们的视野。以致到了南宋时期，《通志》的作者郑樵甚至认为"（翳珀）不生中国，不可知也"[96]。另外，从对早期煤精制品的统计看，西周到西晋煤精器的地域分布不断扩展，但器物总数却由第二阶段的370余件逐渐降至第三阶段的100余件。煤精是不可再生的矿物，又夹于煤层中间，埋藏较深，因此在采矿深度有限的古代，人们可获得的煤精原料是较为有限的，历经西周至东晋十六国的不断消耗，出露地表的煤精原料可能也已渐趋耗竭。直至清代中叶，随着近代采矿技术的发展，迎来了抚顺西露天矿等煤矿的大规模开采，人们才得以真正发现并了解这类特殊的矿物，由此也开启了中国煤精器复兴的新阶段。

注　释

[1] 李耿：《有机宝石》第282页，化学工业出版社，2018年。

[2] 有研究者认为煤精狮形串饰与同类琥珀串饰近似，多源自域外，如赵德云：《西周至汉晋时期中国外来珠饰研究》第122～126页，科学出版社，2016年；也有研究者提出质疑，如乔梁：《偃师商城博物馆藏绿松石瑞兽的年代及相关问题研究》，《华夏考古》2014年第4期。

[3] a.祁守华：《我国出土的煤精制品述略》，《文博》1986年第6期；《出土文物中的煤精雕刻制品》，《文物研究》第9辑，1994年。
　　b.苏子华：《中国北方地区出土先秦煤精制品初步研究》，《文物鉴定与鉴赏》2022年第3期。

[4] a.余骏：《中国煤雕艺术源流考》，人民邮电出版社，2015年。
　　b.煤炭工业部《中国煤矿史》编写组：《中国古代的煤雕及其在煤炭开发利用史上的意义》，《自然科学史研究》1984年第1期。

[5] a.沈阳市文物管理办公室：《沈阳新乐遗址试掘报告》，《考古学报》1978年第4期。
　　b.沈阳市文物考古研究所：《沈阳市皇姑区新乐遗址2014年的发掘》，《考古》2018年第8期。

[6] 内蒙古自治区文物考古研究所等：《科尔沁文明——南宝力皋吐墓地》第186页，文物出版社，2010年。

[7] 杨琳、井中伟：《中国古代权杖头渊源与演变研究》，《考古与文物》2017年第3期。

[8] 中国社会科学院考古研究所：《大甸子——夏家店下层文化遗址与墓地发掘报告》第385页，科学出版社，1996年。

[9] 甘肃省文物考古研究所等:《酒泉干骨崖》第121页,文物出版社,2016年。

[10] a.早期秦文化联合考古队:《甘肃甘谷毛家坪遗址沟西墓地2012~2014年发掘简报》,《考古与文物》2022年第3期。

b.陕西省考古研究所:《西北农林科大战国秦墓发掘简报》,《考古与文物》2006年第5期。

c.西安市文物保护考古所:《西安南郊秦墓》第218、234、405、416、610页、彩版九,陕西人民出版社,2004年。

[11] 宁夏回族自治区文物考古研究所等:《宁夏彭阳姚河塬遗址Ⅰ象限北墓地M4西周组墓葬发掘报告(上)》,《考古学报》2021年第4期。

[12] 早期秦文化联合考古队:《甘肃甘谷毛家坪遗址沟西墓地2012~2014年发掘简报》,《考古与文物》2022年第3期。

[13] a.周原博物馆:《1995年扶风黄堆老堡子西周墓清理简报》,《文物》2005年第4期。

b.陕西省考古研究所等:《陕西韩城梁带村遗址M26发掘简报》,《文物》2008年第1期。

c.郭青:《白鹿原发现西汉早期墓葬群》,《陕西日报》2020年7月22日第3版。

[14] a.北京大学考古学系等:《天马-曲村遗址北赵晋侯墓地第五次发掘》,《文物》1995年第7期。

b.山西省考古研究所等:《天马-曲村遗址北赵晋侯墓地第三次发掘》,《文物》1994年第8期。

c.张素琳:《洪洞永凝堡西周墓中出土的两种饰物》,《文物》1987年第2期。

d.李丹丹:《山西翼城大河口墓地小件器物和无随葬品墓葬研究》第57页,山西大学硕士学位论文,2023年。

[15] a.河南省文物考古研究所等:《三门峡虢国墓》第一卷第293、294页,文物出版社,1999年。

b.武汉大学历史学院考古系何晓林、王然、李洋:《河南淅川县申明铺墓地25号战国墓》,《考古》2015年第5期。

[16] 王成:《内蒙古海拉尔市谢尔塔拉牧场发现古墓群》,《考古》1995年第3期。

[17] 徐凤:《黑龙江庆安县出土玉器、石器》,《考古》1993年第4期。

[18] 广州市文物管理委员会等:《西汉南越王墓》第199页,文物出版社,1991年。

[19] 中国社会科学院考古研究所丰镐队:《西安市长安区冯村北西周时期制骨作坊》,《考古》2014年第11期。

[20] 陕西省雍城考古队:《凤翔马家庄一号建筑群遗址发掘简报》,《文物》1985年第2期。

[21] a.卢连成、胡智生:《宝鸡强国墓地》上册第96、125、138、199、233、245、378、385页,文物出版社,1988年。

b.周原扶风文管所:《陕西扶风强家一号西周墓》,《文博》1987年第4期。

c.周原考古队:《陕西扶风县周原遗址庄李西周墓发掘简报》,《考古》2008年第12期。

[22] a.荥经古墓发掘小组:《四川荥经古城坪秦汉墓葬》,《文物资料丛刊》(4),1981年。

b.四川省文物考古研究院等:《四川青川县郝家坪战国墓葬群2010年发掘简报》,《四川文物》2016年第3期。

[23] 新疆文物考古研究所等:《新疆石河子南山古墓葬》,《文物》1999年第8期。

[24] a.黄河水库考古工作队:《河南陕县刘家渠汉墓》,《考古学报》1965年第1期。

b.云南省文物考古研究所等：《云南昆明市河泊所青铜时代遗址》，《考古》2023年第7期。

[25] a.中国社会科学院考古研究所内蒙古工作队等：《满洲里市蘑菇山墓地发掘报告》，《草原文物》2014年第2期。

b.青海省文物考古研究所：《上孙家寨汉晋墓》第162、164页，文物出版社，1993年。

[26] 有研究者称其为"司南佩"，孙机、王正书二位先生已有专文对此进行深入辨析，认为此类造型器物当为"胜"，故本文称其为胜形串饰。参见王正书：《"司南佩"考实》，《文物》2003年第10期；孙机：《简论"司南"兼及"司南佩"》，《中国历史文物》2005年第4期。

[27] 扬州博物馆：《江苏邗江姚庄101号西汉墓》，《文物》1988年第2期。

[28] 陕西省考古研究所等：《奉节白杨沟墓群2001年发掘简报》，见《重庆库区考古报告集·2001卷》，科学出版社，2007年。

[29] 湖南省文物考古研究所等：《湖南大庸东汉砖室墓》，《考古》1994年第12期。简报描述其为琥珀质、黑色，琥珀与煤精均具有树脂光泽，琥珀色黄，多呈浅黄、黄色至深褐色，今俗称的黑琥珀即指煤精。

[30] a.呼盟文物管理站王成：《扎赉诺尔圈河古墓清理简报》，《北方文物》1987年第3期。

b.内蒙古文物工作队：《内蒙古文物资料选辑》第105页，内蒙古人民出版社，1964年。

c.图片采自中国社会科学院考古研究所等：《呼伦贝尔民族文物考古大系·扎赉诺尔区卷》第121页，文物出版社，2015年。

[31] 内蒙古文物考古研究所：《扎赉诺尔古墓群1986年清理发掘报告》，《内蒙古文物考古文集》第一辑，1994年。

[32] a.陕西省文物管理委员会：《西安环城马路汉墓清理简报》，《考古通讯》1958年第7期。

b.咸阳市文物考古研究所：《陕西咸阳杜家堡东汉墓清理简报》，《文物》2005年第4期。

c.青海省文物考古研究所等：《青海民和县胡李家汉墓2001年至2004年发掘简报》，《四川文物》2019年第5期。

d.甘肃省文物管理委员会：《甘肃酒泉县下河清汉墓清理简报》，《文物》1960年第2期。

[33] a.孔令忠等：《记新发现的嘉峪关毛庄子魏晋墓木板画》，《文物》2006年第11期。

b.嘉峪关市文物清理小组：《嘉峪关汉画像砖墓》，《文物》1972年第12期。

c.甘肃省博物馆：《酒泉、嘉峪关晋墓的发掘》，《文物》1979年第6期。

[34] 甘肃省文物考古研究所：《甘肃酒泉西沟村魏晋墓发掘报告》，《文物》1996年第7期。

[35] 甘肃省文物考古研究所：《甘肃省高台县汉晋墓葬发掘简报》，《考古与文物》2005年第5期。

[36] 新疆博物馆：《新疆尼雅遗址出土"司禾府印"》，《文物》1984年第9期。

[37] 张弛：《新疆阜康可移动文物普查记》，《大众考古》2016年第5期。

[38] 王珍仁、孙慧珍：《新疆出土的肖形印介绍》，《文物》1999年第3期。

[39] 甘肃省文物队等：《嘉峪关壁画墓发掘报告》第37页，文物出版社，1985年。图片采自嘉峪关长城博物馆官网"长城历史文化陈列"展览。

[40] a.甘肃省文物考古研究所：《甘肃酒泉西沟村魏晋墓发掘报告》，《文物》1996年第7期。

b.墓葬年代参考郭永利：《河西魏晋十六国壁画墓研究》第41～50页，兰州大学博士学位论文，2008年。

[41] 南京市博物馆：《南京幕府山东晋墓》，《文物》1990年第8期。

[42] a.四川省博物馆文物工作队沈仲常：《四川昭化宝轮镇南北朝时期的崖墓》，《考古学报》1959年第2期。

b.关于宝轮崖墓的年代参见易立：《广元宝轮院崖墓的时代及有关问题》，《四川文物》2012年第6期。

[43] 镇江博物馆：《江苏句容宝华牡丹西路六朝墓发掘简报》，《东南文化》2021年第2期。

[44] 李帅：《漫谈大同出土的北魏串饰》，《美成在久》2022年第4期。

[45] 新疆文物考古研究所：《新疆库车友谊路魏晋十六国墓葬2010年发掘报告》，《考古学报》2015年第4期。

[46] 魏焕成、徐智彬主编：《煤资源地质学》第231～283页，煤炭工业出版社，2007年。

[47] 董振信：《天然宝石》第234、235页，地质出版社，1994年。

[48] 辽宁省煤田地质勘探公司科学技术研究所：《沈阳市新乐遗址煤制品产地探讨》，《考古》1979年第1期。

[49] a.（清）陈目耕：《篆刻针度》第120页，浙江人民美术出版社，2016年。

b.顾琅：《中国十大矿厂调查记》，商务印书馆，1916年。

[50] 《史记·货殖列传》。

[51] 新疆文物考古研究所等：《新疆石河子南山古墓葬》，《文物》1999年第8期。

[52] 新疆文物考古研究所：《新疆尉犁县营盘墓地1995年发掘简报》，《文物》2002年第6期。

[53] 相关专题研究已有丰硕成果，如安家瑶：《玻璃器史话》，中国大百科全书出版社，2000年；赵德云：《西周至汉晋时期中国外来珠饰研究》，科学出版社，2016年。

[54] （汉）桓宽撰，王利器校注：《盐铁论校注》第28页，中华书局，1992年。

[55] 乔梁：《美玉与黄金——中国古代农耕与畜牧集团在首饰材料选取中的差异》，《考古与文物》2007年第5期。

[56] a.卢连成、胡智生：《宝鸡强国墓地》上册第325、378页，文物出版社，1988年。

b.陕西省考古研究所等：《陕西韩城梁带村遗址M26发掘简报》，《文物》2008年第1期。

c.山西省考古研究所等：《天马-曲村遗址北赵晋侯墓地第三次发掘》，《文物》1984年第8期。

d.北京大学考古系等：《天马-曲村遗址北赵晋侯墓地第五次发掘》，《文物》1995年第7期。

[57] a.早期秦文化联合考古队：《甘肃甘谷毛家坪遗址沟西墓地2012～2014年发掘简报》，《考古与文物》2022年第3期。

b.武汉大学历史学院考古系何晓林、王然、李洋：《河南淅川县申明铺墓地25号战国墓》，《考古》2015年第5期。

[58] a.常德市博物馆龙朝彬：《湖南常德南坪汉代赵玄友等家族土墩墓群发掘简报》，《湖南省博物馆馆刊》第九辑，2013年。

b.扬州博物馆：《江苏邗江姚庄101号西汉墓》，《文物》1988年第2期。

c.四川省博物馆文物工作队沈仲常：《四川昭化宝轮镇南北朝时期的崖墓》，《考古学报》

1959年第2期。

[59] （汉）卫宏撰，（清）纪昀等辑：《汉官旧仪·补遗》，见《汉官六种》第55页，中华书局，1990年。

[60] 齐东方：《中国古代丧葬中的晋制》，《考古学报》2015年第3期。

[61] 沈阳市文物考古研究所：《辽宁沈阳八家子汉魏墓葬群发掘简报》，《北方文物》2004年第3期。

[62] 南京市博物馆：《南京幕府山东晋墓》，《文物》1990年第8期。

[63] 南京市博物馆：《南京北郊东晋墓发掘简报》，《考古》1983年第4期。

[64] 石荣传：《三代至两汉玉器分期及用玉制度研究》第183页，山东大学博士学位论文，2005年。

[65] 王煜、李帅：《礼俗之变：汉唐时期猪形玉石手握研究》，《南方文物》2021年第3期。

[66] 卢云：《汉晋文化地理》第82～84、124页，陕西人民教育出版社，1991年。

[67] 新疆文物考古研究所：《新疆拜城县克孜尔吐尔墓地第一次发掘》，《考古》2002年第6期。

[68] 新疆维吾尔自治区博物馆等：《新疆吐鲁番艾丁湖古墓葬》，《考古》1982年第4期。

[69] 张弛：《新疆阜康可移动文物普查记》，《大众考古》2016年第5期。

[70] 内蒙古文物考古研究所：《扎赉诺尔古墓群1986年清理发掘报告》，《内蒙古文物考古文集》第一辑，1994年。

[71] a.潘玲：《两汉时期北方系统腰带具的演变》，《西域研究》2018年第2期。

b.谭文好：《呼伦贝尔地区早期鲜卑遗存研究》第76、77页，吉林大学硕士学位论文，2021年。

[72] 郑隆：《内蒙古扎赉诺尔古墓群调查记》，《文物》1961年第9期。

[73] 孙庆伟：《周代用玉制度研究》第7页，上海古籍出版社，2008年。

[74] a.南京博物院等：《大云山——西汉江都王陵1号墓发掘报告》彩版136，文物出版社，2020年。

b.古方主编：《中国出土玉器全集》第11卷第32页，科学出版社，2005年。

c.南阳市文物考古研究所：《南阳古玉撷英》第89页，文物出版社，2005年。

d.西安市文物保护考古所：《西安龙首原汉墓》图版58，西北大学出版社，1999年。

[75] 古方主编：《中国出土玉器全集》第14卷第60、74页，科学出版社，2005年。

[76] 古方主编：《中国出土玉器全集》第14卷第59、62页，科学出版社，2005年。

[77] 河北省文物研究所等：《献县第36号汉墓发掘报告》，见《河北考古文集》，东方出版社，1998年。

[78] 李零：《狮子与中西文化的交流》，见《入山与出塞》，文物出版社，2004年。

[79] 赵德云：《西周至汉晋时期中国外来珠饰研究》第111页，科学出版社，2016年。

[80] a.青岛市文物保护考古研究所等：《山东青岛市土山屯墓地的两座汉墓》，《考古》2017年第10期。

b.覃璇、邹婧等：《湖南出土汉晋时期微雕动物形珠饰造型与材质溯源初考》图2，《宝石和宝石学杂志》2023年第6期。

c.莒县博物馆：《山东莒县双合村汉墓》，《文物》1999年第12期。

d.南京市博物馆等：《南京市富贵山六朝墓地发掘简报》，《考古》1998年第8期。

e.南阳市文物考古研究所：《南阳古玉撷英》第244页，文物出版社，2005年。

[81] 潘攀:《汉代神兽图像研究》第212、213页,文物出版社,2019年。

[82] 王叔岷:《列仙传校笺》第50页,中华书局,2007年。

[83] (晋)郭璞注,(清)郝懿行笺疏,沈海波校点:《山海经》第62页,上海古籍出版社,2015年。

[84] 孙章峰、徐昭峰:《鸠·鸠杖·鸠车》,《华夏考古》2006年第3期。

[85] (汉)郑玄注,(唐)贾公彦疏:《周礼注疏》第1183页,上海古籍出版社,2010年。

[86] 李零:《论中国的有翼神兽》,见《入山与出塞》,文物出版社,2004年。

[87] 李耿:《有机宝石》第205、206、281页,化学工业出版社,2018年。

[88] (明)李时珍:《本草纲目》下册第2154页,人民卫生出版社,2004年。

[89] (宋)郑樵撰,王树民点校:《通志二十略》第2013页,中华书局,2009年。

[90] Joanna Brück & Alex Davies: The Social Role of Non-metal 'Valuables' in Late Bronze Age Britain, *Cambridge Archaeological Journal*, Vol. 28: 4, pp.665-688, 2018.

[91] 刘嘉:《煤精的岩矿特征与质量分级》,《中国科技信息》2016年第12期。

[92] 王利器:《新语校注》第23页,中华书局,1986年。

[93] 以上汉晋社会对舶来品的偏好观点参见余英时著,邬文玲等译:《汉代的贸易与扩张——汉胡经济关系结构研究》第158～165页,上海古籍出版社,2005年。

[94] a.旬阳县博物馆:《旬阳出土的独孤信多面体煤精组印》,《文博》1985年第2期。

  b.梁小平:《王猛煤精组印鉴析》,《文博》2009年第5期。

  c.夏鼐:《中国最近发现的波斯萨珊朝银币》,《考古学报》1957年第2期。

  d.镇江市博物馆:《镇江宋墓》,《文物资料丛刊》(10),1987年。

[95] 乔梁:《美玉与黄金——中国古代农耕与畜牧集团在首饰材料选取中的差异》,《考古与文物》2007年第5期。

[96] (宋)郑樵撰,王树民点校:《通志二十略》第2013页,中华书局,2009年。

附表   **中国出土早期煤精器统计**

年代	器类	出土地点	器物尺寸（厘米）	资料来源
新石器	泡形饰 25、珰形饰 6、球形饰 18、残块 6	沈阳新乐遗址（房址）	泡径 2～5、高 2；珰长 3～3.5；球径 1～2；残块长径 1.4、短径 1.2	《考古学报》1978.4；《考古》2018.8
新石器	钮形饰	凌家滩遗址（文化层）	不详	《东南文化》2002.11
新石器	权杖头	赤峰南宝力皋吐 BM44	外径 10.8、厚 4.3	《科尔沁文明——南宝力皋吐墓地》第 186 页
早期青铜	圆柱形珠 2	干骨崖 M78	径 0.8、高 1.1	《酒泉干骨崖》第 121 页
早期青铜	不详	张掖西城驿遗址	不详	《考古》2015.10
早期青铜	串珠	赤峰大甸子 M691	不详	《大甸子》第 385 页
西周	不详	彭阳姚河塬 M4	不详	《考古学报》2021.4
西周	耳饰玦 51	宝鸡茹家庄 M1	径 3～12、环宽 0.8	《宝鸡㣤国墓地》第 385 页
西周	耳饰玦	茹家庄 M2	径 5.5、孔径 3.9	同上书，第 378 页
西周	耳饰玦 6	竹园沟 M13	径 5.1、孔径 3.2	同上书，第 96 页
西周	耳饰玦	竹园沟 M1	径 3.3、孔径 2	同上书，第 138 页
西周	耳饰玦 2	竹园沟 M7	残	同上书，第 125 页
西周	耳饰玦 2	竹园沟 M20	径 3.5、2.7，孔径 2.3、1.4	同上书，第 199 页
西周	耳饰玦	竹园沟 M9	径 2.8、孔径 1.5	同上书，第 233 页
西周	耳饰玦 2	竹园沟 M5	径 3.4、孔径 2	同上书，第 245 页
西周	龟形珠	扶风黄堆 95M29	不详	《文物》2005.4
西周	耳饰玦 2	扶风强家 M1	径 5、孔径 2.8	《文博》1987.4
西周	耳饰玦	琉璃河 M341	不详	《琉璃河西周燕国墓地（1973～1977）》第 78 页
西周	耳饰玦、饰品 2	扶风周原庄李 M7	玦径 3.3	《考古》2008.12
西周	球形珠 14、龟形珠 38	韩城梁带村 M26	球形珠径 0.6～0.7；龟形珠径 1.1～1.2	《文物》2008.1
西周	圆盘形珠若干	北赵晋侯墓地 M31	不详	《文物》1994.8
西周	圆盘形珠 16	北赵晋侯墓地 M92	不详	《文物》1995.7
西周	菱形珠 6	虢国墓地 M2012	高 1.2～1.8、宽 0.5～0.9	《三门峡虢国墓》第一卷第 293、294 页
西周	圆盘形珠 13	洪洞永凝堡 BM6	长 0.9～2、宽 0.8～1.7	《文物》1987.2
西周	串珠 105	翼城大河口 M2009	不详	《山西翼城大河口墓地小件器物和无随葬品墓葬研究》第 57 页
西周	璜	长安冯村北制骨作坊	长 3.5、宽 1	《考古》2014.11

续附表

年代	器类	出土地点	器物尺寸（厘米）	资料来源
早期铁器	残块	巴州小河遗址 XHY2	径 1 ~ 1.8、厚 0.7	《边疆考古研究》第 7 辑
早期铁器	金耳环坠饰	巩留山口水库 M35	不详	《西部考古》第 20 辑
早期铁器	椭圆形扁坠	尼勒克穷科克 M35：5	长 2.9、宽 1.15	同上
早期铁器	手镯 2	尼勒克奇仁托海 M167B：5、6	外径 9.4、内径 7.1	同上
春秋中期	耳塞 2	甘谷毛家坪 M2111：B2	长 2.7、宽 1.5 ~ 1.7	《考古与文物》2022.3
春秋晚期	圆柱形珠	毛家坪 M2179：26	径 0.5、长 0.8	同上
春秋中晚期	长方形饰（嵌绿松石）	毛家坪 M2059K4：1	长 1.4、宽 0.6	《文物》2022.3
春秋中晚期	饰品	澄城县居安墓地	不详	《考古与文物》2014.2
春秋中晚期	环 2	凤翔马家庄一号建筑 K76	外径 1.8、内径 0.9	《文物》1985.2
春秋	长方形残片	雍城秦公一号墓二号陪葬坑 D67：2	长 1.53、宽 1.2	《考古与文物》2021.6
春秋晚期至战国早期	窍塞	凤翔西沟道 M4	径 1.5、高 2.4	《文博》1986.3
战国偏早	残块	大邑五龙 M2	边长 1.1 ~ 1.2	《文物》1985.5
战国早期	发笄 2	荥经曾家沟 M15、16	径 1.1 ~ 1.4、长 4.5	《考古》1984.12
战国晚期	发笄 7	青川郝家坪 M2	径 0.9 ~ 1.1、长 2.2 ~ 6.2	《四川文物》2016.3
战国	发笄	天津北仓居址	径 1.5、长 4.8	《考古》1982.2
战国	肛塞	武功西北农林科技大学 M75	长 3.5	《考古与文物》2006.5
战国末至秦	肛塞	茅坡邮电学院 M100	径 1.3 ~ 1.8、长 3.5	《西安南郊秦墓》第 218 页
战国末至秦	手握	茅坡邮电学院 M45	径 0.9 ~ 1.1、长 3.6	同上书，第 405 页附表一
战国末至秦	耳塞 2	茅坡邮电学院 M47	径 1.2 ~ 1.8、长 2.9	同上书，第 234 页
战国末至秦	手握	茅坡邮电学院 M50	径 1、残长 1.2	同上书，第 248 页
战国末至秦	鼻塞 2	茅坡邮电学院 M51	不详	同上书，第 405 页附表一
战国末至秦	手握	茅坡邮电学院 M63	不详	同上
战国末至秦	窍塞 2	茅坡邮电学院 M105	不详	同上
战国末至秦	耳塞 2	茅坡邮电学院 M108	不详	同上
秦至西汉初	窍塞	世家星城 M193	径 1 ~ 1.2、残长 2.6	同上书，第 610 页
战国中期	橄榄形珠 3	淅川申明铺 M25	径 0.6 ~ 0.7、长 0.9 ~ 1	《考古》2015.5
战国晚期	发笄	灵宝唐李沟墓	不详	《大众考古》2020.10
战国晚期	饰片	西咸新区坡刘村 M3	不详	《考古与文物》2020.4
战国末至汉初	纺轮	石河子南山 M7	径 1.2 ~ 2.3、厚 4	《文物》1999.8

续附表

年代	器类	出土地点	器物尺寸（厘米）	资料来源
公元前2世纪至公元5世纪	圆柱形珠55	庆安莲花泡屯村	径1.6、长0.3～4.5	《考古》1993.4
西汉早期	发笄	奉节风箱峡崖棺葬	长4.5	《文物》1978.7
西汉早期	发笄2	荥经古城坪M1	径1.1、长7.8	《文物资料丛刊》（4）
西汉早期	耳塞	云梦楚王城M9	底径1.3～1.5、高2.8	《考古学报》2012.1
西汉早期	球形珠2	南越王墓D122	径0.83	《西汉南越王墓》第199页
西汉早期	圆盘形珠2	海拉尔谢尔塔拉古墓	径1.3、厚0.8	《考古》1995.3
西汉	心形珠、圆盘形珠3	满洲里蘑菇山M1	心形珠长2.1、宽1.7、厚0.6，圆盘形珠径2.8、高0.5	《草原文物》2014.2
西汉	圆盘形珠	蘑菇山M5	不详	同上
西汉晚期	环2	常德南坪D8M3	长3.1	《湖南省博物馆馆刊》第9辑
西汉晚期	鸟形饰、羊形饰	扬州邗江M101	不详	《文物》1988.2
两汉之际至东汉初	羊形饰	扬州邗江M73：5	长2.8、宽1.9、高2.1	《东南文化》2020.4
东汉魏晋	纺轮	巴州尉犁县营盘M7	径1.8	《考古》2002.6
东汉魏晋	纺轮	尉犁县营盘M20	径3.9	《文物》2002.6
东汉	文字印	和田尼雅遗址	边长2、高1.57	《文物》1984.9
东汉	图形印	昌吉呼图壁县博物馆	边长5、厚2	《大众考古》2016.5
东汉	图形印	昌吉木垒菜子沟古墓	边长5.5	同上
东汉后期至南北朝	图形印33	旅顺博物馆藏	不详	《文物》1999.3
东汉	带饰	扎赉诺尔M3012	长8.2、宽7.2、厚0.6	《内蒙古文物资料选辑》第105页
东汉	带饰7	59扎赉诺尔墓群	长4.6～16.2、宽4.5～8.2	《内蒙古文物考古文集》第一辑
东汉	带饰	84扎赉诺尔墓群	长6、宽2.8	《北方文物》1987.3
东汉前期	发笄	陕县刘家渠M73	长8.2、端径0.5	《考古学报》1965.1
东汉	发笄	昆明河泊所遗址HD1④	长10.5、宽1～1.1	《考古》2023.7
东汉末	珥珰	西安环城马路M7	长2、最大径8	《考古通讯》1958.7
东汉末	珥珰	酒泉下河清M18	不详	《文物》1960.2
东汉末	珥珰	民和胡李家M5	长1.5～1.75	《四川文物》2019.5
东汉	圆盘形珠	蘑菇山M3	不详	《草原文物》2014.2
东汉	圆柱形珠	84扎赉诺尔墓群	径3、高6.3	《北方文物》1987.3

年代	器类	出土地点	器物尺寸（厘米）	资料来源
东汉	圆柱形珠	60 扎赉诺尔 M15	径 0.6、高 2.1	《呼伦贝尔民族文物考古大系·扎赉诺尔区卷》第 139 页
东汉	球形珠	60 扎赉诺尔 M5	径 1.8、高 0.5	同上书，第 136 页
东汉	球形珠 2	60 扎赉诺尔古墓群	径 1.3、高 1.3，径 2.2、高 1.2	同上书，第 132、138 页
东汉前期	球形珠	广州 M4003	径 1.5	《广州汉墓》第 353 页
东汉后期	球形珠	广州 M5054	径 1.1	同上书，第 454 页
东汉	球形珠	肇庆封开江口 M1	不详	《文物资料丛刊》（1）
东汉中期	圆柱形珠	咸阳杜家堡 M1	径 1.05～1.2、高 1.4	《文物》2005.4
东汉前期	羊形饰	陕县刘家渠 M101	长 2、高 1.4	《考古学报》1965.1
东汉中期	羊形饰	辽阳鹅房 M53	长 2、宽 1.3、高 1.6	《中国国家博物馆馆刊》2019.9
东汉	羊形饰	营口盖县九垅地 M1	长 2.2、宽 1.6、高 1.4	《文物》1993.4
东汉晚期	狮形饰	南阳防爆厂 M62	长 0.7、高 0.6	《中原文物》2008.4
东汉晚期	狮形饰	安康旬阳汉墓	长 2、宽 1.7、高 1.7	《文博》1988.6
东汉	狮形饰	唐山贾各庄瓮棺葬	不详	《考古学报》第六册
东汉晚期	狮形饰	营口盖县汉墓	高 4	《文物研究》第 9 辑第 94 页
东汉	狮形饰	奉节白杨沟 M1	长 2.7、高 1.4	《重庆库区考古报告集·2001 卷》第 388 页
东汉	狮形饰	忠县老鸹冲 AM5	长 2.2、高 1.5	《重庆库区考古报告集·2000 卷》第 864 页
东汉	狮形饰	奇台石城子城址	不详	《文物天地》2021.7
东汉	胜形饰	宝丰 AM6	不详	《中原文物》2014.1
东汉	胜形饰	张家界大塔岗 M14	长 2.6、宽 2.1	《考古》1994.12
魏晋十六国	图形印	巴州楼兰古城东南	不详	《西部考古》第 13 辑
魏晋	球形珠、羊形饰	沈阳八家子 M6	珠长 1.26、宽 1.06，羊长 1.6、宽 1.2、残高 1.32	《北方文物》2004.3
西晋	羊形饰	邳州煎药庙 M1	长 2.2、宽 1.3、高 1.65	《考古学报》2019.2
西晋	羊形饰、狮形饰 2	临沂洗砚池 M1	羊长 3.5、宽 2.2、高 2.5；狮长 3.1、宽 2～2.1、高 2.2～2.3	《临沂洗砚池晋墓》第 124、125 页
魏晋	羊形饰、猪形手握	嘉峪关新城 M13	羊不详；猪长 6、高 1.8	《文物》1982.8
西晋	狮形饰	广元昭化宝轮 M23	长 2.5、高 2	《考古学报》1959.2
西晋	狮形饰	敦煌祁家湾晋墓	径 1.7	《敦煌祁家湾》第 140、141 页

年代	器类	出土地点	器物尺寸（厘米）	资料来源
魏晋	胜形饰	西安中华小区 M6	长 2.3、宽 1.8	《文物》2002.12
魏晋	饰件	张掖临泽西寨 M2	长 1.8、宽 1.5、高 2.1	《中国国家博物馆馆刊》2016.4；《文物》2018.7
魏晋	珥珰	张掖临泽西寨 M3	长 2、截面径 1.2、柄径 0.9	同上
魏晋	窍塞	咸阳张闫遗址 M1	残长 2.1	《文博》2017.4
曹魏	猪形手握 2	嘉峪关新城 M4	长 7～8.5、高 3～3.5	《嘉峪关壁画墓发掘报告》第 36、38 页
曹魏	猪形手握	嘉峪关新城 M8	不详	同上书，第 96 页
魏晋	猪形手握	嘉峪关毛庄子墓	不详	《文物》2006.11
魏晋	猪形手握	嘉峪关观蒲 M10	长 11、高 6	《文物》1979.6
魏晋	猪形手握	酒泉西沟 M5	长 7.7、宽 2.1、高 2.8	《文物》1996.7
魏晋	猪形手握	张掖高台 M2	不详	《考古与文物》2005.5
魏晋十六国	戒指	阿克苏库车友谊路 M13	径 1.9、戒面长 1.1、宽 0.7	《考古学报》2015.4
西晋中期至前凉	猪形手握	酒泉西沟 M7	长 7.9、宽 2.1、高 3.1	《文物》1996.7
十六国	文字印	华山王猛台	边长 2.7	《文博》2009.5
东晋	瓜棱形珠、羊形饰	南京幕府山 M4	珠径 0.7、厚 0.6；羊底宽 1.6、高 1.5	《文物》1990.8
东晋	狮形饰	南京北郊东晋墓	长 2.2、宽 1.9、高 1.4	《考古》1983.4
东晋	狮形饰	南京富贵山 M4	长 2.07、宽 1.72、高 1.03	《考古》1998.8
东晋	狮形饰	镇江句容宝华 M1	长 3.5、宽 2.2、高 2.8	《东南文化》2021.2
东晋至南朝早期	条形珠、狮形饰	广元昭化宝轮 M4	珠长 2.3、厚 1；狮长 3.5、高 2.5	《考古学报》1959.2
东晋	狮形饰	绵阳西山崖墓	不详	《考古》1990.11
北魏	瓜棱形珠 2	大同红旗街北魏墓	径 1.2、2	《美成在久》2022.4

说明：器类中未标明件数者均为 1 件。

Study of Early Jet Objects Unearthed in China

Song Rong

KEYWORDS: Jet Objects   Secondary Jade   Amber   Neolithic Age   Shang and Zhou Periods   Han and Jin Periods

ABSTRACT: The development of early Chinese jet objects can be divided into four stages: from the Neolithic to the Early Bronze Age, from the Western Zhou to the mid-Western Han, from the late Western Han to the Western Jin, and the Eastern Jin-Sixteen Kingdoms period. From the second stage onwards, the variety of jet objects expanded, with designs evolving from simple and rustic to more refined and vivid. The regional distribution density of early jet objects shows a "higher in the north, lower in the south" pattern. This distribution, along with the fact that jet objects were found in areas rich in coal resources and exhibited regional preferences, suggests that most early jet objects were locally sourced and produced, although some raw materials and finished products were traded. Jet artifacts from Xinjiang and Inner Mongolia formed a distinct style and were regarded as a type of stone, with no restrictions on their use based on wealth or gender. However, in other regions, starting from the second stage, jet acquired the connotation of "secondary jade", symbolizing social status and rank. With the introduction of amber into Han people, where it became part of the jade adornment system, the visual similarity between jet and amber, combined with the elite preference for exotic luxury items during the Han and Jin periods, imbued jet with new symbolic meanings akin to amber, emphasizing personal prestige and social status.

（责任编辑　洪　石）

察吾呼文化分期与年代研究

孙少轻

关键词： 新疆　察吾呼墓地　莫呼查汗墓地　察吾呼文化　分期与年代

内容提要： 察吾呼文化是新疆史前诸彩陶文化之一，以察吾呼墓地的发掘而得名。察吾呼文化的器物类型学分析有待完善。绝对年代上限大体认为在公元前1000年左右，年代下限争议较大。以察吾呼墓地和莫呼查汗墓地为中心，结合其他墓地资料，可对察吾呼文化分期与年代问题进行探讨。察吾呼文化可分为四期八段，绝对年代在公元前1000年至公元前后，上限或可早至公元前11世纪。察吾呼文化是在新塔拉类型遗存的基础上，受到安德罗诺沃文化强烈影响的产物。在其发展过程中，受到苏贝希文化深远而持久的影响，对周邻文化也有程度不同的影响，但其社会复杂化进程尚不明晰。

察吾呼文化是新疆史前诸彩陶文化之一，以察吾呼墓地[1]的发掘而得名，以带流器为代表性器物是该文化的突出特征。由于带流器广泛分布于塔里木盆地周缘，不同小区之间遗存的文化内涵差异较大，学术界早期将察吾呼文化划分为察吾呼类型、群巴克类型、扎滚鲁克类型[2]和克孜尔类型[3]。也有学者提出察吾呼类型与其他类型之间的差异较大[4]，因之将群巴克类型和克孜尔类型归为群巴克文化[5]，扎滚鲁克类型独立为扎滚鲁克文化[6]。因此，本文所谓的察吾呼文化即早期的察吾呼类型，主要分布在焉耆盆地（图1）。

一、察吾呼文化分期现状

自察吾呼墓地发掘以来，察吾呼文化的研究日渐深入。然而，作为考古学文化研究的基础，该文化的分期与年代仍然存在很大问题。《新疆察吾呼》发掘报告发表后，有学者即指出报告分期存在值得商榷的地方[7]，尤其是墓葬形制和部分器物演变序列与已知的地层关系相矛盾。囿于报告的编写体例，此后的

作者：孙少轻，石家庄市，050031，河北省文物考古研究院。

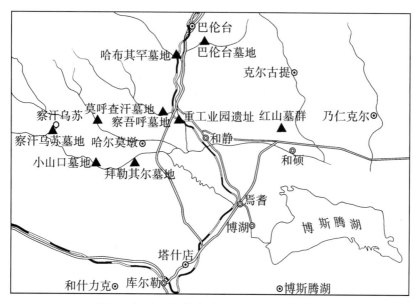

图 1　察吾呼文化代表性墓地分布示意图

研究基本难以突破这种困境，以致有学者认为报告中的一些地层关系可能是相反的 [8]。

目前，对于察吾呼文化的分期有三期、四期和六期三种方案（表 1）。三期法又有三种不同的期、段划分形式，其中韩建业 [9] 和邵会秋 [10] 对器物类型学的考虑不足，地层关系也没有明确；任瑞波 [11] 认为发掘报告中的 B 型带流杯是带流杯的早期形态，且将报告中的 A Ⅱ、Ⅲ、Ⅳ式带流杯混为同一期，与主流认识差异甚大。发掘报告的四期法基本符合实际情况，但由于上述问题，需要进一步完善。六期法中，龙静璠虽以较为单纯的墓葬为着眼点，并重点结合了相关人骨分层分布墓葬的层位关系，对陶带流杯、带流罐、双耳罐、A 型釜、无耳罐、勺杯、壶和个别铜器做了较为详尽的类型学分析，但个别器物的分析并不恰当，使用的 3 座墓葬层位关系并不能论证器物类型学分析 [12]；郭物 [13] 的十二段划分过细，与不同式别的器物时常共存的实际情况有些不符；戴青云的八段划分虽适中，但作者在进行类型学分析时，选取的典型器物主要是带流杯（含带流罐）、勺杯、双耳罐、系耳罐、A 型釜，其他如瓠形杯、壶等极具分期价值的器物没有考虑，部分地层关系的使用也存在问题 [14]。

概言之，尽管察吾呼文化的器物类型学分析和分期已大体清晰，但类型学分析仍有待完善，尤其是个别器物的演变序列和期、段的划分，而相关地层关系在这一体系的建立上至今仍缺乏有力的论证。就其绝对年代而言，上限一般认为在公元前 1000 年前后，下限争论较大。本文拟以资料发表最为全面的察吾呼墓地和莫呼查汗墓地[15] 为重点，结合其他墓地资料，就这一问题展开讨论。

表 1　　　　　　　　　　　　　察吾呼文化分期与年代方案

分期	四期法 发掘报告	三期法 韩建业	三期法 邵会秋	三期法 任瑞波	六期法 郭物	六期法 戴青云	六期法 龙静璠
一期	一段、二段（距今3000至2500年）	前段 公元前1000至前500年	公元前1000至前800年	公元前1100至前850年	一段 公元前10至前9世纪；二段 公元前9世纪	一段、二段	第一阶段 商末至西周
二期	三段	前段 公元前1000至前500年	早段、晚段 公元前800至前600年	公元前850至前400年	三段 公元前9至前8世纪；四至六段 公元前7世纪	三段（公元前1300至前400年）	第一阶段 商末至西周
三期	四段	后段 公元前500至公元24年	公元前600至前300年	公元前400至前100年	七与八段	四段	第二阶段 春秋早期至晚期
四期	五段				九与十段 公元前7至前5世纪	五段	第二阶段 春秋早期至晚期
五期					十一段	六与七段	第二阶段 春秋早期至晚期
六期					十二段 公元前5至前3世纪	八段	第三阶段 春秋末至战国早期

二、察吾呼墓地的分期

考古学文化分期建立在以地层学和类型学为基础的器物型式共存与组合关系之上。目前，发掘报告分期存在的主要问题有以下三方面。

其一，地层关系以及与器物类型学之间有矛盾。发掘报告中的 25 组地层关系分为叠压、避让、借用与打破四种情况，陈戈已指出其中 5 组关系是矛盾的，其余 20 组中也存在与器物类型学矛盾之处[16]。由于前三种情况下墓室是相对独立的，属于间接关系，墓葬之间的相对早晚关系具有不确定性，也可能相反，只有四号墓地 M85 打破 M84 是绝对的，但一直没有很好利用。同一墓葬不同层位之间也是绝对的叠压关系，但由于间隔年代模糊，其应用需要慎重。

其二，部分器物式别的划分不当。以 A 型带流杯和壶最为突出，前者如Ⅳ M114 出土的鼓腹明显的带流杯应为Ⅱ式（发掘报告为Ⅲ式），Ⅳ M207 出土者腹微垂、颈部一周斜刺纹的特征当属Ⅳ式（发掘报告为Ⅲ式），Ⅰ M256 出土者粗颈、腹微鼓和斜带纹的特征应属Ⅲ式（发掘报告为Ⅱ式）等，由此造成Ⅱ、Ⅲ、Ⅳ式相对混杂的情况；后者则将无耳和有耳两类器物混合为一。而同一墓葬人骨分层分布或多人合葬也使得墓葬登记表中混杂的式别难以明晰。

其三，墓葬形制结构的演变序列是成立的，但是这种相对早晚关系不能绝对化，早、晚期墓葬的形制结构也可能具有共时性。

因此，为了更好地讨论相关地层关系的准确性，下文的论述将首先完善器物类型学分析，进而建立起器物群分组，最后以类型学序列与地层关系相互检验。

察吾呼墓地具有分期意义的器类主要有陶带流罐、带流杯、筒形杯、曲腹杯、翻耳杯、瓠形杯、带流釜、单耳壶、壶、瓮、双耳罐、釜和匜形器，铜马衔也极具分期价值。

带流罐　依形体特征差异，分为两型。

A 型：束颈略呈筒状，球鼓腹（部分原Ⅰ式带流罐）。依流、颈差异，分为两式。

Ⅰ式：短流，短颈。如Ⅴ M15∶1（图2，1）。

Ⅱ式：长流，长颈。如Ⅴ M9∶1（图2，16）。

B 型：束颈，鼓腹（原带流罐）。依流、腹、底和纹饰差异，分为八式。

Ⅰ式：短流，球腹，小假圈足。口沿下有凹弦纹。如Ⅳ M72∶1（图2，2）。

Ⅱ式：流略长，鼓腹，小假圈足略大。口沿下有凹弦纹。如Ⅳ M171∶1（图2，5）。

Ⅲ式：细长流，鼓腹，大平底。器身有颈带纹或斜带纹。如Ⅳ M156∶9（图2，17）。

Ⅳ式：流略短，微鼓腹，大平底。器身饰网格纹。如Ⅳ M88∶5（图2，37）。

Ⅴ式：流略短，长颈，鼓腹，大平底。颈部饰一周附加堆纹，器身饰三角纹。如Ⅰ M306∶6（图2，52）。

Ⅵ式：短流，微鼓腹，大平底。颈部饰一周附加堆纹或锥刺纹。如Ⅳ M46∶6（图2，66）。

Ⅶ式：短流，垂鼓腹，平底。如Ⅰ M3：8（图2，73）。

Ⅷ式：与Ⅶ式相近，但流极短而僵直，垂腹。如Ⅳ M5：7（图2，79）。

带流杯　依形体特征差异，分为两型。

A型：束颈，鼓腹。依流、腹和纹饰差异，分为七式。

Ⅰ式：细长流，鼓腹，大平底。口沿下有凹弦纹。如Ⅴ M7：2（图2，6）。

Ⅱ式：细长流略大，鼓腹，大平底。如Ⅳ M126：3（图2，18）。

Ⅲ式：流略短，微鼓腹，大平底，形体瘦长。器身纹饰以斜带纹为主。如Ⅳ M20：17（图2，38）。

Ⅳ式：流略短，长颈，腹微垂鼓，大平底，形体瘦长。颈部饰一周附加堆纹或锥刺纹，之上饰彩。如Ⅳ M35：5（图2，53）。

Ⅴ式：与Ⅳ式相近，但流短。如Ⅰ M290：4（图2，67）。

Ⅵ式：短流僵直朝天，垂鼓腹。器身饰竖条纹。如Ⅱ M223：16（图2，74）。

Ⅶ式：短流朝天，腹部扁折。如Ⅱ M201：1（图2，80）。

B型：无颈，腹近直，筒形。依流、腹差异，分为五式。其中前四式与发掘报告所分的四式相一致，另从原Ⅳ式中析出Ⅴ式（朝天流）。如Ⅰ M274：2、Ⅳ M92：6、Ⅳ M47：1、Ⅳ M228：2、Ⅰ M204F2：3（图2，19、39、54、68、75）。

筒形杯　筒形，单耳。依口、腹差异，分为六式。

Ⅰ式：口微敞，腹微弧，形体较矮。器身饰网格纹等。如Ⅳ M129：5（图2，20）。

Ⅱ式：口微敞，弧鼓腹，形体较高。器身饰"回"字形菱格纹等。如Ⅳ M66：2（图2，40）。

Ⅲ式：口微敞，微弧腹近直，形体较高。器身饰平行斜线纹。如Ⅰ M215：7（图2，55）。

Ⅳ式：直口，腹近直或略斜。如Ⅱ M207：1（图2，69）。

Ⅴ式：直口，垂鼓腹。器身饰竖条纹。如Ⅱ M203：3（图2，76）。

Ⅵ式：与Ⅴ式相近，最大腹径近底。如Ⅱ M305：6（图2，81）。

曲腹杯　依颈、腹差异，分为五式。即从原Ⅳ式中析出Ⅴ式，区别在于颈的长短。如Ⅳ M124：1、Ⅳ M147：5、Ⅳ M57：3、Ⅱ M304：2、Ⅳ M24：27（图2，7、21、41、56、70）。

翻耳杯　沿－腹耳，形体特征总体与曲腹杯一致。依颈、腹差异，分为四式，与曲腹杯前四式相同。如Ⅳ M225∶2、Ⅳ M106∶2、Ⅳ M127∶3、Ⅰ 023∶4（图2，8、22、42、57）。

觚形杯 依口、腹差异，分为四式。

Ⅰ式：敞口，斜直腹。口沿下有凹弦纹，口沿及腹部饰彩带。如Ⅳ M249∶5（图2，9）。

Ⅱ式：大敞口，斜直腹，下腹略向内弧。口沿下有凹弦纹。如Ⅳ M151∶2（图2，23）。

Ⅲ式：喇叭口，上腹弧张，下腹略直。如Ⅳ M154∶5（图2，43）。

Ⅳ式：喇叭口略小，腹略直。如Ⅰ M212∶8（图2，58）。

带流釜 依流、腹差异，分为三式，同于发掘报告。如Ⅳ M175∶4、Ⅳ M237∶1、Ⅳ M20∶21（图2，10、24、44）。

单耳壶 敞口，高颈，鼓腹，单耳。依耳部位置、腹部差异，分为四式。

Ⅰ式：耳位于颈上部，鼓腹。颈部饰一周凸弦锥刺纹，之上饰彩。如Ⅰ M4∶1（图2，59）。

Ⅱ式：耳位于颈中部或偏下，鼓腹。器身饰竖条纹。如Ⅰ M299∶1（图2，71）。

Ⅲ式：耳位于颈下部，垂鼓腹。如Ⅱ M223∶15（图2，77）。

Ⅳ式：与Ⅳ式相近，垂鼓腹更甚，最大腹径近底。如Ⅱ M201∶3（图2，82）。

壶 敞口，束颈，鼓腹，平底或圜底。依形体高矮差异，分为两型。

A型：形体较矮（原壶）。依颈、腹差异，分为四式。

Ⅰ式：细长颈，球鼓腹。如Ⅳ M210∶1（图2，25）。

Ⅱ式：粗短颈，鼓腹。如Ⅳ M2∶3（图2，45）。

Ⅲ式：粗短颈，垂鼓腹。如Ⅳ M64∶6（图2，60）。

Ⅳ式：长束颈，垂腹扁鼓。如83Ⅱ M3A∶2（图2，83）。

B型：形体较高（原高颈罐）。依颈、腹差异，分为三式。

Ⅰ式：高颈近直，球鼓腹，形体较矮。器身饰网格纹。如Ⅳ M18∶5（图2，26）。

Ⅱ式：短颈略束，鼓腹，形体较高。器身饰彩。如Ⅳ M43∶1（图2，46）。

Ⅲ式：长束颈，垂鼓腹，形体瘦高。如Ⅳ M30∶9（图2，61）。

瓮 依口、颈、腹差异，分为三式。

Ⅰ式：小口略直，长颈，鼓腹。如Ⅳ M202∶3（图2，27）。

Ⅱ式：直口较大，短颈，鼓腹。如Ⅳ M214：2（图2，47）。

Ⅲ式：大侈口，短颈，鼓腹。如Ⅳ M16：3（图2，62）。

双耳罐　依颈、腹差异，分为四式。

Ⅰ式：短颈，球鼓腹，形体矮胖。如Ⅳ M239：1（图2，28）。

Ⅱ式：短颈，鼓腹，形体略瘦。如Ⅳ M201：3（图2，48）。

Ⅲ式：长颈，鼓腹，形体略瘦。如Ⅳ M13：4（图2，63）。

Ⅳ式：长颈略直，鼓腹，形体偏瘦。如Ⅱ M202：1（图2，78）。

匜形器　形体呈匜形。依流、腹、底差异，分为四式。

Ⅰ式：流短小，鼓腹，圜底。口沿下刻画三角填斜线纹。如Ⅴ M24：1（图2，3）。

Ⅱ式：细长流，扁鼓腹，大平底。口沿下饰一周凹弦纹。如Ⅰ M262：2（图2，11）。

Ⅲ式：细长流，弧腹，大平底。口沿下、颈部各饰一周凹弦纹。如Ⅳ M176：2（图2，29）。

Ⅳ式：短流上翘，斜弧腹，小平底。如Ⅱ M209：5（图2，49）。

釜　依耳的有无，分为两型。

A型：无耳（原A型釜）。依腹部和形体的整体差异，分为两亚型。

Aa型：球鼓腹。依颈、腹和底部差异，分为四式。

Ⅰ式：短颈，小假圈足，整体呈卵圆形。如Ⅴ M4：1（图2，4）。

Ⅱ式：短颈，小假圈足或圜底。如Ⅳ M221：1（图2，12）。

Ⅲ式：颈略长，小平底。如Ⅳ M203：2（图2，30）。

Ⅳ式：长颈，小平底。如Ⅳ M192：1（图2，50）。

Ab型：圆腹。依口、颈、腹差异，分为四式。

Ⅰ式：大口，短颈，最大径近肩部。如Ⅰ M270：5（图2，31）。

Ⅱ式：大口，颈略长，最大径位于中腹部。如Ⅰ M250：1（图2，51）。

Ⅲ式：小口，长颈，最大径位于中腹部。如Ⅰ M297：21（图2，64）。

Ⅳ式：小口，长颈，最大径位于下腹部。如Ⅰ M266：3（图2，72）。

B型：有耳。依形体特征差异，分为三亚型。

Ba型：单耳（原B型）。依腹、底差异，分为两式。

Ⅰ式：球腹，小假圈足。如Ⅰ M236：1（图2，13）。

Ⅱ式：鼓腹，圜底略尖。如Ⅳ M142：2（图2，32）。

Bb型：双肩耳较小（原C型）。依腹、底差异，分为两式。

Ⅰ式：球腹，小假圈足。如Ⅳ M175：3（图2，14）。

Ⅱ式：鼓腹，小平底。如Ⅳ M234：12（图2，33）。

Bc 型：双沿－颈耳（原 D 型）。依腹、底差异，分为两式。

Ⅰ式：球腹，小假圈足。如Ⅳ M172：1（图2，15）。

Ⅱ式：鼓腹，小平底。如Ⅰ M212：9（图2，34）。

铜马衔　分为三式，同于发掘报告。如Ⅴ M10：4、Ⅳ M114：6、Ⅳ M8：2（图2，35、36、65）。

此外，时代特征突出的器物有陶缸形器（图3，1）、三孔骨马镳（图3，2～4）、"十"字形铜饰（图3，5）、饰卷曲纹的铜镜（图3，6）、铜带钩（图3，7）、"S"形铜扣（图3，8）、铜斧（图3，9）。

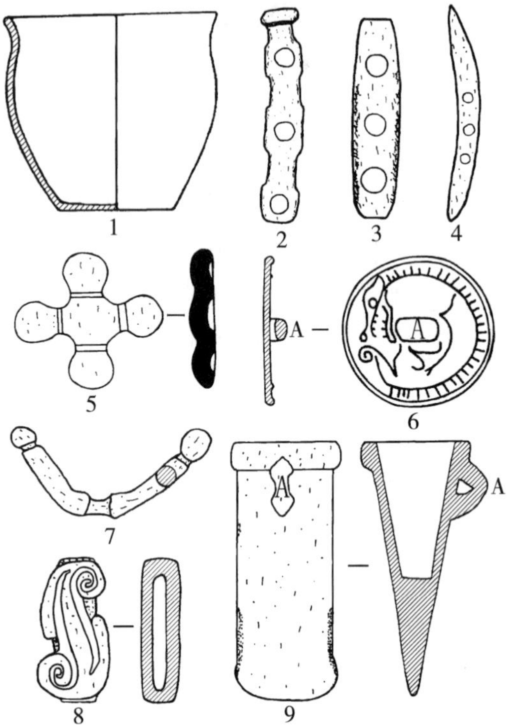

图3　察吾呼墓地出土时代特征突出器物
1.陶缸形器（Ⅴ M14：3）　2～4.三孔骨马镳（Ⅳ M129：10、Ⅳ M93：1、Ⅳ M161：13）　5."十"字形铜饰（Ⅴ M3：7）　6.饰卷曲纹的铜镜（Ⅳ M165：8）　7.铜带钩（Ⅳ M243：4）　8."S"形铜扣（Ⅳ M25：5）　9.铜斧（Ⅳ M5：10）

根据上述器物各型、式之间的共存与组合关系，可将整个陶器群划分为连续且无缺环的八段（表2）。

尽管发掘报告发表的25组地层关系（表3[17]）中存在矛盾之处，但毕竟是发掘者的田野判断，加上器物式别的含混，如果没有足够的理由，还是不能轻易否定。地层关系中，共出同类器的地层关系较少，且以出土有带流罐、带流杯者最具分析价值。其中只有Ⅳ M35→Ⅳ M42、Ⅳ M52→Ⅳ M233、Ⅳ M112→Ⅳ M110与器物式别的演变（Ⅳ→Ⅲ→Ⅱ）相一致，可信度较高。另外，Ⅳ M85→Ⅳ M84，也可间接利用。Ⅳ M84出土的带流杯未明确式别，但器物群中的AⅡ式勺杯、AⅠ式双耳罐、AⅠ式壶与Ⅳ M233出土的同类器一致，后者伴出AⅡ、AⅢ式带流杯，而Ⅳ M85出土Ⅲ式带流杯。因此，将这3座墓相关联，可证A型带流杯Ⅱ式早于Ⅲ式。其余地层关系中，Ⅰ M201→Ⅰ M202，相反的可能性最大。AⅠ式带流杯、Ⅰ式带流罐数量少，式别判断大体不会出错，且基本不与其他式共存，而钵的式别划分的准确性要较其他典型器物低。因此，这组关系应该是ⅠM202→ⅠM201(Ⅱ→Ⅰ)。同理，ⅣM32→ⅣM190也可能相反（即Ⅳ→Ⅱ）。如此，A型带流杯Ⅰ式（即本文Ⅰ、Ⅱ式）至Ⅳ式之间的演变序列是成立的，即上述连续的八段当以第一段为始。

表2　　　　　　　　　　　　察吾呼墓地出土陶器型、式组合

期段		带流罐		带流杯		筒形杯	曲腹杯	翻耳杯	瓠形杯	带流釜	单耳壶	壶		瓮	双耳罐	匜形器	釜				
期	段	A	B	A	B							A	B				Aa	Ab	Ba	Bb	Bc
一期	一段	Ⅰ	Ⅰ													Ⅰ	Ⅰ				
	二段		Ⅱ	Ⅰ			Ⅰ	Ⅰ	Ⅰ	Ⅰ							Ⅱ	Ⅱ		Ⅰ	Ⅰ	Ⅰ
二期	三段	Ⅱ	Ⅲ	Ⅱ	Ⅰ	Ⅰ	Ⅱ	Ⅱ	Ⅱ	Ⅰ Ⅱ		Ⅰ	Ⅰ	Ⅰ	Ⅰ	Ⅱ Ⅲ	Ⅲ	Ⅰ	Ⅰ Ⅱ		Ⅰ Ⅱ
	四段	Ⅲ Ⅳ		Ⅱ Ⅲ	Ⅰ Ⅱ	Ⅱ	Ⅲ	Ⅲ	Ⅲ	Ⅲ		Ⅱ	Ⅱ	Ⅱ	Ⅱ	Ⅳ	Ⅳ	Ⅱ			
三期	五段	Ⅳ Ⅴ		Ⅲ Ⅳ	Ⅱ Ⅲ	Ⅲ	Ⅳ	Ⅳ	Ⅳ		Ⅰ	Ⅲ	Ⅲ	Ⅲ	Ⅲ					Ⅲ	
	六段	Ⅴ Ⅵ		Ⅳ Ⅴ		Ⅳ	Ⅳ	Ⅴ			Ⅱ					Ⅳ					
四期	七段	Ⅵ Ⅶ		Ⅴ Ⅵ	Ⅴ	Ⅴ					Ⅱ Ⅲ				Ⅳ						
	八段	Ⅶ Ⅷ		Ⅵ Ⅶ		Ⅵ					Ⅳ	Ⅳ									

上述八段中，第一、二段归为一期，突出特征为小假圈足器发达，彩陶极为少见，且纹饰简单。第三、四段之间联系紧密，是彩陶最为兴盛的阶段，并出现了马具和马头坑殉牲现象，铁器可能在第四段时已经出现[18]，归为第二期。第五、六段，彩陶衰落，带流罐、带流杯多素面，铁器略多见，归为第三期。第七段尚残余有零星彩陶，第八段不见彩陶，是彩陶的消亡阶段，合并为第四期。总共分为四期八段。

三、莫呼查汗墓地的分期

《新疆莫呼查汗墓地》发掘报告将墓地主体墓葬分为二期三段，基本符合实际情况，但类型学的应用存在值得商榷的地方。其一，双耳罐中将不同器类混合成式，将单耳带流罐分为两型并不能涵盖整个带流器类。其二，个别器类式别序列不当，器物式别的序列演变也缺乏地层学的支持。其三，二期的划分，虽

表3　　　　察吾呼墓地发表地层关系的墓葬出土典型器物统计

四号墓地	带流杯	带流罐	其他		一号墓地	带流杯	带流罐	其他
M89	AⅡ	Ⅱ	勺杯AⅠ,双耳罐Ⅰ	发掘报告同期	M308	AⅡ		
M156	AⅢ、BⅡ	Ⅱ	勺杯AⅡ,釜Ⅰ,筒形杯		M307			
M127			翻耳杯A		M320	AⅡ、Ⅲ		釜AⅡ,骨马镳
M104	AⅡ	Ⅱ	双耳罐B		M319	AⅡ、Ⅲ	Ⅱ、Ⅲ	翻耳杯Ⅰ
M103	AⅡ		钵Ⅰ,双耳罐		M201	AⅠ	Ⅰ	钵Ⅵ
M174			釜CⅡ		M202	AⅡ、Ⅲ	Ⅲ	钵Ⅲ
M163			釜C,双耳罐Ⅰ,钵Ⅰ		M219	AⅢ、Ⅴ BⅡ		
M161	AⅡ		釜AⅡ,骨马镳		M296	AⅣ		双耳罐BⅡ,筒形杯Ⅱ（本文Ⅲ式）
M134	AⅡ、BⅡ		勺杯AⅡ,釜		M249			
M137	不明		釜		M250	AⅣ		釜Ⅲ
M126	AⅡ		勺杯AⅠ,碗Ⅰ		M266	AⅢ		筒形杯Ⅱ（本文Ⅲ式）,釜Ⅳ
M129	AⅡ		釜D,筒形杯		M267			钵Ⅲ
M104	AⅡ	Ⅱ	双耳罐B	晚与早	M213	AⅣ		
M35	AⅣ	Ⅲ	筒形杯Ⅱ（本文Ⅲ式）		M279			
M42	AⅢ		勺杯AⅡ,碗Ⅱ,双耳罐BⅡ		M246	AⅡ		双系罐Ⅰ,壶Ⅱ
M85	AⅢ		瓮Ⅲ		M248	BⅡ		
M84	不明		勺杯AⅡ,双耳罐Ⅰ,壶Ⅰ		M228			釜CⅠ,勺杯AⅠ
M86	AⅢ		勺杯AⅡ,釜AⅡ		M229			
M52	AⅣ			早与晚	M230			
M233	AⅡ、Ⅲ		碗Ⅰ,勺杯AⅡ,双耳罐Ⅰ,壶Ⅰ		M297	AⅢ、Ⅳ	Ⅳ	釜Ⅳ,双系罐Ⅰ,筒形杯Ⅱ（本文Ⅲ式）
M117	不明		勺杯AⅠ,双耳罐Ⅱ,筒形杯Ⅱ,曲腹杯Ⅰ,瓢形杯		M278		Ⅲ	釜CⅡ
M154	AⅡ、Ⅲ		勺杯AⅡ,瓢形杯Ⅱ,高颈罐（本文B型壶）Ⅰ		M280			
M112	AⅢ		勺杯AⅡ,双耳罐Ⅰ					
M110	AⅡ		双耳罐Ⅱ,曲腹杯Ⅰ,釜C					
M25	AⅢ		曲腹杯Ⅱ,勺杯AⅡ,双系罐Ⅰ					
M32	AⅡ	Ⅲ	勺杯Ⅱ					
M190	AⅣ							

（四号墓地左侧分区：发掘报告同期 M89—M86；晚与早 M52、M233；早与晚 M117—M190）

说明：标灰者为被叠压、避让、打破和加塞者。

然注意到了器物明显的阶段性特征，但在论证上对器物共存与组合关系欠考虑。个别研究者[19]所做的分期也有同样问题。因此，该墓地的分期同样需要结合地层关系再次论证完善。

莫呼查汗墓地出土器物中的陶单耳罐、单耳带流罐、单耳带流杯、双系耳罐、束颈罐、单耳杯、筒形杯等，多数具有分期意义。

单耳壶（原部分单耳罐） 无流，鼓腹，单耳。依颈部差异，分为四式。

Ⅰ式：短颈，鼓腹，小假圈足。如ⅠM159∶1（图4，1）。

Ⅱ式：颈略长，鼓腹，小假圈足或平底。如ⅡM16∶1（图4，15）。

Ⅲ式：长颈，鼓腹，小假圈足。如ⅠM151∶1（图4，30）。

Ⅳ式：长颈，扁鼓腹，圜底或平底。如ⅠM19∶1（图4，43）。

单耳带流罐 与单耳壶相似，沿部有短流，形体较大。依流部差异，分为两型。

A型：流极小，流与口沿处于同一水平面。依颈、腹差异，分为四式。

Ⅰ式：短颈，球腹，小假圈足。如ⅠM40∶2（图4，2）。

Ⅱ式：颈略长，鼓腹，小假圈足。如ⅡM20∶1（图4，16）。

Ⅲ式：长颈，鼓腹，小假圈足。如ⅠM113∶1（图4，31）。

Ⅳ式：长颈，扁鼓腹，圜底近平。如ⅠM153∶1（图4，44）。

B型：流略大，微翘。依流、颈差异，分为三式。

Ⅰ式：流短小，短颈。如ⅡM41∶1（图4，17）。

Ⅱ式：流略长、大，颈略长。如ⅡM53∶1（图4，32）。

Ⅲ式：流略长、大，长颈。如ⅠM156∶1（图4，45）。

单耳带流杯 相较于单耳带流罐，形体较小，流较长。依流、底部差异，分为两型。

A型：长流，小假圈足或平底。依流、颈、腹差异，分为四式。

Ⅰ式：流略短，细颈，球腹。如ⅠM150∶2（图4，3）。

Ⅱ式：细长流，细颈，球腹。如ⅡM62∶2（图4，18）。

Ⅲ式：细长流略大，颈略粗，鼓腹。如ⅡM58∶1（图4，33）。

Ⅳ式：细长流略大，粗颈，腹微鼓或微垂。如ⅡM30∶1（图4，46）。

B型：短流，圜底或小假圈足。依流、颈、腹差异，分为四式。

Ⅰ式：短流，短颈，鼓腹。如ⅡM42∶1（图4，4）。

Ⅱ式：短流略翘，短颈，鼓腹。如ⅠM99∶1（图4，19）。

Ⅲ式：短流上翘，颈略长，鼓腹。如ⅡM54∶1（图4，34）。

Ⅳ式：短流上翘，颈略长，鼓腹微垂。如ⅠM164∶1（图4，47）。

双系耳罐　上腹有对称的双耳或錾。依耳、底部差异，分为三型。

A 型：环耳，圜底。依环耳、腹和形体差异，分为四式。

Ⅰ式：小环耳，鼓腹，形体较矮小。如Ⅰ M150∶1（图4，5）。

Ⅱ式：环耳略大，鼓腹，形体略高大。如Ⅰ M110∶1（图4，20）。

Ⅲ式：环耳较大，鼓腹略垂，形体较高大。如Ⅰ M31∶1（图4，35）。

Ⅳ式：与Ⅲ式相似，但环耳大，形体高大。如Ⅰ M56∶1（图4，48）。

B 型：环耳，小假圈足或平底。依口、颈、腹差异，分为四式。

Ⅰ式：口微敞，短束颈，鼓腹。如Ⅰ M160∶1（图4，6）。

Ⅱ式：敞口，短束颈，鼓腹。如Ⅰ M79∶1（图4，21）。

Ⅲ式：敞口，束颈略长，鼓腹，形体较高。如Ⅱ M17∶1（图4，36）。

Ⅳ式：敞口，长束颈，鼓腹，形体略瘦高。如Ⅰ M168∶1（图4，49）。

C 型：双錾，敞口，扁鼓腹，圜底近平。如Ⅰ M147∶1（图4，7）。

束颈罐　无耳，束颈。依底部差异，分为两型。

A 型：假圈足或平底。依口、腹径差异，分为两亚型。

Aa 型：口径小于腹径，假圈足。依口、颈、腹差异，分为四式。

Ⅰ式：口微敞，短束颈，鼓腹。如Ⅰ M121∶2（图4，8）。

Ⅱ式：敞口，颈略长，鼓腹。如Ⅰ M23∶1（图4，22）。

Ⅲ式：敞口，长束颈，深鼓腹。如Ⅰ M123∶1（图4，37）。

Ⅳ式：大敞口，长束颈，鼓腹。如Ⅰ M18∶1（图4，50）。

Ab 型：口、腹径略同，假圈足或平底。依底部差异，分为三式。

Ⅰ式：小假圈足。如Ⅰ M10∶1（图4，9）。

Ⅱ式：小假圈足不明显。如Ⅰ M17∶1（图4，23）。

Ⅲ式：平底略大。如Ⅰ M68∶1（图4，38）。

B 型：圜底。依颈、腹差异，分为两式。

Ⅰ式：短颈微束，浅腹。如Ⅱ M75∶1（图4，39）。

Ⅱ式：束颈略长，深腹。如Ⅱ M44∶1（图4，51）。

釜　敞口，束颈，鼓腹，小底，形体大。依腹部差异，分为两式。

Ⅰ式：球腹。如Ⅰ M125∶1（图4，24）。

Ⅱ式：球腹略扁。如Ⅱ M3∶1（图4，40）。

单耳罐（原部分单耳罐）　单耳，无流，束颈，鼓腹，小底。依颈、底和形体差异，分为三式。

Ⅰ式：短颈，小假圈足明显。如Ⅰ M86∶1（图4，10）。

Ⅱ式：短颈，小假圈足不明显或平底。如Ⅰ M26：1（图4，25）。

Ⅲ式：长颈，平底。如Ⅱ M35：2（图4，41）。

单耳杯（原部分单耳罐）　单耳，束颈，鼓腹，圜底。依腹部差异，分为两式。

Ⅰ式：浅腹。如Ⅰ M28：6（图4，11）。

Ⅱ式：深腹。如Ⅰ M140：1（图4，26）。

勺杯（原部分单耳罐）　形体较单耳杯矮。依颈、腹差异，分为两式。

Ⅰ式：颈不明显，浅腹微鼓。如Ⅰ M28：2（图4，12）。

Ⅱ式：短束颈，鼓腹略深。如Ⅱ M13：1（图4，27）。

筒形杯　筒形，平底。依口、腹、耳差异，分为三式。

Ⅰ式：口径大于底径，斜直腹，小系耳。如Ⅰ M24：1（图4，13）。

Ⅱ式：口径略大于底径，斜腹，系耳略大。如Ⅰ M16：1（图4，28）。

Ⅲ式：口径略大于底径，弧腹，系耳略大。如Ⅱ M12：1（图4，42）。

双耳罐　沿 - 肩耳。依底部差异，分为两式。

Ⅰ式：小假圈足。如Ⅰ M163：1（图4，14）。

Ⅱ式：圜底。如Ⅰ M94：1（图4，29）。

此外，铜别针（图5，1～3）、联珠饰（图5，4）、铃（图5，5）、矛（图5，10）、剑（图5，11）、镜（图5，7、8）、马衔（图5，12）、马镳（图5，13）、梳（图5，15）、镞（图5，16）、"十"字花形饰（图5，17）及骨镞（图5，6、9）、马镳（图5，14）等时代特征也尤为突出。

根据上述器物各型、式之间的共存与组合关系，可将整个陶器群划分为连续且无缺环的四段（表4）。

表4　　　　　　　　莫呼查汗墓地出土陶器型、式组合

期段		单耳壶	带流罐	带流杯	系耳罐	束颈罐	釜	单耳罐	单耳杯	勺杯	筒形杯	双耳罐
一期	一段	Ⅰ	A Ⅰ	A Ⅰ B Ⅰ	A Ⅰ B Ⅰ C	Aa Ⅰ Ab Ⅰ		Ⅰ	Ⅰ	Ⅰ	Ⅰ	Ⅰ
	二段	Ⅱ	B Ⅰ A Ⅰ A Ⅱ	A Ⅱ B Ⅱ	A Ⅱ B Ⅱ	Aa Ⅱ Ab Ⅱ	Ⅰ	Ⅱ	Ⅱ	Ⅰ Ⅱ	Ⅰ Ⅱ	Ⅱ
二期	三段	Ⅲ	B Ⅱ A Ⅲ	A Ⅲ B Ⅲ	A Ⅲ B Ⅲ	Aa Ⅲ Ab Ⅲ B Ⅰ	Ⅱ	Ⅲ			Ⅲ	
	四段	Ⅲ Ⅳ	B Ⅲ A Ⅳ	A Ⅳ B Ⅲ B Ⅳ	A Ⅳ B Ⅳ	Aa Ⅳ B Ⅱ	Ⅱ	Ⅲ				

说明：标灰者为遗迹单位遗物之间有共存关系。

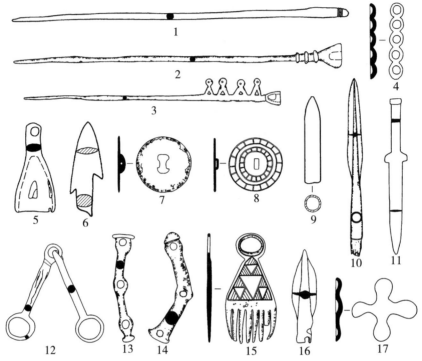

图5 莫呼查汗墓地出土时代特征突出器物

1~3.铜别针（ⅠM86：2、ⅠM150：3、ⅠM81：7） 4.铜联珠饰（ⅠM81：3）
5.铜铃（ⅠM150：4） 6、9.骨镞（ⅡM28：4-2、ⅠM21：3） 7、8.铜镜
（ⅠM10：2、ⅠM128：2） 10.铜矛（ⅠM76：3） 11.铜剑（ⅠM101：2） 12.
铜马衔（ⅠM46：3） 13.铜马镳（ⅠM46：5） 14.骨马镳（ⅠM46：2） 15.铜梳
（ⅠM81：8） 16.铜镞（ⅠM68：4-2） 17.铜"十"字花形饰（ⅠM26：3-1）

　　莫呼查汗墓地实际有四组打破关系和一组叠压关系墓葬。其中有三组不能
利用：ⅠM51→ⅠM52，无出土器物；ⅡM62①→ⅡM62②，出土器物同属
于一段；平面、剖视图显示ⅠM22→ⅠM23（图6），但前者出土的AbⅠ式束
颈罐小假圈足较大的特征与AbⅡ式束颈罐相近，两墓出土器物应属二段。可资
利用的有两组（见图6），其中ⅠM79→ⅠM86，两者出土器物（见图4，21、
10）分属二、一段。ⅠM42与ⅠM48之间的关系，发掘报告认为是后者打破
前者，凭据是ⅠM48A"规避"式的蹲踞葬式和ⅠM42头骨被扰乱，但同时指
出ⅠM48存在推挤葬的情况。从墓葬平面图看，在ⅠM48→ⅠM42的前提下，
ⅠM48B是不可能被放置在墓室中部的，推挤行为也无法发生，而ⅠM48A西
侧的空间是允许人骨呈一般屈肢形态的。两墓的石室高度一致，ⅠM42东侧竖
立的片石处在墓室东边，很难想象建造ⅠM48时不会被破坏，而破坏后再将其
竖立于原位置，又会显得多此一举。进一步结合照片可知，ⅠM42的头部和随
葬品实际上刚好压着ⅠM48A的脚部[20]。更为重要的是，ⅠM42出土的单耳带

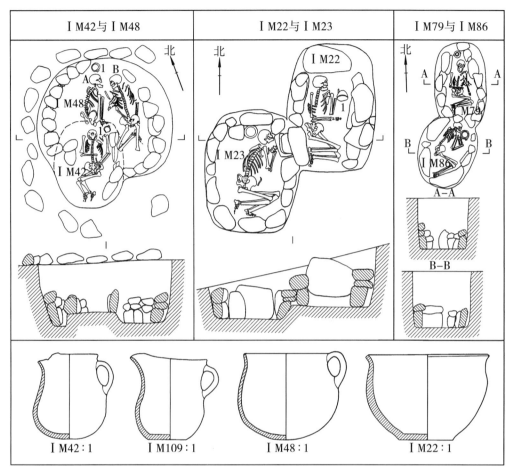

图 6 莫呼查汗墓地代表性打破关系墓葬

流杯（见图 6），与Ⅰ M109 所出者相似，其大仰流、粗颈、垂腹的特点，属于四段；Ⅰ M48 出土的单耳杯与Ⅰ M28 所出者（见图 4，11）相似，见于一段，且基本不见于三、四段。因此，很可能是Ⅰ M42 →Ⅰ M48。

上述两组打破关系可证一段遗存早于二、四段遗存，即这四段连续的演变关系以一段为始。如果把带流器流部的扩大视为器物口沿逐渐向大敞口方向发展，那么前后四段器物的演变方式大体保持了高度的一致性：口沿逐渐大敞口化。因此，上述各类器物型、式的划分、演变序列是与地层学相符的。

四段遗存中，一、二段和三、四段之间联系更为紧密，二、三段之间器物式别和组合关系变化较大，且后两段铜器数量明显增加，骑马因素（殉马和马具）浓厚，出现了彩陶。故而，将前两段、后两段各合并为一期，即二期四段，其中一期、二期分别与察吾呼墓地一期、二期早段相当。

四、总分期与年代

　　焉耆盆地属于察吾呼文化的墓地或遗址，还有和静哈布其罕墓地[21]、察吾呼沟西墓地[22]、小山口墓地[23]、拜勒其尔墓地[24]、巴伦台墓地[25]、察汗乌苏墓地[26]、重工业园区遗址[27]、哈布其罕萨拉墓群[28]、和硕红山墓群[29]等。这些资料多数发表有限，没有完整的器物演变序列，需直接与察吾呼墓地比较后进行对应。兹将上述数处察吾呼文化遗存的分期整理如下表（表5）。

表5　　　　　　　　　　　　　　察吾呼文化遗存分期

分期		墓地（遗址）									
		察吾呼	莫呼查汗	哈布其罕Ⅰ、Ⅱ	察吾呼沟西	拜勒其尔	巴伦台	察汗乌苏	重工业园区	哈布其罕萨拉	红山
一期	早段	一段	一段	一段							
	晚段	二段	二段			一段		一段			
二期	早段	三段	三、四段	二段				二段	一段	一段	一段
	晚段	四段		三段				三段	二段		
三期	早段	五段		四段		二段		四段		二段	二段
	晚段	六段				三段	一段	五段	三段	三段	
四期	早段	七段		五段	一段			六段		四段	
	晚段	八段				四段	二段			五段	

　　察吾呼文化一期早段，目前的资料相对较少，察吾呼Ⅴ M24出土的Ⅰ式匜形器可能最早，其与莫呼查汗墓地出土的带流器极其短小的流可能代表了该文化带流器的早期形态。一期晚段的遗存相对多见，器物口沿外多有一周凹弦纹，这一特征个别延续至二期早段；彩陶虽然出现，但数量极少，施彩形式为在内外口沿处抹红色彩带，这一特征基本延续至四期早段。二期是彩陶发展的兴盛期，以颈带纹和斜带纹最为流行，也是以殉马和马具等骑马因素为代表的畜牧经济快速发展的阶段；二期晚段，可能还出现了铁器。三期是彩陶发展的衰落阶段，素面陶大量出现，施彩部位流行于器物口沿至颈部，且颈部多饰一周附加堆纹或锥刺纹，铁器数量略有增加。四期是彩陶的消弭期。这与苏贝希文化彩陶的发展状况基本一致。

　　关于察吾呼文化的绝对年代，可资利用的测年数据主要来自察吾呼墓地和莫呼查汗墓地。《新疆察吾呼》发掘报告中提及的测年数据有32个，其中Ⅰ、Ⅱ、Ⅳ号墓地公布有22个单位的24个数据（表6[30]）。虽然发掘报告认为距今3000～2500年基本代表了该文化的绝对年代，但同时也指出同一墓葬的多个测年数据差异悬殊，而已公布的数据多数无法和类型学分析相对应。因此，使用该墓地的测年数据需要慎重。值得关注的是，发掘报告中出土有 A Ⅱ 式带流杯的 Ⅰ M25、Ⅰ M31、Ⅰ M045，绝对年代主要集中在公元前 9 世纪；出土有 A Ⅲ、Ⅳ 式带流杯的 Ⅰ M59、Ⅰ M60，绝对年代大致在公元前 8 世纪至前 5 世纪；伴出"苍蝇拍"形铜马衔、铜带钩、饰卷曲动物纹的铜镜、有盖帽的三孔骨马镳的墓葬，出土的带流杯或罐也基本为 A Ⅱ 式，这些器物的绝对年代大体在公元前 9 世纪至前 8 世纪。Ⅳ M8、Ⅳ 114 出土的铜马衔分别伴出 A Ⅲ、Ⅳ 式带流杯，前者似乎是"苍蝇拍"形铜马衔的进一步发展形态，后者年代大致在公元前 5 世纪及其以后；Ⅳ M25 出土的"S"形铜牌饰是春秋时期的典型器物，伴出 A Ⅲ 式带流杯。

表 6 　　　　　　　　　　　　**察吾呼墓地碳十四测年数据**

墓地	墓号	样本	树轮校正（年）	发掘报告提及
Ⅰ 号	M4	底层葬具木头	BC830～BC662	15 个数据 最早 3260±155 最晚 2512±51
	M6	底层葬具木头	BC830～BC664	
	M20	底层葬具木头	BC818～BC598	
	M25	底层葬具木头	BC998～BC823	
	M29	底层葬具木头	BC900～BC795	
	M31	底层葬具木头	BC970～BC796	
	M32	底层葬具木头	BC806～BC449	
	M59	底层葬具木头	BC799～BC447	
	M60	底层葬具木头	BC770～BC405	
	M06B	木头	BC359～BC94	
	M09	木头	BC998～BC813	
	M025	木头	BC787～BC418	
	M30	木头	BC986～BC807	
	M035	木头	BC1266～BC1008	
	M043	墓室上部木头	BC802～BC454	
	M045	盖木木头	BC891～BC791	
Ⅱ 号	M2	木头	BC796～BC432	4 个数据 最早 2645±130 最晚 2405±90
	M6	木头	BC753～BC394	
	M15	木头	BC478～BC379	
Ⅳ 号	M33	墓底葬具木头	距今 3310	12 个数据 最早 3310±150 最晚 2020±115
		墓底葬具木头	距今 2315	
	M86	木头？	距今 3010	
		木头？	距今 2475	
	M88	木头？	距今 2020	
Ⅴ 号				1 个数据 2460±95

《新疆莫呼查汗墓地》发掘报告发表了19个单位的20个碳十四测年数据，除ⅠM83年代在公元前1000年以前外，余者全部集中在公元前1000年至前800年之间。墓地出土的典型铜器，如梳、"十"字形饰、联珠饰、马具、镜等，年代也基本在这一时段，绝对年代的可靠性较强。从绝对年代看，莫呼查汗墓地二期遗存的延续时间要比察吾呼墓地二期早段短一些。

察吾呼文化二、三期出现了较多苏贝希文化同期的彩陶，四期单耳壶垂鼓腹、最大腹径近底的特征也与后者同期单耳壶一致，而建立在洋海墓地基础上的苏贝希文化的分期与年代[31]具有标尺性意义。

综合而论，察吾呼文化一期的年代当在公元前10世纪，考虑到一期一段的资料很少，可将察吾呼Ⅴ号墓地M24出土的Ⅰ式匜形器放在公元前10世纪初，而该段遗存的年代上限或可进入公元前11世纪。二期早段的绝对年代当在公元前9世纪至前8世纪，二期晚段的绝对年代在公元前7世纪至前6世纪。三、四期的绝对年代在公元前5世纪至前3世纪、公元前2世纪至公元前后。

概言之，察吾呼文化分为四期八段，绝对年代在公元前10世纪至公元前后，上限或可进入公元前11世纪。该文化的分期年代框架与苏贝希文化的分期年代框架基本一致，这也说明新疆青铜时代晚期至早期铁器时代，随着骑乘技术的发展与扩散，人群移动与文化交流变得更加迅捷、密切，诸文化社会发展步调的一致性显著增强。

五、余　　论

现有资料和相关研究显示，察吾呼文化是在当地新塔拉类遗存的基础上，受到安德罗诺沃文化的强烈影响而形成的[32]。前者圜底、口沿处的彩带、三角纹等特征与察吾呼文化一期所见相同，其中大口、鼓腹、小平底的陶釜与哈布其罕ⅠM38出土者最为接近。后者的强烈影响表现为陶器小假圈足的特征、缸形器。葬俗方面，或认为地表石围石堆、石室、屈肢葬等代表的葬俗可能来自安德罗诺沃文化[33]，或强调卡拉苏克文化对察吾呼文化的影响[34]，但部分小假圈足器整体呈底略尖的卵形特征也具有切木尔切克文化的遗风[35]。仰身屈肢葬在青铜时代早、中期，主要流行于切木尔切克文化；在青铜时代晚期的情况尚不清晰。由于切木尔切克文化的年代下限与察吾呼文化的年代上限之间有较大的差距，新塔拉类遗存缺乏墓葬资料，察吾呼文化一期仰身屈肢葬的来源尚不明晰。

至二期早段，安德罗诺沃文化的因素基本消失（陶器方面），以马具为代表的骑马因素和青铜制品的大量出现，显示出南西伯利亚地区南向新一轮的文化影响。以圈足罐、涡纹单耳罐、豆等为代表的陶器和服饰上的纹饰等苏贝希文化的因素开始对察吾呼文化形成强烈而持久的影响，直至其消亡；而察吾呼文化对苏贝希文化器物方面的影响相对较小，葬俗方面在阿拉沟表现得尤为突出。索墩布拉克文化与察吾呼文化之间的相互影响关系似乎较为淡薄，突出表现为前者无耳壶、繁密的彩陶布局等[36]和后者带流器之间的互动；由于伊犁河谷东部存在冶金活动[37]，察吾呼文化的青铜制品是否与之有关，也值得关注。察吾呼文化对群巴克文化、扎滚鲁克文化的形成与发展也有一定程度的影响。

公元前5世纪至前3世纪，是新疆史前社会复杂化的关键阶段。这一时期，具有代表性的察吾呼二号墓地，墓葬布局由片状变为零散或相对集中，或许是社会组织结构变动的一种体现。察吾呼文化的高等级遗存目前较为缺乏，巴伦台沟的大型封堆殉马墓没有发掘，正在发掘的库尔勒玉孜干古城[38]发表资料有限，测年数据在公元前550年至前400年，文化性质尚难定论。《汉书·西域传》中记载的处在焉耆盆地的有焉耆、危须和尉犁三国。学术界一般认为，三国的治所分别为今焉耆县西南的博格达沁古城（四十里城）、和硕曲慧古城、库尔勒南的夏渴兰旦古城[39]，而邻近的东、西且弥国则在阿拉沟、哈布其罕沟[40]，但这些城址的年代上限和文化内涵都较模糊。总体而言，焉耆盆地在这一阶段可能并不是一个单一的权力统一体。至于焉耆盆地以巴伦台大墓和古城址为代表的高等级遗存，是否可视作察吾呼文化的两种社会复杂化模式，值得深入思考。察吾呼文化四期，随着匈奴联盟西进[41]和西汉王朝势力涌入，焉耆盆地内部情况及其与周缘权力中心的互动等问题也有待进一步的讨论。

附记：本文为国家社科基金重大项目"欧亚视野下的早期中国文明化进程研究"（项目编号：18ZDA172）的阶段性成果。

注　释

[1]　新疆文物考古研究所：《新疆察吾呼——大型氏族墓地发掘报告》，东方出版社，1999年。

[2]　陈戈：《察吾乎沟口文化的类型划分和分期问题》，《考古与文物》2001年第5期。

[3]　新疆文物考古研究所：《拜城县克孜尔水库墓地第一次发掘》，《新疆文物》1999年第3、4期；《拜城县克孜尔吐尔墓地第一次发掘》，《考古》2002年第6期。

[4]　吕恩国：《察吾呼文化研究》，《新疆文物》1999年第3、4期。

[5]　郭物：《新疆史前晚期社会的考古学研究》，上海古籍出版社，2012年。

[6]　邵会秋：《扎滚鲁克文化初论》，《边疆考古研究》第9辑，2008年。

[7]　a.陈戈：《察吾乎沟口文化的类型划分和分期问题》，《考古与文物》2001年第5期。

　　b.林立：《评〈新疆察吾呼大型氏族墓地发掘报告〉》，《欧亚学刊》第3辑，2002年。

[8] 任瑞波：《西北地区彩陶文化研究》，吉林大学博士学位论文，2016年。

[9] 韩建业：《新疆的青铜时代和早期铁器时代文化》，文物出版社，2007年。

[10] 邵会秋：《新疆史前时期文化格局的演进及其与周邻文化的关系》，科学出版社，2018年。

[11] 任瑞波：《西北地区彩陶文化研究》，吉林大学博士学位论文，2016年。

[12] 作者以ⅣM131、ⅣM154来论证觚形杯Ⅰ式向Ⅱ式的演变，以ⅡM223的层位关系来论证壶由BⅢ式向BⅣ式、带流杯由Ⅶ式向Ⅷ式的演变。然而作者并未指明ⅥM131下层伴出Ⅰ式觚形杯的带流杯为哪一式，从墓葬平面图看，似为Ⅱ式；上层为Ⅲ式带流杯，但其中一件颈细长，明显偏瘦高，或为Ⅳ式。ⅥM154盖板上Ⅱ式觚形杯与Ⅲ式带流杯共存，中层人骨处出土的带流杯为Ⅱ、Ⅲ式。由这两座墓葬不能推出觚形杯的演变关系。ⅡM223出土的带流杯实际上为短流僵直上翘、垂鼓腹的同一式，而单耳壶的演变总体是鼓腹向垂腹乃至近折腹方向发展。参见龙静璠：《试论新疆天山南麓史前时期的石构墓葬》，中央民族大学硕士学位论文，2013年。

[13] 郭物：《新疆史前晚期社会的考古学研究》，上海古籍出版社，2012年。

[14] 如ⅣM134（Ⅲ）→ⅣM137（Ⅱ），查发掘报告可知，登记表中ⅣM137出土带流杯式别不明，也没有相应的器物图；ⅣM89（Ⅱ）→ⅣM156（Ⅰ）中的Ⅰ式带流罐（杯）不见于登记表（登记表中M154和M157之间有两个M156，前一个应为M155）。参见戴青云：《察吾乎沟口墓地群分析》，北京联合大学硕士学位论文，2014年。

[15] 新疆维吾尔自治区文物考古研究所：《新疆莫呼查汗墓地》，科学出版社，2016年。

[16] 陈戈：《察吾乎沟口文化的类型划分和分期问题》，《考古与文物》2001年第5期。

[17] 在地层关系的讨论中，若无特别说明，表3与所涉及的器物式别均为发掘报告所分式别。

[18] 察吾呼墓地出土较早铁器的两个遗迹单位为ⅠM283、ⅣM98，前者出土Ⅲ式带流罐、AⅡ式带流杯、Ⅰ式筒形杯和壶，后者出土Ⅲ式带流杯和Ⅱ式（本文Ⅲ式）筒形杯。ⅠM283为5个人合葬，ⅣM98为4个人合葬，且有马头坑。因此，铁器的出现不会早于二期，可能在二期四段。

[19] a.龙静璠：《试论新疆天山南麓史前时期的石构墓葬》，中央民族大学硕士学位论文，2013年。
b.石思佳：《莫呼查汗和拜城多岗墓地分析》，中国人民大学硕士学位论文，2018年。

[20] 从照片看，平面图并不准确，尤其是ⅠM42中的头骨和陶罐的位置偏差大。如果ⅠM48A扰乱了ⅠM42中的头骨和陶罐，那么ⅠM48A中的尸骨被放置好后进行填土时，仍将ⅠM42中的头骨和陶罐放置在脚骨上极不合理。

[21] 新疆文物考古研究所等：《和静哈布其罕Ⅰ号墓地发掘简报》，《新疆文物》1999年第1期；《和静哈布其罕二号墓地发掘简报》，《新疆文物》2001年第3、4期。

[22] 新疆文物考古研究所等：《和静县察吾呼沟西一座被破坏墓葬的清理》，《新疆文物》1994年第1期。

[23] 新疆文物考古研究所：《和静县小山口水电站墓群考古新收获》，《新疆文物》2007年第3期；《和静县小山口二、三号墓地考古发掘新收获》，《新疆文物》2010年第1期。

[24] 新疆文物考古研究所等：《和静拜勒其尔石围墓发掘简报》，《新疆文物》1999年第3、4期。

[25] 资料未发表。参见新疆维吾尔自治区文物事业管理局等：《新疆文物古迹大观》第177页，新疆美术摄影出版社，1999年；郭物：《新疆史前晚期社会的考古学研究》第140、141页，上海古籍出版社，2012年。

[26] 资料未发表。参见胡望林：《察汗乌苏墓地察吾乎文化遗存及相关问题探析》，西北大学硕士学位论文，2009年。

[27] 新疆文物考古研究所：《2012年和静县和静重工业园区古遗址考古发掘报告》，《新疆文物》2015年第1期。

[28] 新疆文物考古研究所：《新疆和静哈布其罕萨拉墓群2013年发掘简报》，《文物》2014年第12期。

[29] 新疆文物考古研究所：《和硕县红山沟遗址考古发掘报告》，《新疆文物》2016年第2期；《2015年新疆和硕县红山墓群的考古发现》，《西域研究》2016年第3期。

[30] Ⅰ、Ⅱ号墓地测年数据来自碳十四数据集［中国社会科学院考古研究所：《中国考古学中碳十四年代数据集（1965～1991）》第327～330页，文物出版社，1992年］，Ⅳ号墓地具体墓葬数据来自吕恩国的研究（《察吾呼文化研究》，《新疆文物》1999年第3、4期）。

[31] 孙少轻：《新疆洋海墓地研究》，《考古学集刊》第25集，2021年。

[32] a.郭物：《新疆史前晚期社会的考古学研究》，上海古籍出版社，2012年。
b.韩建业：《新疆的青铜时代和早期铁器时代文化》，文物出版社，2007年。
c.邵会秋：《新疆史前时期文化格局的演进及其与周邻文化的关系》，科学出版社，2018年。

[33] 韩建业：《新疆的青铜时代和早期铁器时代文化》第113页，文物出版社，2007年。

[34] 郭物：《新疆史前晚期社会的考古学研究》第117、290～292、294页，上海古籍出版社，2012年。

[35] 郭物：《新疆史前晚期社会的考古学研究》第116页，上海古籍出版社，2012年。

[36] 邵会秋：《新疆史前时期文化格局的演进及其与周邻文化的关系》第410、411页，科学出版社，2018年。

[37] a.新疆文物考古研究所等：《新疆尼勒克县吉仁台沟口遗址》，《考古》2017年第7期。
b.王永强、袁晓等：《新疆尼勒克县吉仁台沟口遗址2015～2018年考古收获及初步认识》，《西域研究》2019年第1期。

[38] 张晓磊：《新疆库尔勒玉孜干遗址》，《大众考古》2021年第12期。

[39] a.陈戈：《焉耆尉犁危须都城考》，《西北史地》1985年第2期。
b.余太山：《汉晋正史"西域传"所见西域诸国的地望》，《欧亚学刊》第2辑，2000年。

[40] a.〔日〕松田寿男著，陈俊谋译：《古代天山历史地理学研究》第98～110页，中央民族学院出版社，1987年。
b.新疆文物考古研究所等：《和静哈布其罕二号墓地发掘简报》，《新疆文物》2001年第3、4期。

[41] 中国社会科学院考古研究所新疆队等：《新疆和静县察吾呼沟口三号墓地发掘简报》，《考古》1990年第10期。

Study of the Periodization and Chronology of the Chawuhu Culture

Sun Shaoqing

KEYWORDS: Xinjiang   Chawuhu Cemetery   Mohuchahan Cemetery   Chawuhu Culture   Periodization and Chronology

ABSTRACT: The Chawuhu culture is one of the prehistoric painted pottery cultures of Xinjiang, named after the excavation of the Chawuhu cemetery. The typological analysis of Chawuhu cultural artifacts remains incomplete. The upper limit of its absolute dating is generally considered to be around 1000 BC, while the lower limit is more contentious. By focusing on the Chawuhu and Mohuchahan cemeteries, along with evidence from other sites, it is possible to discuss the chronological phases of the Chawuhu culture. The culture can be divided into four phases and eight sub-phases, with an absolute date range from around 1000 BC to the turn of the Common Era, and possibly as early as the 11th century BC. The Chawuhu culture developed on the foundation of the Xintala cultural remains, under the strong influence of the Andronovo culture. Throughout its development, it was significantly and continuously impacted by the Subeixi culture and exerted varying degrees of influence on neighboring cultures. However, the processes of social complexity of the Chawuhu culture remain unclear.

（责任编辑　洪　石）

辽上京城市考古发掘理念和方法实践

董新林　汪　盈

关键词：辽上京　城市考古　工作理念　发掘方法

内容提要：城市考古是中国考古学的重要内容。考古工作者在十余年来的考古调查、钻探和发掘工作中，不断总结辽上京城市考古发掘工作的经验和教训，不断更新考古发掘工作的理念和操作方法。通过总结城市考古工作的基本流程和步骤，本文详细介绍了辽上京遗址考古发掘中的精耕细作和关键性解剖发掘及其重要意义，指出作为一名合格的考古项目负责人所应具备的基本素质和努力方向，提出了荒野型城市考古的基本方法、路径，期望逐步提升城市考古的发掘理念和技术方法，以推进中国城市考古发掘和研究的整体水平。

　　"考古学属于人文科学的领域，是历史科学的重要组成部分。其任务在于根据古代人类通过各种活动遗留下来的实物，以研究人类古代社会的历史。"[1]尽管中国考古学历经百年，考古学目前也成为一级学科，但归根结底考古学仍然是历史科学的重要组成部分，作为历史研究的生力军，通过考古调查和发掘源源不断地获得新的科学的历史研究素材。"上穷碧落下黄泉，动手动脚找东西"[2]，是对考古调查和发掘的最好诠释。一切考古发掘资料都是新史料。因此，考古发掘工作质量的好坏，决定了"新史料"的自身价值和可信度。考古发掘资料是考古和历史研究的重要基础。

　　通常认为，1921年10月瑞典地质学家安特生在河南省渑池县仰韶村遗址的考古发掘[3]是中国现代考古学的肇端。而1921年7月国立历史博物馆金石学家裘善元在河北省巨鹿县北宋故城三明寺遗址附近发掘的两处民宅遗存[4]，是中国学者主持的最早的考古发掘工作。如果说中国现代考古学开端于1921年，史前时期有锦西沙锅屯和渑池仰韶村等遗址发掘的话，那么历史时期则有巨鹿北宋故城遗址的发掘。作为中国学者主持的考古工作，巨鹿宋城遗址考古发掘

作者：董新林、汪盈，北京市，100710，中国社会科学院考古研究所。

更应代表中国现代考古学的始创。

在 20 世纪前半叶，历史时期城市考古工作屈指可数。新中国成立之初，因为配合第一个"五年计划"的经济建设，郑州、洛阳、西安等城市成为考古工作的主战场。郑州商城（1952 年）、洛阳汉魏故城（1954 年）、隋唐洛阳城（1954 年）、西汉长安城（1956 年）、隋大兴唐长安城（1957 年）以及后来北京的元大都（1964 年）等城址的考古调查、发掘与研究工作相继开展，考古学者对这些大型古代都城遗址的形制布局和历史沿革等开始进行长期的调查和发掘，其中洛阳和西安的都城考古工作持续不断，直至今日已近 70 年。新中国前 30 年对于历史时期城市考古的调查和发掘资料有相当的积累，但综合研究较为薄弱[5]。近 40 年来，城市考古工作除了都城考古外，地方城市的考古发掘和研究也越来越得到重视。21 世纪以来，国家经济的快速发展，城市大规模的改建和扩建，一方面破坏了古代城市遗存，另一方面也给考古工作者提供了考古发掘和研究的机遇。特别是近 10 年来，由于各级领导对文物保护工作的高度重视，一些重要的城市考古遗存得以较好的发掘和保护，这是难能可贵的。

一、城市考古及其分类

"城市考古"概念的提出，应是 20 世纪 80 年代的事情。以往习惯称为都城和地方城址考古。徐苹芳于 1986 年明确提出"城市考古"和"古今重叠类型城市考古"的概念[6]。他指出："复原古今重叠类型城市——元大都城的各类建置的位置时，首先必须严格依据元大都街道布局的规律，按照各类建置不同的等级所规定的不同面积，找出在街道布局汇总所遗留下来的各类建置的遗痕，结合文献记载，加以论证复原。这种方法是考古学的方法，是进行唐宋以后古今重叠类型城市考古时所使用的主要方法。"[7] 徐苹芳曾主持元大都考古发掘工作十年之久，此后撰写了多篇关于元大都遗址城市考古研究的论文[8]。"在古今城市重叠的现代城市中，一般地说都保留着古代城市的遗痕。所谓'遗痕'，是指古代城市的城垣、河湖、街道和大型建置所遗留的痕迹，它反映着城市本身的历史变化。在古今重叠的城市内，对古代城市遗迹不可能进行大面积的考古发掘，因此，要研究古今重叠的城市，唯一的方法便是考察分析现代城市中所遗留的古代城市痕迹，并据以复原被埋在地下的古代城市的平面规划和布局。"[9] 宿白指出："这类沿用到现代的隋唐以来的创建的城市要注意文化遗产的保护，根据近几十年的经验，我们认为首先要辨认这类城市在兴建以后范围有没有变化？城市的主要布局有没有改变，主要是指城门和主要街道的位置有没有变化？还有主要衙署和宗教建筑的位置有没有变动？城垣本身有没有增补？""大批被后来沿用的唐宋城市，在沿用期间的发展变化又如何？有没有什么规律可寻？我们认为也有一些，但情况不一，大约有缩小、扩展和改造三种情况。……明清这两次改建旧城市，较大规模地改变了原来相沿已久的布局和街道，这是考虑在现在城市范围内复原古城址必须注意的事项：既要注意明清遗迹下面的遗迹；也要注意明清迄现代沿续的街巷如何和以前原有的街巷相互衔接等问题。"[10]

　　宿白、徐苹芳等通过对 50 多年来城市考古工作与研究的思考和总结，以及对现代城市中进行的城市考古个案研究和系统探讨[11]，提出"城市考古"的概念，并做了初步的分类。特别是徐苹芳强调的"古今重叠型城市考古方法"，已成为历史时期城市考古发掘和研究的重要方法之一。21 世纪以来，北京大学考古文博学院等单位的硕士和博士研究生，多人利用古今重叠型城市考古方法，尝试对不同都城和地方城址进行专题研究[12]。杭侃对宿白、徐苹芳的古今重叠型城市考古研究方法进行了初步梳理，期望对地方考古工作者有所启发和指导[13]。徐苹芳于 20 世纪 80 年代提出"古今重叠型城市考古方法"，开启了城市考古发掘和研究的一个新阶段，但是一线考古工作者在实际发掘中并没有很好地贯彻实施。

　　21 世纪以来，城市考古发掘和研究的重要成果迭出。2016 年，广州市文物考古研究院主办"城市考古与考古遗产保护学术研讨会"。时任国家文物局副局长宋新潮在会上做了《关于城市考古的几个问题》的重要讲话[14]。他充分肯定了我国城市考古工作取得的显著成绩，阐述了城市考古科研队伍的建设、富有特色的工作程序和管理模式、城市考古的重要意义等。他指出古今重叠型城市的考古和保护工作难度大、矛盾突出。在新的历史时期，城市考古面临很多问题，如亟待建立完善的法律体系，建立业务素质高、文献基础好、研究能力强的考古工作队伍，建立合作共享的工作机制，推动建立城市考古资料中心，强化城市考古工作基础，等等。这要求考古领队要做好工作规划，提高工作主动性，从方法和技术入手，提高城市考古工作水平和社会形象。这次会议是中国城市考古发展历程中新的重要节点。国家文物局开始更加重视城市考古，对城市考古提出了新的要求和标准，明显加大了对城市考古的支持力度，城市考古发掘和研究出现了新气象。从 2017 年起，国家文物局委托中国社会科学院考古研究所，在内蒙古自治区巴林左旗辽上京遗址连续举办六届"城市考古（开放工地）专题研修班"，培训了百余名从事城市考古的年轻学者，在国内学术界产生了很好的反响[15]。

　　明确"城市考古"的学术概念，不论是对城市考古的发掘和研究，还是对做好大遗址的文物保护工作，都具有重要的现实意义。孙华认为："城市考古，顾名思义，就是以古代城市的遗址为对象的考古工作和考古研究。考察和研究古代城址的目的是为了掌握古代城址不同时期的遗迹现象，复原古代城市不同时期的形态结构（包括城市边界、路径、节点、区域、标志物和出入口等），认识古代城市社会生活的空间场景，从而为研究城市发展的历史和开展历史城市保护奠定基础。"[16] 宋新潮指出："学术界把通过考古学方法对城市历史、空间结构和功能等所开展的研究称为'城市考古'。另一方面，人们也把'城市考古'理解为在现代城市范围内进行的各项考古工作。"[17] 二者大同小异，都对城市考古做了很好的概述。笔者综合他们的意见，并参照考古学的定义，认为城市考古是用考古学方法，对古代城市及其相关遗存等所开展的考古工作和科学研究，是考古学的重要分支。目的是要搞清古代城市的布局和沿革，探讨其规划理念，揭示古代城市的起源、发展和演变规律。

城市考古在中国考古学中占有很重要的地位。中国古代城市的发展，大体可分为初期（新石器时代和龙山时代）、夏商周、秦汉、魏晋南北朝隋唐和宋元明清五个阶段。这五个阶段的古代城址，集中反映了我国古代社会历史的阶段性。中国古代城市有两个鲜明的特征：政治性和规划性。大多数城市，特别是都城，都是一个政治、经济、文化和军事中心；同时每个城市大多经过精心规划，根据规划理念形成特有的布局。基于这样的特点，城市考古的核心工作目标就是理清每座城址在每个时期的形制布局和功能分区，确定其城市性质，并了解一座城市在不同时期的继承沿用和革新变化情况。根据考古发现的城市建设行为，究明其城市规划思想，进一步讨论当时的政治体制、商业经济和社会文化等方面内容[18]。

城市考古作为中国考古学的一部分，无疑是要以考古地层学和类型学作为发掘和研究的主要方法论。从操作层面讲，城市考古要在对古代城市遗址进行全面考古调查和钻探的基础上，围绕古代城市的形制布局和历史沿革进行有计划的考古发掘；对发掘的城市遗迹（大型建筑基址等）关键节点或其局部进行关键性解剖发掘，获取科学、详实、全面的考古资料；再结合历史文献等来研究古代城市规划和城市营建过程及其体现的社会历史。这是我们现在所采用的城市考古工作的一个基本流程。

对古代城市遗址类型的划分，存在不同的认识。我们按照古代城市沿革情况和保存状态的不同，把古代城市遗址分为两大类：古今重叠型城址和荒野型城址。现代城市范围内的城市考古属于古今重叠型城市考古范畴，如元大都遗址等属于典型的古今重叠型城址。关于古今重叠型城址的考古工作方法，富有中国特色，赵正之、宿白和徐苹芳等都做了很好的研究范例[19]。辽上京遗址属于典型的荒野型城市。笔者结合辽上京皇城遗址的考古工作，对荒野型城市考古的工作理念和操作方法等进行初步梳理，请方家指正。

二、辽上京遗址城市考古工作流程和方法实践

21世纪的大遗址考古发掘既要为考古学和历史学等研究提供"新史料"，也要立足于大遗址的有效保护。我们在认真学习和践行前辈学者从事城市考古的经验和方法的同时，也在努力思考与总结适合于辽上京城市考古调查和发掘的具体操作方法。下面分十个方面概要介绍辽上京遗址城市考古的工作流程，最终的落脚点是大遗址保护。

（一）考古工作背景和课题立项

1.考古工作背景

辽上京是大辽国的首都，位于内蒙古巴林左旗林东镇东南。我们在做辽上京遗址考古工作之前，首先要尽可能全面地了解契丹辽王朝的概况。契丹辽王朝是契丹人建立、汉人占多数的一个多民族国家。它存在的主要时限是从耶律阿保机即可汗位、称"皇帝"的公元907年开始，到天祚帝保大五年（1125年）为金朝所灭为止，历时218年。契丹辽国以现在内蒙古赤峰市境内的西拉木伦河（文献称"潢水"）和老哈河流域（文献称"土河"）为中心，其一度占据北抵克鲁伦河流域和外兴安岭一线、东到日本海、西到阿尔泰山、南到河北高碑店白沟一线的广大地区，疆域面积大约是北宋的两倍。契丹辽国曾主宰了10～12世纪中国北方的历史舞台，与五代北宋形成了中国历史上第二次南北对峙的局面。其后，金、西夏与南宋构成三足鼎立之势，同时大理、吐蕃诸部、西辽和蒙古等分立，形成割据局面。元朝剪灭分立的诸政权，形成了多民族的大一统王朝。经过明朝的承上启下，清朝基本奠定了中国现代疆域版图。由此可见，辽金时期是中华民族融合的一个重要历史阶段。

根据文献记载，辽代一共有五座京城，可以分为两类：以辽上京（内蒙古巴林左旗林东镇）和辽中京（内蒙古宁城县铁匠营子镇）为代表，是辽朝始建的新城，属于荒野型城址；以辽东京（辽宁省辽阳市）、辽南京（北京市丰台区）和辽西京（山西省大同市）为代表，是在唐朝州城的基础之上改建而成，属于古今重叠型城址。其中辽上京是辽代始建最早、使用时间最长、最重要的首都，其他四京都是陪都。辽中京是"澶渊之盟"之后新建的重要都城，但没

有取代辽上京的政治地位。

2. 课题立项

要对辽上京遗址进行发掘，我们首先要设立学术课题，主要从三个方面考虑。第一，唐朝灭亡后，契丹辽王朝和五代北宋同时共存，形成了中国历史上第二次南北对峙的局面。契丹辽王朝曾对多元一体中华民族国家的形成做出了重要贡献。第二，辽代都城制度是很重要的课题，但是考古工作匮乏。辽上京是辽朝营建最早、最重要的首都。遗址保存好，考古工作很薄弱。第三，要促进辽上京的大遗址保护工作，为辽上京国家考古遗址公园建设、辽上京遗址申请世界文化遗产提供学术支撑。因此，我们确定学术课题为"配合大遗址保护的辽上京遗址考古发掘和研究"。

（二）组建辽上京考古队

明确了学术课题之后，要做的最重要工作就是组建团队。2010年3月，在国家文物局有关领导的大力支持下，在中国社会科学院考古研究所和内蒙古自治区文化厅有关领导的关心下，根据优势互补的原则，经友好协商，中国社会科学院考古研究所和内蒙古自治区文物考古研究所签署了辽上京遗址合作发掘协议，为辽上京考古队组建提供保障。辽上京考古队由中国社会科学院考古研究所内蒙古第二工作队队长董新林研究员和内蒙古自治区文物考古研究所所长陈永志研究员共同出任队长。董新林兼任辽上京遗址考古发掘项目领队（项目负责人）。

优秀的工作团队是田野考古工作的必要保障。在21世纪，要想做好城市考古，需要一个多学科合作的团队。我们建队之初，除了有专业的考古发掘业务人员和技师之外，还极力吸收有古建筑背景的学者加入考古队。我们认为城市考古中的大型建筑基址，都可以视为废弃的古建筑，发掘获得的信息量极大。因此，古建筑学者全程参加考古发掘和研究，才有可能客观认识大型建筑基址的营建次第和兴废过程。考古队还需要文化遗产保护专家。因为作为大遗址的辽上京城，考古发掘研究与大遗址保护展示利用同样重要，不仅在发掘过程中要注重遗迹现象的现场保护和提取，而且必须要注重遗址发掘后的保护性回填和未来的展示利用。因此，文化遗产保护专家是考古队中不可或缺的力量。此外，我们也不定期邀请不同学科的专家学者加入考古队，以提升我们考古发掘与研究的深度和广度。

（三）工作目标和工作路径

辽上京考古队成立后，我们着手拟定工作目标和工作路径。

1. 工作目标

围绕"配合大遗址保护的辽上京遗址考古发掘和研究"课题，我们拟定三个工作目标。第一，搞清辽上京城的主要布局、功能分区和历史沿革。第二，结合历史文献等，初步探索辽代都城制度及其历史地位。第三，为促进辽上京遗址的有效保护，推进国家考古遗址公园的建设和申请世界文化遗产等提供科学资料和学术支撑。

2. 工作路径

辽上京遗址的工作路径，与其他遗址工作大同小异。第一，根据历史文献线索，进行考古调查、钻探、试掘和发掘。第二，将考古新发现和历史文献相互印证，探讨辽上京布局、沿革等相关问题。第三，在此基础之上，将辽上京遗址与汉唐宋金元明清等都城遗址进行比较研究，从而确立辽上京在中国古代都城发展史中的重要地位。

（四）文献资料梳理

考古发掘是一项系统工程。在辽上京城市考古发掘之前，要做好诸多准备工作。其中对辽上京遗址的文献梳理必不可少，包括历史文献和考古文献两方面。

1. 历史文献梳理

历史文献除了正史和地理总志外，地方志（慎用）和名人笔记等也是重要参考资料。关于辽上京城的历史文献，记录并不多。除《辽史》外，还散见于《旧五代史》、《新五代史》、《金史》和《契丹国志》，以及名人笔记等。尽管《辽史》记载较为简单，但我们还是希望通过文献梳理，为考古发掘提供一些重要线索和关键节点。众所周知，中华书局整理本《宋史》有 40 册（历时 319 年），《金史》有 8 册（历时 119 年），而《辽史》只有 5 册（历时 218 年）。可想而知，契丹辽王朝的正史记录是非常简单的。关于辽上京城遗址的记载亦十分简约。

（1）文献所载辽上京兴废历程

根据历史文献记载，大体可以把辽上京的兴废分为四个阶段[20]。

初创阶段（公元 918 年建都之前）　上京故地原称"苇甸"。从唐代中期以来，辽上京地区就一直是契丹迭剌部的主要居地。唐天复元年（公元 901 年），耶律阿保机成为迭剌部夷离堇；天复三年，升为契丹总知军国事的于越王，其领袖地位得到巩固。唐天祐三年（公元 906 年），契丹部族联盟君长由迭剌部取代遥辇氏。耶律阿保机成为契丹部族联盟的"可汗"，并被拥戴为"天皇帝"。这时，"西楼"已经成为契丹部落联盟的决策中心之一。梳理文献，可以找到重要的考古线索：耶律阿保机在苇甸建有龙眉宫。太祖二年（公元908年），修建明王楼；六年（公元912年），建天雄寺；八年（公元914年），建开皇殿于明王楼基。这些文献记载若准确，就表明在营建"皇都"（辽上京城）之前，此地已有一些重要的政治性建筑设施。

兴建阶段（公元918～938年）《辽史·太祖本纪上》载，神册三年（公元918年）二月，耶律阿保机开始选定"西楼"，大规模地"城皇都，以礼部尚书康默记充版筑使"。五月，"诏建孔子庙、佛寺、道观"。这时，西楼被称为"皇都"，初步确立了作为国家政治中心的地位。这可算是上京城营建的开始。天显元年（公元926年），耶律阿保机平灭渤海国后驾崩，太宗耶律德光继位后大规模营建"皇都"。《辽史》载："天显元年，平渤海归，乃展郛郭，建宫室，名以天赞。起三大殿：曰开皇、安德、五鸾。"到辽会同元年（公元938年）六月，太宗"诏建日月四时堂，图写古帝王事于两庑"。至此，上京城基本建成。同年十一月，契丹灭后唐得燕云十六州，改国号为"大辽"，同时将"皇都"改称为"上京"，府曰临潢。契丹辽王朝历史上第一座都城——上京城开始了180年的辉煌。

使用阶段（公元938～1120年） 从会同元年辽上京建成起，直到金军占领上京城（1120年），上京城一直是辽代的政治和文化中心。《辽史》载："辽有五京。上京为皇都，凡朝官、京官皆有之；余四京随宜设官，为制不一。大抵西京多边防官，南京、中京多财赋官。"

废弃阶段（1120～1230年）《金史·太祖本纪》载，金天辅四年（1120年，即辽天庆十年）春，金太祖完颜阿骨打亲临督战进攻辽上京城，克辽上京外城后，辽朝留守挞不野率众投降。北宋使臣赵良嗣在金兵克上京后，曾与金太祖完颜阿骨打同观契丹大内。这似乎说明辽上京宫城还没有被破坏。天眷元年（1138年），辽上京称谓被取消，改称为北京。金代晚期，辽代上京故城已沦落为一座与蒙古汗国接壤的边陲城镇。金大安四年（1212年），蒙古统帅按陈率军东征，收降金朝北边行军谋克契丹人耶律留哥。金贞祐三年（1215年），成吉思汗赐耶律留哥金虎符，为辽王，辖有临潢府故地。1226年，耶律薛阇承袭辽王。金正大七年（1230年）即蒙古国太宗窝阔台执政的第二年，辽王薛阇被命令与撒儿台东征，并"收其父遗民，移镇广宁府，行广宁路都元帅府事"，被撤藩为将[21]。正是有了这种人为的居民迁徙之举，才导致辽上京故城较为彻底的衰落，逐渐变为废墟，成为蒙古族的游牧之地。

（2）辽上京城营建和布局

《辽史·地理志一》"上京道"对辽上京城的营建有所记载：

上京临潢府，本汉辽东郡西安平之地。新莽曰北安平。太祖取天梯、蒙国、别鲁等三山之势于苇甸，射金龊箭以识之，谓之龙眉宫。神册三年城之，名曰皇都。天显十三年，更名上京，府曰临潢。

上京，太祖创业之地。……天显元年，平渤海归，乃展郭邑，建宫室，名以天赞。起三大殿：曰开皇、安德、五銮。中有历代帝王御容，每月朔望、节辰、忌日，在京文武百官并赴致祭。又于内城东南隅建天雄寺，奉安烈考宣简皇帝遗像。是岁太祖崩，应天皇后于义节寺断腕，置太祖陵。即寺建断腕楼，树碑焉。太宗援立晋，遣宰相冯道、刘昫等持节，具卤簿、法服至此，册上太宗及应天皇后尊号。太宗诏蕃部并依汉制，御开皇殿，辟承天门受礼，因改皇都为上京。

关于辽上京城平面布局，《辽史·地理志一》"上京道"云：

城高二丈，不设敌楼，幅员二十七里。门，东曰迎春，曰雁儿；南曰顺阳，曰南福；西曰金凤，曰西雁儿。其北谓之皇城，高三丈，有楼橹。门，东曰安东，南曰大顺，西曰乾德，北曰拱辰。中有大内。内南门曰承天，有楼阁；东门曰东华，西曰西华。此通内出入之所。正南街东，留守司衙，次盐铁司，次南门，龙寺街。南曰临潢府，其侧临潢县。县西南崇孝寺，承天皇后建。寺西长泰县，又西天长观。西南国子监，监北孔子庙，庙东义节寺。又西北安国寺，太宗所建。寺东齐天皇后故宅，宅东有元妃宅，即法天皇后所建也。其南贝圣尼寺，绫锦院、内省司、曲院，赡国、省司二仓，皆在大内西南，八作司与天雄寺对。南城谓之汉城，南当横街，各有楼对峙，下列井肆。东门之北潞县，又东南兴仁县。南门之东回鹘营，回鹘商贩留居上京，置营居之。西南同文驿，诸国信使居之。驿西南临潢驿，以待夏国使。驿西福先寺。寺西宣化县，西南定霸县，县西保和县。西门之北易俗县，县东迁辽县。

这是已知文献中对辽上京城形制布局最为详尽的记载，实际上十分简约，含糊不清。文中介绍的很多重要建筑和建置都没有明确的方位。因此，后人对上京城形制布局的研究分歧很大，各持己见，难有定论。

根据文献记载可知，辽上京皇城（即北城）是皇帝和契丹显贵生活的区域，汉城（即南城）是汉人和商人生活的区域。

2. 考古文献梳理

（1）辽上京遗址再发现

从元代以后，辽上京城为世人淡忘。最迟在清道光二十二年（1842年），辽上京城址被重新发现。清咸丰九年（1859年）刊布的清代史地学者张穆《蒙古游牧记》直接引述《嘉庆重修一统志》[22]的认识，指出辽上京城具体地理位置："今巴林东北一百四十里，当乌尔图绰农河（大狼河）会和戈图农河（小狼河）之处，有波罗城，趾周二十里，内有三塔，久毁，疑即古之临潢。"[23]清末学者曹廷杰在《东三省舆地图说》中，经过考证，更改旧说，认同了《蒙古游牧记》的观点，即确定巴林波罗城实即辽上京临潢府故址[24]。李慎儒在《辽代地理志考》中也指出"辽之临潢府，当在内蒙古巴林部"[25]。至此，被淡忘了数百年的辽上京城，又浮出历史的水面。这确实是中国历史地理和历史学研究较为重要的新贡献。

（2）外国学者调查和盗掘（1908～1949年）

根据清代学者考证的可靠线索，20世纪初，一些外国考古学者及相关学者率先对辽上京城址给予了关注。1908年和1930年，日本学者鸟居龙藏两次到巴林左旗进行考古勘查，认同了我国学者对辽上京城的判定，还对辽上京城内遗迹及其南塔等进行了勘测，并推定辽上京皇城内的石人为观音菩萨像[26]。1912年和1920年，法籍天主教神甫闵宣化（或称牟里）实地考察了赤峰地区的辽代诸城址，结合文献和前人的研究成果，他断定今巴林左旗林东镇南一华里的"波罗城"就是辽代上京故城。"波罗城即为古之上京。盖一因其地有南北二城；二北城高于南城，北有敌楼，南无敌楼，与史志相符；三在二水汇流之处，又距祖州四十里也。""波罗城之为上京，绝无可疑。"[27]至此，辽代上京故城的地理位置基本为学术界所认同，解决了中国东北史地研究中的一个重要问题。

此后，对于辽上京遗址考古调查和研究的工作主要是日本学者做的。1931年，江上波夫等实地考察林东等地区，介绍了辽上京城的保存情况[28]。1939年，田村实造和小林行雄等调查了辽上京遗址，并做了城址实测图，发现北城西北角的人工池遗址、西侧高地的"土坛"（地表呈圆形的建筑基址）和石龟趺。特别是在辽上京北城内发现了窑址[29]。1941年，三宅俊成、大内健等调查了辽上京北城和南城遗址，以及周边辽代遗迹，并绘有城址草图[30]。

根据《辽史》记载可知，辽上京由北部的"皇城"和南部的"汉城"组成。1943年，小山富士夫等对辽上京皇城内的窑址（学术界称为"辽上京窑址"或"林东窑址"）进行勘察和试掘，并于1944年进行了为期16天的发掘，劫掠了8000多件瓷片等遗物[31]。曾参与发掘的中国学者李文信于1958年发表了简要的发掘资料，认为辽上京窑址规模小，烧造时间短，是辽代晚期贵族或寺院的产业，不是官窑；并在附录中介绍了辽上京城外的南山窑址和白音戈勒窑址[32]。

（3）中国学者调查和试掘（1950～2010年）

20世纪50年代，辽上京城遭到了人为和自然的破坏。1954年，汪宇平对辽上京城址进行调查，报道了辽上京城皇城南墙被沙里河冲坏，缺口达200多米，以及皇城内现存的石龟趺碑座、石观音菩萨头像被打掉等情况[33]，并清理辽上京附近的白音高洛辽墓[34]。郑隆报道了辽上京古城遭到破坏的情况，表现了一名文物工作者高度的责任心[35]。

鉴于辽上京城址的学术价值和历史地位，在文物工作者的关注和国家文化部门的重视下，1961年，辽上京城被列为全国第一批重点文物保护单位。为了配合国保单位的保护管理，内蒙古文物工作队于1962年对辽上京皇城进行了重点钻探，"而对汉城和郛郭的情况未作更多的了解。在皇城的钻探调查工作中，特别着重城墙和城门的建造结构和纵横街道等交通规划的钻探，对城中宫殿、衙署、寺院和作坊等布局设施情况也作了初步了解"，"并选择重点，开探沟两条。此外，还测绘了皇城遗迹平面图和地形图"。时隔32年，于1994年发表了考古勘查报告[36]。这是本阶段研究辽上京城址最重要的一批考古资料，但是限于当时主客观的工作条件，发表的资料中存在诸多主观臆断，误导了后来学者的认识。

1997年，考古学者对辽上京城进行了航空摄影[37]，为考古发掘和研究提供了重要的图像资料。1997年8月，内蒙古文物考古研究所在辽上京皇城东北部和西北部各试掘2个探方，发掘面积80平方米，清理出灰坑和石砌房基，出土陶瓷器、骨器、铁器和铜钱等，其中以"开元通宝"陶钱较为特殊[38]。2001年，中国社会科学院考古研究所和内蒙古文物考古研究所联合对辽上京城址进行了钻探，并在辽上京皇城南部的正南街试掘一条长20米、宽3米的探沟，获得一批重要资料[39]；2002年，还对辽上京皇城的南墙断面和汉城内的南北向道路进行了试掘。

因为考古调查、钻探和试掘资料提供的信息不够充分，所以局限了辽上京遗址的考古学研究。这一时期的研究分两大类，一类是关于辽上京形制结构和相关遗存等的考古学研究[40]，另一类是与考古密切相关学科关于辽上京遗址的探讨[41]。

总之，20世纪有关辽上京城址的考古学研究十分薄弱，还没有大的学术进展和突破。进入21世纪，要想在契丹辽王朝历史和辽代都城研究方面有新突破，只能依靠考古发掘的新资料，有计划的考古发掘工作迫在眉睫。辽上京城址考古发掘和研究不是简单地证经补史，而是要从物质文化实物遗存中获得文献中没有的新信息和新史料，最终达到重书辽代历史的学术目标。

（五）图像资料收集和 GIS 系统建设

1. 图像资料收集

做历史时期城市考古，全面收集图像资料是至关重要的。在开展工作之前，需要对与城址相关的区划地图、地形图、影像资料进行全面收集。其中包括古代书籍中的插图、近现代测绘图和飞机航拍、卫星照片等[42]。通过对地图和图像的分析，可以发现地面调查难以发现的考古线索。

2. GIS 系统建设

根据前辈学者的工作经验，要做好城市考古发掘和研究，首先必须要绘制一张大比例的城市遗址平面图。21 世纪以来，我们与时俱进，强调要做好辽上京遗址考古发掘和研究工作，需要建立 GIS 系统，必须要有一张可以和国家大地测量控制点对接的矢量化的城址平面图。这张图至关重要，是城市考古必不可少的工作基础。在巴林左旗旗委主要领导的帮助下，我们找到了辽上京遗址周边的大地测量控制点的数据。于是在 2010 年，辽上京考古队队长董新林研究员请刘建国研究员做指导，一起带领研究生马小飞和技师于忠昌、张林等在巴林左旗辽上京博物馆康立君的配合下，对辽上京遗址的城墙和地貌用 RTK 进行测绘，制作了辽上京城址地形总平面矢量图（图 1），并根据磁北方向对辽上京遗址进行分区布方，将遗址分成 100 米见方的网格，然后形成 10 米见方的考古探方[43]，为考古发掘做好了基础准备。

3. 辽上京工作范围

我们依据辽上京遗址申请世界文化遗产的构成要素，圈定辽上京考古队工作对象的重点范围。辽上京皇城和汉城遗址（含护城壕外 50 米左右）是考古发掘的核心内容。此外还包括皇城西门外约 2000 米左右的渤海小城遗址[44]、辽上京城外的南塔和北塔遗址等，以及对辽上京周边山川河湖的调查等。

（六）考古钻探和发掘概况

根据前面梳理的历史和考古文献可知，辽上京遗址位于东北部的乌力吉沐沦河和西南部的沙里河交汇的平原冲积扇上。辽上京遗址由北城和南城构成。《辽史》称北城为"皇城"，南城为"汉城"。

总结以往的考古调查、试掘和研究情况，我们认为李逸友在《中国大百科全书·考古学》撰写的内容和辽上京遗址平面示意图[45]（图 2）较为符合实际。这是我们开始辽上京遗址考古工作的底图。那么，我们的考古发掘工作怎么切

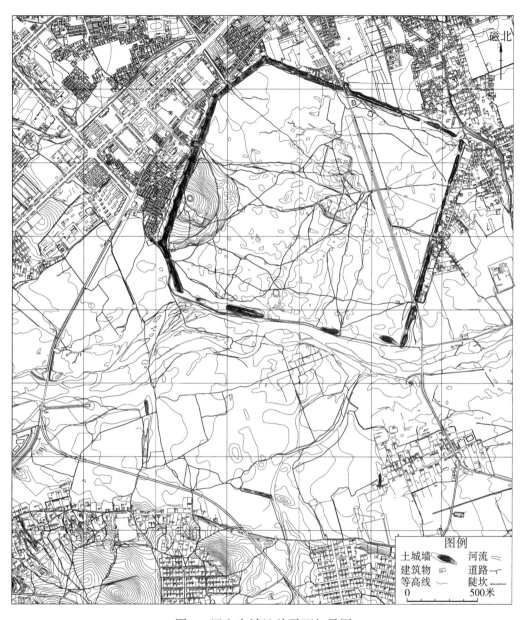

图1　辽上京城址总平面矢量图

入？首先，我们确定工作重点在辽上京皇城（即北城）。其次，我们根据学术目标，由浅入深逐步开展考古发掘工作。

　　测绘完成辽上京遗址总平面图，发掘的准备工作基本就绪。根据国家文物局批复的辽上京考古发掘证照，中国社会科学院考古研究所内蒙古第二工作队和内蒙古文物考古研究所联合组成的辽上京考古队于 2011 年开始对辽上京皇城遗址进行大规模的科学发掘，掀开了辽上京城市考古的新篇章。

1.考古调查、钻探和发掘

根据对辽上京遗址的综合考量，我们确定考古发掘工作要始终围绕搞清辽上京皇城遗址布局和沿革的核心目标而展开。这十余年的考古发掘及其成果暗含着我们在辽上京遗址考古发掘中的工作思路、操作路径和具体方法。

（1）2011年对皇城西门遗址的发掘

为什么首选这里？从大遗址保护的角度看，皇城西门遗址紧邻林东镇城内居民区，各种大型车辆经常由此进入辽上京皇城遗址内，对西门遗址和城内遗迹破坏严重，亟待改变现状。从学术研究的角

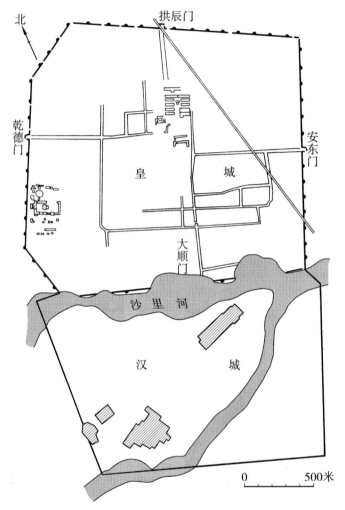

图2　辽上京遗址平面示意图
（采自中国大百科全书总编辑委员会《考古学》编辑委员会：
《中国大百科全书·考古学》第278页）

度讲，城门是一座城市的重要节点，与城内主街相通，大体反映了城市的沿革情况。辽上京皇城遗址有四门，除南门被沙里河破坏，北门被现代道路占压外，东门和西门保存较好。其中东门体量大，位于八一村居住区，而西门体量略小。从发掘科学性的角度讲，我们对辽上京皇城遗址地层堆积、生土和夯土情况都不太了解，不宜直接对核心区大型建筑基址进行发掘。2010年，我们刚发掘了辽祖陵黑龙门遗址，对辽代门址考古有过实践。因此，2011年从皇城西门遗址入手，投石问路，尽可能保证考古发掘的科学性和准确性。

通过考古发掘可知，城门属辽金两个时期（图版二一，1）。辽代的上京皇

城西门为单门道木过梁式，外侧有马蹄形瓮城。城门由两侧墩台、单门道和墩台内侧登临城门楼的马道组成，城门上原有门楼建筑。到金代，此城门仍沿用，重建城门的形制结构与辽代基本一致。辽金时期门道基础都是石地栿上有木地栿，再立排叉柱的结构[46]。辽代和金代的门道方向略有不同。辽代城门体量规模较大，金代城门墩台明显变小，门道变窄且进深变短。这反映了上京城从辽代首都演变为金代地方州城的情况。

（2）2012年对皇城西山坡遗址的发掘

从航片和卫片等图像资料上可清楚看到，辽上京皇城西南部有一处高地（习称西山坡），上有东向的建筑群。核心建筑为2座南北并列的东向院落。院落内地表可见有数座建筑基址。有学者认为西山坡建筑群是《辽史》记载的早期宫殿址——"日月宫"或龙眉宫[47]；也有学者曾提及这里可能是佛寺遗址[48]。西山坡遗址地处皇城的至高点，建筑群呈东向，占地面积较大。这个区域的建筑群不管是早期宫殿址，还是佛寺，对于辽上京皇城平面布局而言都是至关重要的。同时，此处遗址被用作汽车练车场，急需有效保护。因此，我们于2012年选择发掘了西山坡遗址北院后部（西侧）的3个并列的建筑基址。通过发掘可知，这3个建筑基址实际上是3座六边形塔基（图版二一，2）。因此初步认定这里是一处辽代始建、金代沿用的皇家佛教寺院遗址[49]。中间塔基规模庞大，结构复杂，形制结构和体量与应县木塔[50]相仿，出土了精美的泥塑罗汉像等珍贵遗物。此项考古发掘荣获2012年度"全国十大考古新发现"。辽上京西山坡佛寺遗址的确认，增进了我们对辽代大型建筑基址的认识，推进了对辽上京皇城布局和沿革的研究。

（3）2013年的考古钻探和对皇城正南街遗址的发掘

2013年起，辽上京考古队在全面踏查、测绘和前两年考古发掘的基础上，开始对辽上京皇城遗址进行全面的考古钻探[51]，并将学术目标确定为对辽上京宫城形制规模的探究。根据对乾德门遗址的发掘可知，辽上京皇城城墙因金代沿用而保存至今，但是宫城城墙在地表荡然无存。尽管在皇城中部的现地表依稀可见一些大型建筑基址，但基本是辽金时期建筑的并集。只有剔除金代建筑的干扰，才能确认辽代宫城和宫殿址。这就要求考古钻探必须打穿金代建筑等废弃堆积层，才有可能找到辽代宫城的城墙遗迹，钻探工作难度很大。正因如此，2013年以前的几次考古钻探都没有确认辽代宫城的范围。

考古钻探是大遗址考古必不可少的工作环节。考古钻探在寻找墓地和确定墓葬范围方面效果较好，而对城址的钻探通常效果不佳。我们期望辽上京皇城考古钻探工作能有所突破。因此，我们通过考察确定选择正规的洛阳市文物钻探专业队伍后，明确要求考古钻探队必须在辽上京考古队具体指导和监督下进行考古钻探工作。换言之，辽上京皇城遗址考古钻探工作中，辽上京考古队始终是主导，提出钻探目标；在钻探过程中，考古发掘专家与钻探人员及时沟通，并且委派高级技师参与全程工作并追踪钻探进展情况；对于重要遗迹及时采用考古探沟试掘验证，纠正错误判断，提出新的工作思路。基于这样的认知和要求，辽上京皇城遗址的考古钻探取得了较好的收获，积累了一些工作经验。

2013年，在组织考古钻探的同时，我们选择辽上京皇城中南部的一个"十字路口"进行发掘，目的是了解辽金时期皇城南部道路和相关遗存的保存状况及其沿革，以及这一区域的地层堆积情况。根据发掘资料可知，此处应是宫城外的皇城南门大街（正南街）和一条东西向街道的交叉路口，地层深近5米。在南北向大街两侧有层叠的临街房屋建筑，出土大量陶瓷器残片和建筑构件，为研究辽上京皇城的瓷器和建筑构件编年提供了重要资料[52]。从遗迹剖面图上可以看到，从辽代到金代，这条南北向的南门大街是逐渐由宽变窄的。这或许说明辽上京时期城市管理较好，而金代出现明显的民居占路的现象。文献记载北宋东京开封城内已出现临街开店的开放式街巷布局。辽上京到金代州城的南门大街两侧都有临街建筑，是否也是开放式的街巷布局？这还需要更多考古发掘资料来论证。

（4）2014年对宫城城墙遗址和宫城西门遗址的钻探与发掘

2014年，考古工作重心聚焦到对辽上京宫城的探寻上。研判以往的考古钻探资料，大多推测辽上京皇城北侧高地是皇宫位置，其北侧可能有一道东西向墙体。而东墙、南墙、西墙尚未发现明确的线索。我们在雨后进行地面调查时，曾在皇城中北部的高地上发现一条东西向的黄土带，疑似与北宫墙有关。这是我们进行考古钻探的基点。考古钻探队经过一段时间钻探后，绘制了宫城北墙和东、西墙的走向图。宫城北墙向南衔接的东墙、西墙与北墙不垂直，形成平行四边形。对此我们有疑问，于是布设探沟对宫城北墙和所谓两个南向的"转角"进行试掘。根据试掘结果，确认了宫城北墙是以黄土为主的夯土墙，否定了东墙和西墙所谓的"东北转角"和"西北转角"。换言之，对于东墙、西墙走向的判断都是错误的。我们根据北墙试掘情况，要求考古钻探队根据已确认的黄色夯土城墙线索，向东、西两侧扩大钻探范围，重新寻找东墙和西墙的拐角。在我们的引导下，考古钻探队很快重新确认了宫城西墙的走向，但东墙还是没有线索。考古钻探队顺着宫城西墙向南钻探，发现黄色夯土城墙被一个大灰坑打破，跨过灰坑再往南突然不见黄色夯土了。考古钻探队推测宫城南墙可能已经被毁。考古队经过认真讨论和研判皇城内已知的诸遗迹，认为2013年发掘的"十字街"是宫城南门外的道路，要求考古钻探队以此为南界，向北重新密探到西城墙断头的位置，在其间一定可以找到宫城南墙的线索。根据我们拟定的工作方案，考古钻探队重新进行仔细且艰辛的排查，终于在金代房屋建筑等堆积下找到了一道东西向的灰土带。经过试掘，我们确认这条"灰土带"正是宫城南墙。比较特殊的是，宫城南、北墙所用土料有别，南墙和西墙南侧一小部分用灰土夯筑而成，与西墙绝大部分和北墙全部（已探明部分）均为黄土墙不同。经钻探和考古试掘发现，宫城地形北高南低，南墙因地势低，城墙底部明显宽于北墙。因为宫城北墙东段被破坏严重，所以宫城东墙是根据南墙线索，找到东南角后才得以确认东墙的走向。

这样，通过两年的考古钻探和试掘，我们首次确认了辽上京宫城的准确位置和形制规模（图3），更正以往对宫城范围的错误推测。宫城位于皇城中部偏东，平面近方形，东、南、西面各辟一门，目前未发现北门。通过对宫城四面墙体的局部试掘和解剖，初步掌握辽上京宫城城墙的形制结构和营建做法[53]。

经钻探可知，宫城西墙中部有一个豁口，正对皇城西门。我们初步判断这里可能是宫城西门。2014年，通过考古发掘确认此豁口确实是西门。西门由两侧墩台和单门道构成，为木过梁式城门，门道内有将军石和部分石地栿。墩台上应有城门楼。特别重要的是，经过精耕细作的清理，我们确认了辽上京皇城的"三叠层"：第一期以宫城西门遗址为代表；第二期以叠压在宫城西门之上的金代早中期民居房址为代表；第三期以所谓"西大院"院落遗址[54]为代表，属于金末元初的建筑。

（5）2015年对宫城东门等遗址的发掘

确定了宫城位置和形制规模，2015年的考古工作重心自然是搞清辽上京皇城、宫城朝向和轴线问题。通过对地面考古调查和钻探线索的仔细研判，我们初步认为辽上京宫城和皇城东门连线的东门大街，进入宫城内，其延长线上可能存在一组宫殿建筑。换言之，辽上京皇城可能是朝东规划的。为验证我们的推断，辽上京考古队于2015年试掘了皇城东门遗址和宫城东门内的一号殿院落遗址，发掘了宫城东门遗址。通过发掘，我们惊喜地发现辽上京皇城东门是一门三道的过梁式城门（图版二二，1），是历史时期帝都的城门规制；金代改为单门道过梁式城门。辽代宫城东门是一座殿堂式城门，也为一门三道规制[55]（图4）。而辽代宫城东门内的一号殿院落是一座朝东开门、西侧正中布设大型

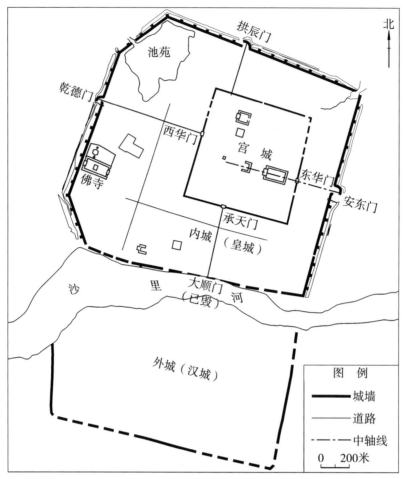

图 3　辽上京宫城和皇城平面图

宫殿的长方形廊院。对比皇城西门和宫城西门都是单门道规制的情况，可以初步确定辽上京皇城和宫城是以东为尊规划设计的，应存在东向的轴线。

（6）2016年对宫城南门遗址的发掘

我们提出辽上京皇城和宫城存在东向轴线的观点后，有些学者根据文献质疑：辽上京皇城是否还有南向轴线？辽上京皇城是单轴线还是双轴线？这是我们必须回答的问题。因此，我们于2016年重点发掘了辽上京宫城南门遗址，并试掘了东门大街和宫城东向轴线上的二号院落遗址。

根据发掘资料可知，辽上京宫城南门位于宫城南墙中部偏西，坐北朝南，是一座单门道过梁式门址（图版二二，2）。城门包括东西两侧的夯土墩台、中间的单门道和内侧（北侧）登临墩台的马道三部分，城门墩台上有门楼建筑[56]。结合历史文献可以推定，宫城南门应是《辽史》所载之"承天门"，其始建应不

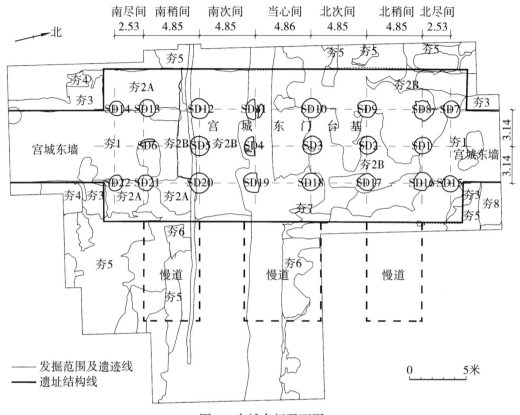

图 4　宫城东门平面图

晚于辽天显元年（公元 926 年），损毁年代应在金代初期。

通过试掘可知，东门大街在辽代残存宽度至少 40 米；金代沿用此街，但明显变窄。二号殿院落仅存东侧院门址和南北两侧的东半部分廊庑遗址，西侧已暴露基岩，西侧殿址是否存在已无迹可寻。现存的廊房结构与一号殿院落廊房相同。

通过本年度考古工作，再综合前几年的考古钻探、试掘和发掘成果可知，辽上京皇城存在明确的东向轴线，而没有南向轴线。

（7）2017 年对宫城内宫殿遗址的发掘

2017 年，我们选择东向轴线上的至高点——一处自然高地上的 3 个建筑基址进行发掘，目的是了解辽代宫殿址的形制结构，进一步验证对东向轴线的认识。

通过考古发掘可知，一号建筑基址（2017JZ1B）位于东向轴线上自然地势最高点的最西侧。辽代的殿址平面近方形，在其南、北、西侧都没有发现踏道，推测其踏道在被破坏的东面，为坐西朝东的建筑。三号建筑基址（2017JZ3）位于一号建筑基址的西北侧，也在自然高地上，为面阔 5 间、进深 4 间的东向建筑，在金初被废弃。建筑四周有土坯院墙，东向有院门。

辽上京宫城范围内有南、北两处自然高地。一号建筑基址（2017JZ1B）位于南侧的自然高地，正在东向轴线的至高点上。这似乎说明辽上京宫城和东向轴线上的建筑，在营建之初都是经过精心规划的。轴线上的宫殿群的右后方（宫城外），是辽上京皇城的至高点，西山坡佛寺遗址矗立于此。这或许蕴含特殊的规划理念。

在金代，一号建筑基址（2017JZ1B）被重新改建为一座南向的小型建筑（2017JZ1A）。同时，在其北侧新建一座大型建筑，即二号建筑基址（2017JZ2）。二号建筑为南向，面阔5间、进深3间。其台基壁面包砖采用磨砖对缝，工艺讲究。在一号建筑基址（2017JZ1A）南侧还建有一个小型建筑（可能是牌坊类建筑）。这样，这里就形成了一组金代南北向的大型建筑群。这反映了辽金时期宫殿建筑格局发生变化的情况，同时也表明这组金代的大型建筑是在原来辽上京宫城核心区域内改建或新建的，可能是金朝初期的政治中心所在。

（8）2018年对宫城内西北部的长方形建筑基址群的发掘

辽上京宫城西北部有一组大型的长方形建筑基址群，地表遗迹清晰可见。从南至北共5排。南侧4排分东西两列，对称分布；最北排为一座东西相连的建筑址。李逸友等曾将其推定为辽代宫殿址。这组建筑群占地面积较大，其时代和性质对于认识宫城的布局和沿革至关重要。

2018年，我们选择西列南数第3座建筑址进行考古发掘。这是一座南向的长方形建筑，共有15间，进深3间。建筑内部中间有隔墙，分为东、中、西三大隔间，每个隔间均面阔5间（图版二三，1）。每个隔间的当心间南侧台基下，都有三瓣蝉翅慢道。经过关键性解剖发掘，我们了解到此建筑经两次营建，始建于金代初期，废弃于金末元初。特别重要的是，通过关键性解剖发掘意外地发现了两个奠基坑，分布于东、西慢道的轴线上。其东隔间地面下的圆形祭祀坑以葬人为主，西隔间地面下的方形祭祀坑以葬马等动物为主。其中葬人坑底殉有14个个体，有5具完整人骨，余为9个人头骨或下颌骨等。部分有砍凿痕，表明是暴力致死。可识性别者均为女性，年龄最大的只有21岁，最小的还是一个婴儿。这为研究辽金时期建筑和奠基礼俗等提供了重要资料。该年度的考古发掘成果否定了这组南向建筑群属于辽代的认识，推进了对辽上京宫城布局的认识。

（9）2019年对宫城中北部宫殿址的发掘

宫城西北部的长方形建筑群被确认为金代建筑。在这么大区域内难道没有一座辽代建筑？这显然是必须要解决的问题。同时宫城内北侧另一处自然高地上的大型建筑基址，是否是辽代的重要宫殿址？这些问题都与认识宫城布局密切相关。因此，我们于2019年选择这两处的建筑基址进行发掘。

在宫城西北部的金代长方形建筑群中间，有一处大型建筑基址（2019JZ2）。经发掘可知，辽代大型殿址（2019JZ2B）坐西朝东，主殿面阔7间，进深4间，两侧有挟屋，外接廊房，形成东向的长方形院落。其形制结构与宫城东向轴线上的一号殿院落一致。金代建筑基址（2019JZ2A）是在破坏削减辽代宫殿址（2019JZ2B）的基础上改建的，建筑规模明显变小，并改为南向。较为重要的是，辽代长方形院落的廊房建筑被金代长方形建筑基址破坏并叠压，这再次印证了2018年我们对长方形建筑基址断代的准确性。

在宫城内北侧自然高地上有一处大型建筑基址，考古钻探资料误将辽金不同时期的建筑混为一谈。根据考古发掘可知，辽代一号建筑基址（2019JZ1）是一座体量很大的建筑，坐西朝东，台基平面近方形，边长约51米，主体建筑面阔9间，进深8间（图5）。此建筑柱网很密，里边有几个隔断，所以我们推断它是一座性质较为特殊的辽代大型宫殿址。宫殿的内墙饰白灰面，外墙为红墙皮，十分醒目。此建筑为辽代始建，金代废弃[57]。金代重建了一座南向的小型建筑基址，面阔3间，进深3间。台基南侧正中有五瓣蝉翅慢道。

（10）2020～2021年对皇城西山坡佛殿遗址的发掘

鉴于辽上京皇城西山坡佛寺遗址的重要价值，从寺院布局上看，仅搞清以佛塔为中心的北院是不够的，而且目前关于辽代城市内寺院遗址全面发掘的考古资料匮乏，限制了对于辽代佛教考古的研究，因此，2020～2021年，辽上京考古队重点发掘了西山坡遗址以佛殿为中心的南院。南院为东向的长方形院落，从东至西轴线上依次有山门（图版二三，2）、前殿和后殿，四周有连廊围合。结合2012年发掘的北院可知，西山坡佛寺总体是塔殿并重的格局。另外，在南院、北院的南北两侧还有地势较低的东向附属院落；多进院落可能以墙体围合，组成规模庞大的西山坡佛寺。西山坡佛寺北院、南院及两侧附属院落均为辽代始建并沿用到金代，朝向始终为东向，建筑性质始终为佛寺。这些都反映了辽、金两代城址布局和佛寺布局的沿革情况。

2.考古发掘重要成果

2011～2021年的考古钻探和发掘工作，都是围绕辽上京布局和沿革而展开的，主要成果有以下几方面。

第一，首次确认辽上京宫城的位置和形制规模，更正以往对宫城范围的错误推测。宫城位于皇城中部偏东，平面近方形，东、南、西面各辟一门，目前

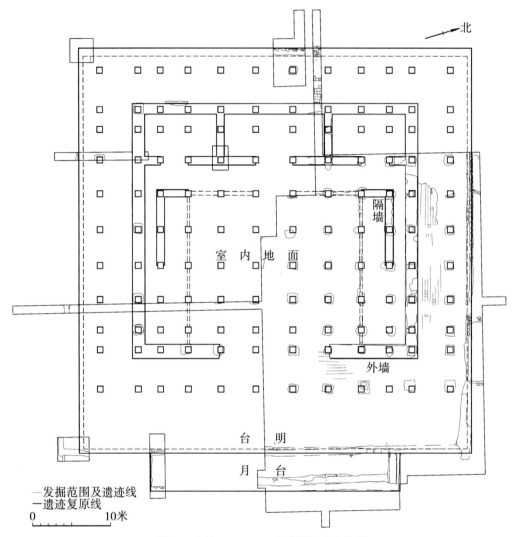

北

隔墙

室 内 地 面

外墙

台 明

月 台

—发掘范围及遗迹线
—遗迹复原线

0   10米

图 5　宫城 2019JZ1B 复原平面示意图

未发现北门。

第二，首次从考古学上确认辽上京皇城存在东向轴线，即皇城东门、宫城东门、宫城内一组东向的大型建筑院落，以及贯穿其间的东西向道路遗址，呈东西向轴线布局。理由有三方面。其一，辽上京皇城东门和宫城东门都是一门三道规制，而皇城西门、宫城西门和南门都是单门道规制。显然东门等级规格最高，应为礼仪之正门。其二，辽上京时期的东门大街至少有 40 米宽，而南门大街最宽约 20 米。东门大街是南门大街的两倍多宽，显然是辽上京皇城最重要的主街。其三，从皇城东门到宫城东门形成的东门大街轴线上，进入宫城内依次坐落有一号殿院落、二号院落和三号宫殿址等宫殿建筑；而南门大街进入宫城南门后，没有发现相应的宫殿址。

第三，初步搞清了辽上京主要布局和规划思想。辽上京平面呈"日"字形，皇城（北城）为内城，汉城（南城）为郭城。皇城是以宫城为核心，坐西朝东，有明确的中轴线。宫城位于北城中部偏东。其后面即皇城西南高地，建有皇家寺院。皇城西北部有池苑；东北部为空地，推测为毡帐区。城内有东西纵街，也有南北横街。皇城城门并不相对。辽上京"日"字形平面布局和皇城"回"字形环套式规划的混搭模式，是秦汉以来都城规划理念和营建模式的创举。契丹统治者将中国北方游牧民族"因俗而治"政策和汉族农业文明传统的"皇权至上"思想有机结合，完美地体现在辽上京城的规划和营建上，堪称"辽上京规制"[58]。

第四，基本搞清皇城西山坡遗址作为一处辽代始建、金代沿用的佛教寺院的主体格局和重要价值。此佛寺位置重要、规模庞大，是当时辽上京城标志性的建筑之一。佛寺分为南、北两个院落，总体是塔殿并重的格局，从而否定了普遍认为西山坡遗址是辽代早期宫殿址的认识。西山坡遗址的定性，对认识辽上京皇城布局和沿革有着重要意义。

第五，初步建立辽上京皇城典型遗物的年代序列。通过一系列地层关系明确的典型遗物研究，初步建立瓦当等建筑构件和瓷器等的年代序列，为推定其他建筑遗址的年代奠定基础，有效地推进对辽上京城址始建、使用、改建、废弃等历史演变过程的认识。

第六，初步了解到辽上京都城建筑的形制类型、历史沿革及其建筑技术特点。从皇城和宫城的东门、西门遗址来看，辽上京的城门主要可分为以皇城东门、宫城南门为代表的过梁式城门和以宫城东门为代表的殿堂式城门两类。通过对皇城墙、宫城墙、大型宫殿址、西山坡佛塔和佛殿遗址、南部街道及临街建筑等多种类型遗址的揭露和解剖发掘，我们对辽上京城墙、宫殿、佛寺、街道的形制做法也有了更深的认识。这为我们研究辽代建筑的形式、技术及其源流发展等提供了难得的考古资料。

通过对皇城遗址的普探和对皇城内几处重点遗址有计划的发掘，我们较全面地了解到皇城内原始的地形地貌和地层堆积情况，初步厘清了从辽上京到金代地方城的沿革情况。

（七）精耕细作考古发掘和关键性解剖发掘方法案例

一切考古发掘资料都是新史料。这些新史料的可靠程度取决于田野考古发掘的质量。因此，辽上京考古队特别强调精耕细作的田野发掘和关键性解剖发掘的工作环节。

1. 精耕细作考古发掘案例

精耕细作的考古发掘，首先体现的是工作态度，其次是工作方法。我们以宫城东门遗址发掘为例，略做介绍。

根据最新的考古钻探资料，在宫城东墙中部有一处较宽的豁口。豁口范围内仅见灰坑和灰沟花土。这个豁口与皇城东门位置相对，因此我们推定它应是宫城东门遗址，即《辽史》记载的东华门遗址。

从地表看，宫城东门区域遗址保存很差，破坏严重，残存的遗迹保存很浅。当时仍是从八一村通往原303国道的通道。我们的考古发掘工作有以下几个环节。

第一，布设探沟进行试掘。我们最初是想了解宫城东门的保存状况，于是在宫城东墙豁口的中心位置布设一条平行于东墙方向的东西宽2米、南北长30米的探沟。清理地表层后，局部夯土直接暴露。残存夯土很薄，接近生土，而且有条东西向的金代道路（两侧有路沟）破坏了"东门址"。我们最初在探沟内只是清理出几个金代灰坑，没有找到辽代城门的遗迹现象。但我们没有急于放弃，回填探沟，而是把探沟内的金代灰坑照相、绘图后，刮净壁面，对其壁面土质土色和周边情况进行仔细观察和分析，进而意识到探沟内南侧的一处圆形石块堆积（被金代道路叠压），与北侧几个金代圆形灰坑的彼此距离大致相等，南北成列地排在探沟内，而且个别灰坑底部有小石块。考虑到我们是沿着城墙方向（按遗迹方向）布设的探沟，这处圆形石块堆积和几个灰坑，是否会是破坏的辽代城门的磉墩？宫城东门会不会像渤海皇城南城门一样是座殿堂式城门？这个思路得到了大家的认可。

第二，根据探沟的线索确定重点发掘范围和学术目标。根据探沟内发现的蛛丝马迹，既然觉得那些灰坑有可能是破坏的磉墩，那么或许在探沟外的范围内还会发现没有破坏的磉墩。因此，为了实现本次发掘的核心目标——搞清宫城东门的形制结构和沿革，我们决定扩大发掘面积，对宫城东门遗址布设探方并进行全面揭露（见图4）。

第三，确定发掘思路和具体技术路线。按照遗迹方向布方，在遗迹的关键结构位置处留取隔梁剖面。因为已知遗址破坏严重，所以我们要求每个发掘队员必须贯彻"精耕细作"的工作信条，对所有遗迹都要特别仔细地进行判断和清理，不放过任何蛛丝马迹。当时天气高温，发掘的文化层和遗迹现象表面很快就变得干燥，难以判断遗迹现象。我们每天要不断地大量洒水后，再刮平面和剖面，非常认真地寻找和区分可能存在的所有遗迹现象。

经过 2 个多月的考古清理后，暴露的考古遗迹现象实在难以让人满意。东城墙中间的豁口被破坏得支离破碎。此处遗迹从地表到生土仅存 30 厘米左右。除了发现零星分布的夯土外，在金代道路两侧存在大量的金代破坏的灰坑遗迹。那么，还能否确认辽上京宫城东门形制结构和规模？当时我们心里确实没底，但要求考古队员必须全力以赴，进行"精耕细作"的考古清理。

根据既定的发掘目标，在确认遗迹的叠压打破关系之后，我们对破坏了宫城东门遗址的晚期遗迹（金代灰坑等），逐一进行全部清理，并做好各种记录。在此基础上，将诸灰坑等壁面刮干净，利用其剖面，仔细区分土质土色，力求找到残存的不同夯土和生土的界限。这种做法的目的是，充分暴露辽上京宫城东门遗址的残存全貌。晚期遗迹（金代灰坑等）的破坏剖面可以增加辽代城门建筑结构的解剖截面的数量，从而帮助我们认识和搞清遗迹的形制结构及其始建、使用、废弃过程，并通过地层关系明确的出土遗物来判断城门遗迹的年代。

功夫不负有心人，我们最终找到了辽上京宫城东门的遗痕。虽然表面上看，"灰坑"都是金代的破坏坑（包含金代遗物），但通过精耕细作发掘和精心分析研判之后，我们可以找到一些重要特征：这些"灰坑"平面基本呈圆形，个别没有被完全破坏的坑内还残存分层夯筑的夯土和石块层。特别重要的是，这些"灰坑"经测量并绘成总平面图后，我们惊喜地发现它们南北成行，东西成列，形成面阔 5 间、进深 2 间的柱网格局（图版二四，1）。显然这些金代"灰坑"都是辽上京宫城东门的磉墩残迹。通过精细化的考古清理，我们把夯土线和生土线都画好后，宫城东门基址的基槽、台基和慢道等的轮廓也逐渐显露出来。三门道的殿堂式城门形制初现端倪（见图 4）。

第四，对关键部位进行解剖发掘。从 2011 年起，我们引进了古建筑考古工作理念，将每个建筑基址都当作一座被废弃的古建筑来进行精细化考古清理和关键性解剖发掘，力求究明其形制结构和历史沿革。这是城市考古最重要的工作环节。在宫城东门遗址全面揭露并科学记录完成后，我们力求用最小解剖面积解决最重要的学术问题，着手对遗址关键位置进行"手术刀式"解剖发掘，以便了解城门是否经多次营建、城门建筑及其基础的营造次第、城门营建之初的地形地貌等，为多学科研究提供更为详实的基础资料。我们通过精耕细作考古发掘和关键性解剖发掘，最终搞清了宫城东门的形制结构和营建次第，达到了预期的学术目的[59]。

需要强调的是，辽上京宫城东门发掘工作全过程中，我们每天用全站仪、RTK 或三维数字照片建模，对全部遗迹和重要遗物进行测绘，力求保证资料的完备。我们要求技师每天整理测点资料并完成绘图，第二天还要对测图进行现场校对，实现考古发掘和测绘的互校模式。这种工作模式在实际工作中取得了很好的效果。

宫城东门遗址破坏的严重程度，只有到现场看到才会有切实的感受。在我们发掘后期，时任北京大学考古文博学院院长杭侃教授带领几名研究生到发掘现场参观考察。杭院长感慨地说："破坏太严重了，考古现象太复杂了，这样的遗迹现象也只有你们能清理出来！"这是对我们精耕细作考古发掘的充分肯定。如果考古工作者没有高度的责任心，不够认真仔细地清理各种残存遗迹现象的话，可能的发掘结论就是：辽上京宫城东门遗址破坏十分严重，遗迹现象不清楚，形制结构不详。但是，经过我们精耕细作的考古发掘和关键性解剖发掘后，结论完全不同：辽上京宫城东门虽破坏严重，但形制结构基本清楚，是一座面阔 5 间、进深 2 间的殿堂式城门，为一门三道规制（见图 4），是辽上京城中比较特殊的城门形制（其他城门都是过梁式城门）。

2. 关键性解剖发掘方法案例

关键性解剖发掘，是 21 世纪以来中国社会科学院考古研究所汉唐考古研究室诸位同仁在实际工作中逐渐明晰的城市考古中新的考古发掘方法[60]。我们在辽上京遗址考古发掘中不断尝试和总结提升，极大地促进了考古发掘的精细度和深度，获取了更为丰富、全面的城市考古发掘资料信息。

辽上京考古队从发掘伊始，不断地尝试关键性解剖发掘方法。从不敢到敢，从外围到核心，不断总结关键性解剖发掘方法的得与失，积累了较多经验。这种发掘方法与以往对建筑基址"见面即停"的发掘方法有很大不同。历史时期的大型建筑基址，通常有多次营建的现象。以往"见面即停"的工作方法，只是发掘到保存较好的晚期建筑基址的平面上，就主动放弃了对始建或略晚的建筑基址考古资料信息的收集和认识。这明显存在收集发掘资料不全的现象，类似新石器时代遗址没有发掘到生土。

历史时期的大型建筑基址，夯土台基的台面、壁面和始建地面等多有砖石铺设或包砌，甚至台面上还有保存较好的建筑基础等。发掘者不忍对保存较好的晚期建筑遗址进行"破坏"，"见面即停"也是可以理解的。我们强调的关键性解剖发掘，同样注重对保存较好的晚期建筑遗迹的保护，不是全面清理晚期的大型建筑基址，而是精心分析研判，选择关键性位置，通过"手术刀式"解剖发掘，搞清早期建筑基址形制结构和柱网布局等，以获得更详实、更完整的考古资料，更好地认识大型建筑基址的始建、使用、改建和废弃的过程，认识其建筑形制结构的变化和营建次第等。这个发掘方法的核心是发掘领队确定在哪个地方进行关键性解剖。我们通常是根据必须要解决的学术目标，在已有破坏的位置和能解决问题的节点进行关键性解剖发掘。力求用最小的发掘，尽可能多地收集考古资料，实现既定的学术目标。下面以辽上京宫城南门遗址考古发掘为例，侧重讲关键性解剖发掘的程序和效果。

辽上京宫城南门及两侧城墙的夯土遗迹和道路遗迹等大致埋藏于地表下约1.6～3.6米。本着"保护为主"的原则，用有限的发掘面积尽可能解决更多的研究课题，我们选择对宫城南门及其西墩台遗址全部和东墩台局部进行揭露（见图版二二，2），力求确认城门建筑和道路的中轴线位置以复原城门完整规模和布局。

根据发掘资料可知，辽上京宫城南门位于宫城南墙中部偏西，坐北朝南，是一座单门道过梁式门址，方向为15度。城门遗迹包括东、西两侧的夯土墩台，中间的单门道，登临墩台的内侧（北侧）马道和宫城南墙四部分。根据本次发掘所见宫城南门遗址的建筑形制、营造次第和出土遗物，结合历史文献可以推定，宫城南门应是《辽史》所载之"承天门"，其始建应不晚于辽天显元年（公元926年），损毁年代应在金代初期。发掘区范围内发现金代道路、民居和灰坑叠压或打破宫城城门和城墙等现象，反映出金朝废弃了辽上京宫城、沿用南门大街道路的情况[61]。

我们仔细地将金代小型房屋等遗迹清理干净后，将辽上京宫城南门的遗迹现象全部暴露出来。对辽上京宫城南门进行照相、绘图，完成文字记录后，我们需要进一步了解城墙和墩台的关系，了解墩台和门道内垫土之间的关系等。这些问题都需要通过目标明确的关键性解剖发掘才能完成。辽上京宫城东门的营建，是先修筑两侧的城墙，预留豁口，再修筑城门台基基槽和夯土台基。那么宫城南门是否也是一样的做法？综合宫城南门墩台、门道、马道和城墙等位置进行关键性解剖发掘所见的遗迹现象（图版二四，2），可将辽代宫城南门的营建分为早晚两期（图6）。

第一次营建（早期）是在生土上先筑两侧城墙，预留豁口作为城门位置。在豁口内打破生土下挖基槽、夯筑门道基础。门道宽约8.3米。门道中间位置的东、西两侧各有一个础坑，应和本期城门基础结构相关。推测此时或许仅建有乌头门。

第二次营建（晚期）是在城门城墙两侧增设墩台，墩台上建有木构门楼，

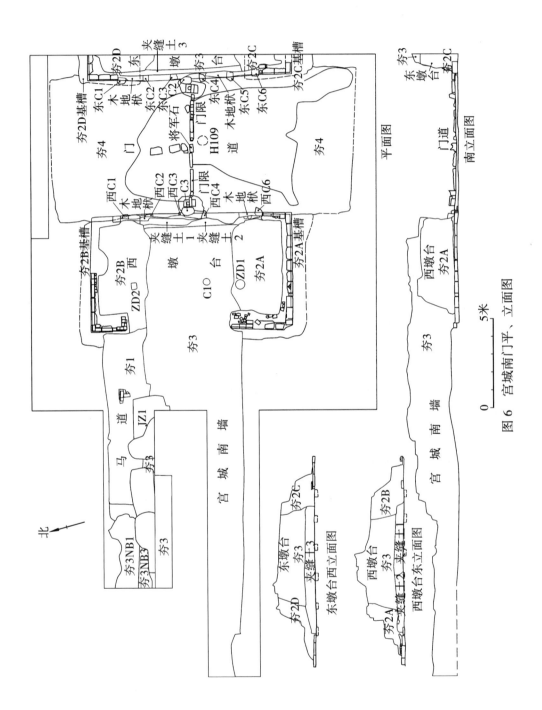

图 6 宫城南门平、立面图

形成过梁式城门，并在内侧增筑马道。这与《辽史·地理志一》所载"内南门曰承天，有楼阁"相符，可能与辽太宗"辟承天门"有关。从平面上看，城门城墙和墩台有分界线。通过关键性解剖发掘，可明确城墙夯土和墩台夯土先后营建的关系，可知墩台下有基槽，墩台壁面经3次修筑（图7）。第一次修建，做法是先在宫城南墙南、北两侧挖基槽，随后加筑夯土墩台。墩台边壁立面抹一层黄泥。在城墙北面（内侧）的墩台东、西两侧加筑马道。第二次改建，是削减墩台南、北两侧夯土，在略内收的边壁上抹白灰皮，同时抬高墩台外地面。第三次改建，再次削减墩台南、北两侧夯土，墩台壁面为先下挖基槽、埋土衬石，其上包砌长方形青砖。马道也变窄。外侧地面抬高。门道经过使用，在前期基础上抬高形成新的路面（LM1A、LM1B），门砧石、门限石等门道内设施也相应抬高。本次改建是宫城南门废弃前最后一次较大规模的营建。这样，我们通过目标明确的关键性解剖发掘，基本确认宫城南门的营造次第和做法。

宫城南门的门道基础是先做条形夯土基槽，在东、西两侧的基槽上等距离布设6个石柱础，础石上有木地栿，地栿上再立排叉柱。门道中央现存门砧石、门限和将军石等。门道内路面经3次铺设。通过关键性解剖发掘，在将军石

图7　宫城南门西墩台西北角解剖沟局部（西→东）

南侧发现一个埋藏坑（H109），南北长 0.6、东西宽 0.55 米，叠压于最早路面（LM3）下。坑内有两副基本完整的狗骨和两个羊头骨。

永定柱的确认，是精细化发掘和关键性解剖发掘的重要成果。我们在仔细清理干净金代民居的柱洞等遗迹，排除金代对辽代城门的破坏干扰后，通过反复观察，在宫城南门的西墩台夯土表面，新确认一列柱洞（柱坑）。其中南、北两侧的柱洞（ZD1 和 ZD2）很深，底部均有柱础石，且洞内有黑色木炭灰（图8）。二者之间似乎有 1 个浅础坑和 1 个破坏坑。我们推断这 2 个柱洞很可能与"永定柱"有关。我们通过关键性解剖发掘证实这 2 个深柱洞正是"永定柱"遗痕。"永定柱"是在夯筑墩台的过程中，下挖基坑，其内埋入柱础石，础石顶面与墩台地面基本相平，其上立长木柱，夯筑在夯土墩台内，承托城门的门楼建筑（图9）。从平面位置看，这两个柱洞应是墩台木构门楼平坐的西南、西北角柱位置。由此可知，城门平坐角柱采用了《营造法式》中"永定柱"做法。两柱洞柱心距，即平坐总进深约 6.1 米。若据此对称复原，平坐总面阔约为 15.7 米[62]。这是辽代城市考古中第一次发现永定柱现象。历史时期城市考古中鲜见"永定柱"资料公布。

（八）多维度的考古资料信息记录

辽上京考古队特别强调在考古发掘全过程中考古记录的重要性。因为我们所有的发掘工作及其资料成果，最后都要且只能体现在文字、照片和绘图等记录上。科学准确的记录应是考古发掘过程的真实"影像"和再现，是考古发掘报告编写的基础。在发掘过程中，我们也强调要全面收集出土遗物，即陶瓷片、

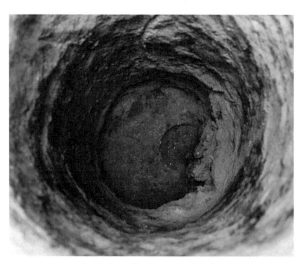

图8　宫城南门永定柱 ZD1（南→北）

图9　JPG19 所见永定柱 ZD2（北→南）

动物骨骼、人骨，以及瓦当、滴水等建筑构件，而对筒瓦和砖等大量建筑构件应制定标准，尽量多采集标本。

辽上京考古队不仅要求考古发掘的遗迹记录和探方记录要详细，而且对发掘日记也有明确要求。我们强调发掘日记要有发掘遗迹现象的草图，要画各种遗迹关系的测稿，与文字互对。这样可以促进发掘者思考，更准确快速地判断遗迹现象。真实详细的考古文字记录对于考古报告的编写，对于保障发掘的科学性，都是非常重要的。

考古照相是发掘真实度的体现。从什么角度拍摄遗迹现象，是有讲究的。需要多观察、多训练，才能拍摄出好的遗迹照片。我们要求尽量多地从不同角度拍摄遗迹照片。这样可以更全面客观地记录考古发掘的过程。对于特别重要的遗迹，还要做三维影像建模的照片记录，再用电脑合成三维影像。对重要遗迹录像，也是收集资料的重要方式。

考古绘图是考古发掘科学记录的重要内容。辽上京考古队在发掘过程中，每天都有专职测绘人员全程用全站仪和 RTK 来进行测量，记录每天发掘的遗迹现象，再根据需要及时用电脑成图，为在发掘中认识判断新现象提供参考。我们要求的精度高，在 2012 年对西山坡佛寺遗址发掘时，测绘人员对塔基台面上的每块砖都做了测量。一天用全站仪要测 2000 多个点，很辛苦，但当我们看到电脑成图的良好效果时，很有成就感。根据三维信息记录，可以从任何一个截面成图，极大地提升考古发掘资料的信息量。

辽上京考古队能够与时俱进，追踪先进的科技考古手段，来提升照相和测量精准度。从全站仪到 RTK，再到大疆无人机航拍等，辽上京考古队往往是最早使用先进仪器的考古队之一，切实提升考古发掘资料收集的精度。辽上京考古队的科技助力考古发掘，得益于我所刘建国研究员的支持和帮助。他几乎每年都到辽上京遗址给予测绘和航拍指导。

（九）多学科的立体研究

我们一直主张，田野考古发掘是考古学的根本，科技考古和多学科合作研究是十分重要且必要的辅助手段。辽上京考古队十分重视多学科的合作研究。我们强调做好精细化考古发掘，在科学全面地获取遗迹和遗物资料来研究历史的同时，也十分注重遗址中各类标本的科学采样，以加强对当时人们的生存状况和生存环境等的综合研究。辽上京考古队经常邀请从事遥感考古、建筑考古、陶瓷考古、环境考古、历史地理、动植物考古和人骨鉴定等方面研究的学者到考古工地交流和研讨[63]，一些合作研究的成果已发表。

（十）大遗址保护是目的

主动性发掘的城市考古工作，都是重要的大遗址考古工作。现在的考古领队（项目负责人）不仅要负责组织城址的考古发掘，而且要负责对发掘后的重要遗址进行有效保护。辽上京遗址是第一批全国重点文物保护单位，是全国百项大遗址之一，是非常重要的历史文化遗产。我们在发掘过程中就力求做好各种遗迹现象的清理、提取和保护等；工地发掘结束后，我们会对每处发掘的遗址进行精细化的保护性回填。而且我们一直参与辽上京国家考古遗址公园的方案制定和申请世界文化遗产文本的编写，力求配合地方政府做好对辽上京遗址长期的有效保护和合理利用。

三、辽上京城市考古工作方法的思考

每项城市考古都是前仆后继的长期工作，需要一代又一代学者传承和发展。老一辈考古学者在城市考古方面，总结和积累了丰富的考古发掘方法和研究经验。辽上京考古队继承了老一辈考古学者的优良传统，认真学习和借鉴前辈学者的考古工作方法和经验。通过十余年来的考古调查、钻探和发掘，我们不断总结辽上京城市考古发掘的经验和教训，不断更新我们考古发掘工作的理念和操作方法。

（一）考古领队是关键

一个考古发掘项目完成的如何，主要取决于考古发掘项目领队。考古遗址不可再生，考古发掘工作通常是不可逆的。如何在考古发掘中获取科学、准确、详实的资料，是至关重要的。因此，我们在主持或参加考古遗址发掘时，必须心怀敬畏，敬畏古人，敬畏古人留下的遗址；要摒弃浮躁，以求真务实的态度，认真做好每一天的考古发掘工作。

作为一名好的领队，要坚持每天在田野发掘工地指挥。宏观上要围绕总体工作目标精心设计每年的考古发掘计划，微观上要能在现场及时判断处理各种遗迹现象。这样才是高质量考古发掘的前提和基本保障。作为考古领队，应该具备以下几项基本素质：一要有一个严谨求实的科学态度；二要有宏观视野和良好的课题意识；三要有扎实的考古学基础和过硬的考古发掘技能；四要有良好的沟通协调能力；五要有团队精神和协作意识；六要有吃苦耐劳、甘于寂寞、勇于奉献的精神；七要有大遗址保护意识和社会责任感。

（二）荒野型城市考古的基本方法

结合前面介绍的辽上京城市考古工作流程，我们简要梳理荒野型城市考古工作的基本方法和路径。

1. 明确学术目标

荒野型城市考古大多是以主动性发掘为主。因此，项目领队务必要明确城市考古的核心学术目标。要确定学术目标，需要对所在城市及这个地区的历史文献和考古文献进行详细梳理和研究。辽上京考古队以"配合大遗址保护的辽上京遗址考古发掘和研究"为课题，在田野发掘中始终围绕厘清辽上京遗址布局和沿革的核心目标而开展工作。针对辽上京遗址本身的特点，积极思考和不断创新，拟定切实可行的工作计划，寻找合适的工作思路和切入点。

2. 建立地理信息系统（GIS 系统）

老一辈考古学者强调做都城类大遗址，必须有一张测绘总平面图，即 1∶5000 或 1∶2000 的大比例地形图。这是因为都城面积大，发掘地点可能较为零散，需要将历年的发掘地点和遗迹现象标在总平面图上，才能对城址有一个整体把握。辽上京考古队在发掘之初，就致力于建立辽上京遗址 GIS 系统，即首先绘制了一张总平面矢量图。辽上京遗址 GIS 系统是由考古管理人员利用计算机硬件和 CAD 等软件，对辽上京遗址考古测绘数据，以及相关的地理数据等进行高效获取、存储、更新和分析的平台。辽上京考古队借用国家地理信息系统的地方大地测点，建立起辽上京城市考古资料系统化和一体化的平台。我们将所有考古发掘地点和遗迹现象、重要文物都标注在总平面矢量图上，极大地方便了对于考古发掘资料的分析和再研究，也可以保障考古工作的长久持续性。

3. 明晰城市考古要素

荒野型城址虽然没有现代城市的叠压，但绝大多数都城类大遗址都是古古叠压，有多个朝代沿用。通过梳理历史文献可知，辽上京城被金人使用百余年，可能在元代早期还有人居住。因此，我们进行考古发掘时，就要注重对金元时期遗迹的清理，尽量搞清元代主要建筑的分布情况和金代辽上京故城的主要格局。最重要的是，我们要研究辽上京的主要布局和规划思想，需要识别并剔除金代和元代的建筑才行。

要研究城市主要布局和规划，需要大致明确城市构成的基本要素。结合前人的研究成果 [64]，我们把历史时期城市构成的基本要素归纳为 6 项：城墙（边界范围）、城门（重要节点）、街道（线性路径）、宫城或主要衙署等（功能分区：政治中心、商业区、宗教和礼制区、居民区）、宗教性或礼制建筑（地标）和轴线等。这正是我们进行辽上京城市考古发掘和研究重点关注的内容和切入点。

4. 田野工作基本方法

城市考古工作的基本方法和手段，仍然是考古调查、钻探、试掘、发掘和关键性解剖等。

（1）考古调查和钻探

荒野型城址的发现，离不开考古调查。要进行荒野型城址的考古发掘和保护规划的制定，考古钻探和试掘工作是必要的。因为大遗址面积大，考古发掘工作只是很少的一部分，所以要全面了解一个城市大遗址，考古钻探和考古试掘相结合，是十分有效且可行的方案。考古专业人员主导下的考古钻探，效果才会更好。

（2）精细化考古发掘

都城类大遗址都是十分重要的国保单位。考古遗址的不可再生性需要考古工作者敬畏古遗址，需要精细化考古发掘，才能无愧于先人，无愧于大遗址。我们强调主动性的大遗址发掘中，必须要精耕细作，尽可能客观全面地揭露出各类遗迹现象，做好科学记录。当然，这需要对不同的城市要素基本知识的掌握，需要不断提升大型建筑基址的发掘技能，不断积累考古发掘经验。我们是精耕细作考古发掘的受益者，可参上文所述辽上京宫城东门遗址考古发掘案例。

（3）关键性解剖发掘

关键性解剖发掘是辽上京城市考古的重要特色之一。目前考古工作者发掘大型建筑基址时，大多采用"见面即停"的方法，结果只能看到大型建筑基址最后废弃时的状态。要深入了解一个大型建筑基址不同时期的形制结构和营建次第，必须对其进行深度的关键性解剖发掘。

我们清理出来的大型建筑基址，有些保存很好。我们要考虑对其保护，不能做大规模的破坏性发掘，因此关键性解剖发掘就显得十分重要。对解剖发掘的关键位置，需要慎重抉择，需要项目领队和其他工作人员进行现场深度研讨。我们强调必须是用最少的解剖沟，力求获取最多的重要资料信息，以达到遗址保护和学术研究双赢的效果。我们通常尽量不破坏晚期建筑的关键遗迹现象，寻找空白的地方或者遗迹现象本身已破坏的地方作为布设解剖沟的位置。同时，我们也会选择重要且关键的位置布设解剖沟。这时我们要确保已对晚期现有遗迹现象做好各种记录，可以三维重现遗迹现象。

在辽上京遗址中，关键性解剖发掘获得的资料信息，极大地提升了辽上京城市考古的质量和深度，极大地推进了对大型建筑基址形制结构和营造次第的研究，也为认识大遗址和单体建筑的始建、使用、改建和废弃过程提供了可靠资料。只有这样，城市考古工作者才会逐渐形成在都城发掘中的整体思维，将每个单体基址作为立体建筑的废墟，侧重从营建程序和形制结构的角度，对城市遗址进行科学的考古发掘，从而获得最大的信息量。

（4）传统方法的新尝试

这些年，我们根据辽上京城市考古的实践，在前人城市考古发掘工作经验的基础上，不断尝试改进和创新。

第一，按遗迹方向布方。以往考古发掘遗址时通常按正方向布方，以方便准确记录遗迹或遗物的二维坐标。这样做主要是因为测绘工具采用的是罗盘、皮尺或各类平板仪器。而现在的考古发掘工作中，我们普遍使用全站仪和RTK来测量遗迹和遗物，不再需要借助探方的方向定位。因此，我们主张发掘大型建筑基址时，可以根据考古调查和钻探的线索，按遗迹方向布方。因为全站仪和RTK的三维测量数据，不需要传统的正方向，可以直接导入电脑中成图，并及时更新到辽上京遗址总平面图上。按遗迹方向布方的好处，一方面可以尽量保障发掘遗迹的完整性，以及探方边缘的规整性，提高发掘面积利用率；另一方面也利于提升考古测绘成图和影像资料的精度与美观度。

第二，保留关键隔梁。历史时期都城类大遗址的发掘与先秦时期考古发掘有所不同。先秦时期考古发掘布方通常是以边长5米的探方为主，而历史时期都城等城市考古发掘通常以边长10米的探方为主，有的地方以边长20米的探方为主，甚至有的发掘项目采用"无探方法"，直接揭露大型建筑基址[65]。辽上京城市考古的发掘实践中，我们认识到边长10米的探方法发掘是行之有效的。大型建筑基址的地层堆积与先秦时期聚落遗址的堆积有所不同。要客观准确地区分大型建筑基址的始建面、使用面和废弃面，确定其形制规模和年代变化并不容易。在对这类大型建筑基址的考古发掘中，需要留一个从地表到生土的总剖面，这样才有利于我们认识和解决上述问题。若没有关键性的层位解剖面，很多重要的遗迹现象的时代和遗迹关系很难说清楚。

第三，必须重视地层学，解剖到生土。城市考古发掘中，地层学被忽视的现象比较严重。辽上京考古队强调地层学在考古发掘中的重要性并付诸实践，取得了很好的发掘效果。辽上京城市考古发掘突破"见面即停"的模式，采用整体保留、关键性解剖发掘的方式，将大型建筑基址的局部发掘到生土。我们很注重大遗址保护，注重大型建筑基址的整体保护，但是我们必须要获取相对完整的考古发掘资料和信息，因此必须进行局部关键性解剖，发掘到生土。

5. 多维度全息考古记录

考古发掘从某种意义上讲也是对遗址的"破坏"过程。我们发掘时的考古记录若不够详细、全面，这种主动"破坏"就会成为真正的破坏。只有科学、全面、系统地进行考古记录，我们才能尽可能让经考古发掘消逝的"考古遗存"再现。考古遗址的不可逆性，要求我们在考古工作中要怀着敬畏之心，对考古遗存进行多维度全息的科学记录，包括文字、绘图和影像记录等。

6. 多学科合作研究

现代考古学的快速发展，得益于科学技术的高速进步。城市考古更加需要依赖科技手段提升工作的精度和效率。辽上京考古队十分注重多学科合作研究。我们在田野发掘中，注意及时和相关科技考古专家进行沟通，及时对重要的遗迹、遗物做好采样和资料的提取。我们关注相关科学技术设备的进步和升级，积极尝试和引进新技术、新方法，以助力田野考古发掘和研究。

要处理好考古传统手段和新技术之间的关系，要正确对待田野发掘和多学科合作研究的关系。我们强调田野考古发掘是考古学的根本，科技考古和多学科合作研究是十分重要且必要的辅助手段，不能本末倒置。多学科合作研究要以提升考古发掘和研究的精度为目的，才能切实地推进学科的发展。

7. 及时整理发掘资料

每年的田野考古发掘结束后，辽上京考古队都会对当年的考古发掘资料进行初步整理，及时编写考古发掘简报。通过对考古资料的系统整理，一方面可以认识田野发掘和记录工作中的得与失，提升我们田野发掘的精度；另一方面也可以增加我们对辽上京遗址布局和沿革的认识。

材料积累到一定程度，及时编著考古发掘报告是必要的。"田野考古是现代考古学所以成为考古学的本质，考古发掘既是对遗存的保护又是对遗存的破坏，所以，考古报告既是检验考古工作者学术研究水准高下的著作，又是保存、保护遗存的必需的重要平台，也是测试考古工作者职业道德的试金石，故入道的考古工作者都将编好考古报告作为其考古人生最重要的追求。"[66]

四、余 论

从2011年开始辽上京皇城遗址考古发掘至今，我们在汲取前辈学者城市考古工作经验的基础上，脚踏实地进行田野考古发掘，不断地努力思考和创新，形成了辽上京考古队的考古工作理念和方法：敬畏遗址（理念）、精耕细作（发掘）、（关键性）解剖到底。

2017 年，国家文物局等委托中国社会科学院考古研究所在辽上京遗址举办首届"国家文物局城市考古高级研修班"[67]。在编写讲稿时，我们对辽上京考古队历年田野发掘工作进行了认真梳理，做了一些总结和思考。同时，我们也意识到田野考古发掘技术和方法只有更好，没有最好。因此，我们每年的田野发掘工作都不断地在思考与修正中进步和提升。

附记：本文原为董新林在"国家文物局城市考古高级研修班"的讲义，后来也曾在北京大学考古文博学院及其河南淮阳平粮台考古实习基地、吉林大学考古学院夏县考古实践教学基地等为"国家文物局田野考古实践训练班"学员和学生多次讲授。本次正式发表前做了较大修订。辽上京遗址城市考古的重要收获和田野发掘方法的改进与提升，是全队所有队员共同奉献的集体成果。在此对与我们同甘共苦的同事们表示诚挚的感谢。同时也要感谢国家文物局宋新潮副局长、关强副局长和考古司闫亚林司长、张凌副司长、辛泸江副司长、胡传耸处长等诸位领导的信任、支持和肯定；感谢考古研究所王巍所长、陈星灿所长等所领导和朱岩石、钱国祥、刘建国、汪勃、韩建华，以及浙江大学李志荣教授等诸位先生对我们工作给予的中肯建议。为行文方便，文中涉及敬重的师长和先贤都直呼其名，敬请谅解。本文得到国家社会科学基金重大项目"辽上京皇城遗址考古发掘资料的整理和综合研究"（项目编号：20&ZD251）、国家社会科学基金一般项目"辽上京皇城西山坡佛寺遗址考古发掘资料的整理与研究（2020—2021）"（项目编号：24BKG019）、中国社会科学院考古研究所创新工程项目"辽上京遗址考古发掘和研究"（项目编号：2024KGYJ011）、中国社会科学院"长城学者计划"（项目编号：2024CCXZ014）、中国社会科学院"登峰战略"资助计划优势学科"汉唐考古"（项目编号：DF2023YS14）的资助。

注　释

[1] 夏鼐、王仲殊：《考古学》，见《中国大百科全书·考古学》，中国大百科全书出版社，1986年。

[2] 本所筹备处：《历史语言研究所工作之旨趣》，《历史语言研究所集刊》第一册，1987年。

[3] a.严文明：《走向21世纪的中国考古学》，见《考古学初阶》第18页，文物出版社，2018年。
b.陈星灿：《中国史前考古学史研究（1895～1949）》第15、21、90页，生活·读书·新知三联书店，1997年。安特生在发掘仰韶村遗址之前，曾在1921年6～7月发掘了辽宁省锦西县沙锅屯遗址。陈星灿指出："如果说安特生1921年在中国的考古发掘标志着中国史前考古学以及中国近代田野考古学开始的话，那么第一个该提到的应是沙锅屯的发掘。"

[4] 佚名：《巨鹿宋代故城发掘记略》，《国立历史博物馆丛刊》第一年第一册，1926年。

[5] 中国社会科学院考古研究所：《新中国的考古发现和研究》，文物出版社，1984年。

[6] 徐苹芳："宋元明考古学"词条，见《中国大百科全书·考古学》，中国大百科全书出版社，1986年。

[7] 徐苹芳：《元大都枢密院址考》，见《庆祝苏秉琦考古五十年论文集》，文物出版社，1989年。

[8] 徐苹芳：《中国城市考古学论集》，上海古籍出版社，2015年。

[9] 徐苹芳：《现代城市中的古代城市遗痕》，见《远望集——陕西省考古研究所华诞四十周年纪念文集》（下），陕西人民美术出版社，1998年。

[10] 宿白：《现代城市中古代城址的初步考查》，《文物》2001年第1期。

[11] a.宿白：《魏晋南北朝唐宋考古文稿辑丛》，文物出版社，2011年。

b.徐苹芳：《中国城市考古学论集》，上海古籍出版社，2015年。

[12] 可参阅北京大学考古文博学院学位论文。

[13] 杭侃：《地方考古工作者义不容辞的责任——古今重叠型城址的研究方法》，《中国文物报》2011年11月11日第5版；《古今重叠型地方城址工作的几点思考》，《中国文物报》2012年1月20日第5版。

[14] 宋新潮：《关于城市考古的几个问题》，《中国文物报》2017年12月27日第3版。

[15] a.董新林、汪盈：《城市考古的方法、实践和思考——首届国家文物局城市考古研修班的设计思路与学术综述》，《中国文物报》2017年9月22日第5版。

b.董新林、汪盈、岳天懿：《考古所城市考古开放工地高级研修班结业》，《中国社会科学报》2020年11月20日第2版；《城市考古开放工地高级研修班结业》，《中国社会科学报》2021年10月15日第2版。

[16] 孙华：《中国城市考古概说》，见《东亚都城和帝陵考古与契丹辽文化国际学术研讨会论文集》，科学出版社，2016年。

[17] 宋新潮：《关于城市考古的几个问题》，《中国文物报》2016年12月27日第3版。

[18] 董新林、汪盈：《城市考古的方法、实践和思考——首届国家文物局城市考古研修班的设计思路与学术综述》，《中国文物报》2017年9月22日第5版。此处引用、包含了授课教师对城市考古的一些认识。

[19] a.赵正之：《元大都平面规划复原的研究》，《科技史文集》第2辑，1979年。

b.宿白：《魏晋南北朝唐宋考古文稿辑丛》，文物出版社，2011年。

c.徐苹芳：《中国城市考古学论集》，上海古籍出版社，2015年。

[20] 董新林：《辽上京城址的发现和研究述论》，《北方文物》2006年第3期。

[21] 《元史·耶律留哥传》。

[22] 《嘉庆重修一统志》，中华书局影印本，1986年。该书完成于道光二十二年（1842年）。

[23] （清）张穆：《蒙古游牧记》第62页，商务印书馆，1939年。

[24] 丛佩远、赵鸣歧：《曹廷杰集》，中华书局，1985年。曹廷杰于1887年做《东三省舆地图说》。

[25] （清）李慎儒：《辽史地理志考》，见《二十五史补编》，中华书局，1955年。

[26] 〔日〕鸟居龙藏：《辽上京城内遗存之石人考》，《燕京学报》第36期，1939年。

[27] 〔法〕闵宣化著，冯承钧译：《东蒙古辽代旧城探考记》，见《西域南海史地考证译丛》第三卷第680～687页，商务印书馆，1999年。

[28] a.〔日〕江上波夫：《蒙古高原横断记》，日光书院，1941年。

b.〔日〕江上波夫等著，赵令志译：《蒙古高原行纪》第106～110页，内蒙古人民出版社，2007年。

c.冯家升：《日人在东北的考古》，《燕京学报》第19期，1936年。

d.《考古学上より见たる热河》，见《"满洲国"古迹古物调查报告书》第二册，东京国书刊行会，1976年。

[29] a.〔日〕田村实造：《庆陵调查纪行》，平凡社，1994年。

b.〔日〕古松崇志著，姚义田译：《东蒙古辽代契丹遗址调查的历史——1945年"满洲国"解体前》，见《辽宁省博物馆馆刊（2009）》，辽海出版社，2009年。

[30] a.〔日〕三宅俊成：《林东辽代遗迹踏查记》，见《东北アヅア考古学の研究》，1975年。

b.〔日〕三宅俊成著，戴岳曦译：《林东辽代遗迹踏查记》，内蒙古人民出版社，2014年。

[31] a.〔日〕杉村勇造：《辽の陶磁》，见《陶磁大系》第40册，平凡社，1974年。

b.〔日〕弓场纪知：《辽上京府林东窑址の再检讨——1944年の小山富士夫の调查》，见《出光美术馆研究纪要》第六号，2000年12月。

[32] 李文信：《林东辽上京临潢府故城内瓷窑址》，《考古学报》1958年第2期。

[33] 汪宇平：《昭乌达盟林东古城发现古代碑座等遗物、遗迹》，《文物参考资料》1955年第2期。

[34] 汪宇平：《昭乌达盟林东清理了十座辽代墓葬》，《文物参考资料》1955年第2期。

[35] 郑隆：《辽代上京古城的遭遇》，《文物参考资料》1957年第7期。

[36] 内蒙古文物考古研究所：《辽上京城址勘查报告》，《内蒙古文物考古文集》第一辑，1994年。

[37] 中国历史博物馆遥感与航空摄影考古中心等：《内蒙古东南部航空摄影考古报告》，科学出版社，2002年。

[38] 齐晓光："巴林左旗辽上京城址"条目，《中国考古学年鉴（1998）》，2000年。

[39] 塔拉、董新林：《辽上京城址初露端倪》，《中国文物报》2001年11月9日第1版；"辽上京城址"条目，《中国考古学年鉴（2002）》，2003年。

[40] 较为重要的资料有辽宁省巴林左旗文化馆：《辽上京遗址》，《文物》1979年第5期；李逸友："辽上京遗址"词条，见《中国大百科全书·考古卷》，中国大百科全书出版社，1986年；李作智：《论辽上京城的形制》，见《中国考古学会第五次年会论文集（1985）》，文物出版社，1988年；张郁：《辽上京城址勘查琐议》，《内蒙古文物考古文集》第二辑，1997年；秦大树：《宋元明考古》，文物出版社，2004年；董新林：《辽上京城址的发现和研究述论》，《北方文物》2006年第3期；魏孔：《内蒙古辽代城址初步研究》，内蒙古师范大学硕士学位论文，2010年。

[41] a.王民信：《从辽上京兴建看塞外都市发展之情形》，见《国际宋史研讨会论文集》，（台北）中国文化大学史学研究所史学系，1988年。

b.葛华廷：《辽上京临潢府所临之潢水考辨》，《北方文物》1990年第1期；《辽上京之御河、沙河质疑》,《北方文物》1993年第2期。

c.杨宽:《中国古代都城制度史研究》,上海古籍出版社,1993年。

d.伞霁虹:《辽朝上京建置研究》,辽宁师范大学硕士学位论文,2006年。

e.陈刚:《辽上京兴建的历史背景及其都城规划思想》,东北师范大学硕士学位论文,2009年。

[42] 孙华:《中国城市考古概说》,见《东亚都城和帝陵考古与契丹辽文化国际学术研讨会论文集》,科学出版社,2016年。

[43] 后来在考古发掘实践中认识到,伴随测量手段和技术的提高,采用正方向布方意义不大。用全站仪和RTK测绘,可以将任何形状和方向的考古遗存都准确绘制在一张总平面图上。因此,我们在辽上京遗址考古发掘中,开始按遗迹方向布方,方便对遗迹现象进行判断,这是考古发掘技术的进步。

[44] 《辽史·太祖本纪》载:"辛未,卫送大諲撰于皇都西,筑城以居之。"

[45] 李逸友:"辽上京遗址"词条,见《中国大百科全书·考古卷》第277、278页,中国大百科全书出版社,1986年。

[46] 汪盈、董新林、陈永志:《辽代上京皇城乾德门遗址考古发掘》,《2011年中国重要考古发现》,2012年。

[47] a.内蒙古文物考古研究所:《辽上京城址勘查报告》,《内蒙古文物考古文集》第一辑,1994年。

b.任爱君:《辽上京皇城西山坡建筑群落的属性及其功能——从辽太祖营建西楼与皇都的线索与动机说起》,《北方文物》2010年第2期。

[48] 李文信:《林东辽上京临潢府故城内瓷窑址》,《考古学报》1958年第2期。

[49] 中国社会科学院考古研究所内蒙古第二工作队等:《内蒙古巴林左旗辽上京皇城西山坡佛寺遗址获重大发现》,《考古》2013年第1期。

[50] 陈明达:《应县木塔》,文物出版社,1966年。

[51] 我们委托洛阳市文物钻探管理办公室组织专业钻探队于2013～2015年对辽上京皇城内进行了全面考古钻探,并于2017年对皇城城墙和护城壕等进行钻探。辽上京汉城遗址考古钻探工作于2022年启动。

[52] 中国社会科学院考古研究所内蒙古第二工作队等:《内蒙古巴林左旗辽上京遗址皇城南部一号街道发掘简报》,《考古》2022年第11期。

[53] 中国社会科学院考古研究所内蒙古第二工作队等:《内蒙古巴林左旗辽上京宫城城墙2014年发掘简报》,《考古》2015年第12期。

[54] 内蒙古文物考古研究所:《辽上京城址勘查报告》,《内蒙古文物考古文集》第一辑,1994年。此文认为"西大院"是金代新建的规模宏大的禁院,但又画在辽上京皇城平面图上,自相矛盾。根据我们最新考古发掘可知,此院落堆土为墙,属于金末元初的遗存。

[55] 中国社会科学院考古研究所内蒙古第二工作队等:《内蒙古巴林左旗辽上京宫城东门遗址发掘简报》,《考古》2017年第6期。

[56] 中国社会科学院考古研究所、内蒙古文物考古研究所:《内蒙古巴林左旗辽上京宫城南门遗址发掘简报》,《考古》2019年第5期。

[57] 中国社会科学院考古研究所、内蒙古文物考古研究所：《内蒙古巴林左旗辽上京宫城建筑基址2019年发掘简报》，《考古》2020年第8期。

[58] 董新林：《辽上京规制和北宋东京模式》，《考古》2019年第5期。

[59] 中国社会科学院考古研究所、内蒙古文物考古研究所：《内蒙古巴林左旗辽上京宫城东门遗址发掘简报》，《考古》2017年第6期。

[60] 中国社会科学院考古研究所河北邺城队在邺城遗址的考古发掘中，较早尝试对建筑基址进行关键性解剖发掘。辽上京考古队借鉴并有所创新。

[61] 中国社会科学院考古研究所、内蒙古文物考古研究所：《内蒙古巴林左旗辽上京宫城南门遗址发掘简报》，《考古》2019年第5期。

[62] 中国社会科学院考古研究所、内蒙古文物考古研究所：《内蒙古巴林左旗辽上京宫城南门遗址发掘简报》，《考古》2019年第5期。

[63] 北京大学秦大树、崔剑锋、李孝聪、邓辉、张家富和浙江大学李志荣、故宫博物院王光尧、南开大学刘毅、复旦大学沈岳明、陕西省考古研究院王小蒙、河南省文物考古研究院孙新民，以及中国社会科学院考古研究所的刘建国、王树芝、赵志军、王明辉、李志鹏、王辉、钟华等，都曾光临辽上京遗址考古发掘现场研讨，并提出宝贵意见，在此致谢。

[64] a.宿白：《现代城市中古代城址的初步考查》，《文物》2001年第1期。

b.徐苹芳：《中国城市考古学论集》，上海古籍出版社，2015年。

c.孙华：《中国城市考古概说》，见《东亚都城和帝陵考古与契丹辽文化国际学术研讨会论文集》，科学出版社，2016年。

[65] 刘庆柱：《中国古代都城考古学述论》，见《中国古代都城考古发现与研究》（下）第583页，社会科学文献出版社，2016年。

[66] 张忠培：《还是要向邹衡学习——纪念邹衡逝世五周年》，《考古学研究》（八），2011年。

[67] 国家文物局委托中国社会科学院考古研究所在辽上京遗址连续6年举办全国性培训班。2017～2018年称"国家文物局城市考古高级研修班"；2019～2021年改称"中国社会科学院考古研究所城市考古开放工地高级研修班"；2022年改称"国家文物局田野考古实践训练班"。详见董新林、汪盈、岳天懿：《别样的草原都城记忆——国家文物局田野考古实践训练班纪要》，《中国文物报》2022年11月1日第7版。

Concepts, Methods and Practice of Urban Archaeological Excavation at the Shangjing of the Liao Dynasty

Dong Xinlin and Wang Ying

KEYWORDS: Shangjing of Liao   Urban Archaeology   Working Concept
Excavation Method

ABSTRACT: Urban archaeology is a crucial component of Chinese archaeology. Over the past decade, archaeological surveys, coring, and excavations at the Shangjing of the Liao Dynasty have led to continuous update in both the theory and methods used in urban archaeological excavation. Through summarizing the basic procedures and steps involved in urban archaeology, a detailed introduction of the meticulous excavation and critical profiling carried out at the Shangjing site and its significance were provided. It identifies the key qualities and directions of effort required for a qualified archaeological project leader. It also proposes foundational methods and approaches for open air urban archaeology, aiming to enhance excavation concepts and techniques and ultimately raise the overall standards of urban archaeological excavation and study in China.

（责任编辑　洪　石）

辽金至明清都城中轴线初步研究

史浩成

关键词： 都城　中轴线　辽金时期　宋元时期　明清时期

内容提要： 在辽金至明清时期的民族融合过程中，少数民族政权受到中原地区汉族文化的影响较大，使得其都城布局发生了极大的改变，其中都城中轴线的变化尤为突出。辽金时期的都城中轴线布局尚不稳定，中轴线的方向有东西向和南北向两种；宋元时期的都城中轴线布局基本稳定，中轴线的方向为南北向，且基本位于都城的居中位置；明清时期的都城中轴线布局得到了完善与发展，中轴线居于都城轴对称位置，且贯穿都城南北的中心建筑。辽金至明清时期都城中轴线布局的变化与发展，反映出了此时期多元文化交往、交流、交融的过程，也体现出了多元文化融合下的"建中立极"都城中轴线规划理念的发展。

　　辽金宋元时期战争频发，诸国实行多京制，使得这一时期营建的都城较多，如辽五京、金五京和元上都、中都以及大都等。辽金都城规划尚不稳定，国中常设五京，并且存在东西向或南北向的都城中轴线。宋元都城规划逐渐开始稳定，并且形成以南北向为主的都城中轴线。明清都城规划固定，并且都城中轴线规划基本完善。在这些都城营建的过程中，都城规划设计既受到中原汉族文化的影响，也受到各少数民族文化的影响，而这为探讨都城规划布局的变化与发展，并进一步研究辽金宋元明清时期多元文化的交往、交流与交融提供了重要材料。尤其是北京，作为辽、金、元、明、清五朝都城，其都城中轴线所蕴含的"建中立极"规划理念，不仅体现了中华文明的悠久历史和文化传承，也为北京中轴线申报世界文化遗产提供了有力的支持。因此，笔者拟对辽金至明清时期都城中轴线的布局变化与发展以及影响因素等进行初步研究，在多元文化融合的视角下深入解读辽金宋元明清时期都城中轴线规划中"建中立极"理念的发展。

作者：史浩成，北京市，100081，中央民族大学。

一、中轴线基本概况

（一）中轴线定义

在都城营建的过程中，需要对整个都城进行初步的规划设计，其中都城中心线的规划是整个都城规划的重点。随着都城中心线逐渐向都城的中轴位置移动，都城中轴线也随之产生。都城中轴线是指整个都城规划营建的骨干、主轴，其空间方位应处于整个都城的轴对称位置，并可以将都城一分为二。它区别于一般道路，通常是由多个中轴线基点连接而成。中轴线基点一般是指都城的中心建筑物，也就是大朝正殿、主要城门等，如明代皇极殿、清代太和殿等。通常连接中轴线基点的则是都城中心大街。这条中心大街一般贯穿整个都城，以此将各个中轴线基点连接起来，最终形成了一条完整的都城中轴线。实际上，都城中轴线往往是虚拟的线，只是在都城营建过程中以规划的形式体现。

（二）中轴线起源

夏商西周时期的都城一般是以双轴线为主，这是因都城中宫城与宗庙相互并列而产生，如偃师二里头宫城遗址、偃师商城宫城遗址等，并且还出现了都城的宫城双轴线模式，体现出的是王权与神权并重的都城轴线规划理念。直到春秋战国时期，都城开始出现单一轴线。目前考古发现最早的是春秋时期鲁国故城的中轴线[1]，由此开启都城单一中轴线时代，体现出"王权至上"的都城规划理念，并在此基础上不断发展完善。秦汉魏晋时期的都城中轴线延续单一中轴线的规划，且逐渐向都城的中轴位置靠近，轴线上的中心建筑也逐渐增多。隋唐时期的都城中轴线已经基本位于都城中轴位置，"建中立极"的都城中轴线规划理念也逐渐体现出来。直到辽金宋元明清时期都城中轴线规划基本稳定，中轴线上的中心建筑也形成了一定的规制，而且"建中立极"已经成为主要的都城中轴线规划理念。

二、辽金至明清都城中轴线

（一）辽上京

辽上京为平地起建的新城，始建于神册三年（公元918年），是辽国五京之一，并且也是当时辽国营建最早、使用时间最长、最为重要的都城之一。都城平面略呈"日"字形，由北部的皇城和南部的汉城两部分组成。关于皇城门，《辽史·地理志》记载："东曰安东，南曰大顺，西曰乾德，北曰拱辰。中有大内"，大内"南门曰承天，有楼阁；东门曰东华，西曰西华。此通内出入之所"，承天门"内有昭德、宣政二殿与毡庐，皆东向"，辽太祖在上京"起三大殿：曰开皇、安德、五鸾"。

根据《辽史》记载和考古勘探可知，皇城四面城墙各有一座城门，分别为东门（安东门）、南门（大顺门）、西门（乾德门）、北门（拱辰门）。宫城位于皇城中部偏东，现有三门分别为东门（东华门为一门三道的殿堂式城门）[2]、南门（承天门）[3]、西门（西华门）[4]。宫城中的建筑都为东向，宫城东门内有一组三处东向的大型建筑基址。其中一号殿院落坐西朝东，平面呈长方形[5]，可能为其大朝殿及后宫寝殿。在皇城西南部高地上有一座皇家佛教寺院[6]，总体呈东向布局，这也与整个皇城的布局有关。

由上可知，辽上京虽分南北二城，但内城存在东西向的中轴线（图1）：以皇城东门（安东门）、宫城东门（东华门）、一号殿院落等为中轴线基点，以贯穿内城东西向的街道为主轴[7]，再通过街道和中心建筑相结合形成东西向的都城中轴线。东西向的都城中轴线是辽上京布局规划区别其他四京的特殊之处，这也体现出了契丹的民族文化特色。此外，宫城东门的一门三道、宫城一号殿院落的朝向及皇城西南的东向佛寺等，这些都反映出辽上京以东向为尊，也证明辽上京东西向中轴线的特殊性。总体来看，辽上京皇城中轴线的位置大体位于整个皇城的中间，并且大型建筑基本位于中轴线上，这也反映出了中轴线规划在辽上京营建过程中的特殊作用。

（二）辽中京

辽中京也是一座平地起建的新城，始建于辽圣宗统和二十五年（1007年）。

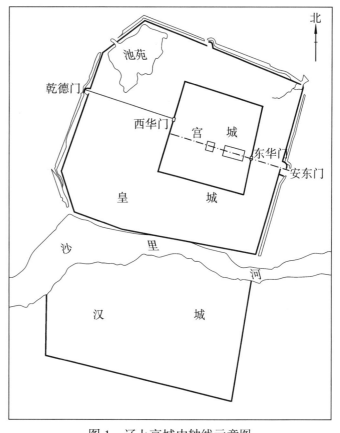

图1　辽上京城中轴线示意图
（改绘自董新林：《辽上京规制和北宋东京模式》图二）

辽中京城由外城、内城和宫城组成，平面呈长方形。关于辽中京城外城，《乘轺录》记载："南门曰朱夏门、凡三门，门有楼阁"，"三里至第二重城，城南门曰阳德门"，"自阳德门入，一里而至内门，内（曰）阆阖门，凡三门"[8]。由考古发掘材料和历史文献记载可知，外城正门为朱夏门，内城位于外城中央偏北，其正门为阳德门。宫城位于内城北部正中。在宫城内的中轴线上有一处大型宫殿基址，可能为大朝正殿遗址。宫城南墙设有三门，其中正门（阆阖门）与内城正门（阳德门）之间有宽敞的大道相连，而外城正门（朱夏门）与内城正门（阳德门）之间也有一条中央主街道相连[9]。

由上可知，辽中京城的中央位置形成了南北向的中轴线：以外城南门（朱夏门）、内城南门（阳德门）、宫城正南门（阆阖门）、大型宫殿等建筑为中轴线基点，以阆阖—阳德街和朱夏—阳德街这一条南北向的中央街道为主轴（图2）[10]。此类南北向的都城中轴线是北方游牧民族与中原汉族文化相结合的产物，与当时北宋东京城的都城中轴线有相似之处，但尚保留其民族特色。

（三）金上京

金上京是金朝最为重要的都城，也是其最早建立的都城之一。都城分南北二城，南城宽于北城，平面略呈"日"字形[11]。南城墙西门[12]与皇城午门正对，南城墙东门与南城北门则位于南城中央，通过中心街道将南城大致分为东、西两部分。南城西北部有皇城，皇城南墙中部的午门外有土阙，其门内的延伸线上有一组宫殿基址，并且其与宫城内部的中轴线相连，在其东、西两侧有大型建筑遗址群[13]。

由上可知，金上

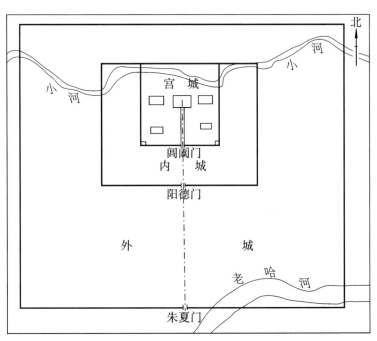

图2　辽中京城中轴线示意图
（改绘自中国社会科学院考古研究所：《中国考古学·宋辽金元明卷》图3-2-1）

京城的中轴线由南城墙西门、皇城午门、中心建筑等构成[14]（图3）。金上京城的中轴线偏离中心位置可能是由当时的都城规划造成的，其中贯穿南北的中心街道起到连接宫城的作用，使宫城与内、外二城成为完整的系统。这些情况不仅体现出金上京城作为都城的独特规划设计，也体现出这种规划设计受到了辽上京城的影响。

（四）金中都

金中都为金国五京之一，始建于天德三年（1151 年）。都城由外至内分别为郭城、宫城和皇城。关于金中都，《金史·地理志》记载："城门十三，东曰施仁、曰宣曜、曰阳春，南曰景风、曰丰宜、曰端礼，西曰丽泽、曰颢华、曰彰义，北曰会城、曰通玄、曰崇智、曰光泰。"《大金国志》记载，内城应分为两重，宣阳门是皇城的南门，应天门是宫城的南门[15]。由上可知，郭城南墙有三门，正南门为丰宜门，直通城墙北门（通玄门）[16]。宫城位于郭城的中央偏西，其正南门为应天门，正北门为拱宸门。宫城内部偏南为前朝正殿（大安殿），北部为内朝正殿（仁政殿）。皇城位于宫城之南，与宫城相连，其中皇城的南门为宣阳门[17]。

由上可知，金中都存在明确的中轴线：以郭城正南门（丰宜门）、皇城南门（宣阳门）、宫城南门（应天门）、前朝大安殿、内朝仁政殿、宫城北门（拱宸门）、郭城北门（通玄门）等为中

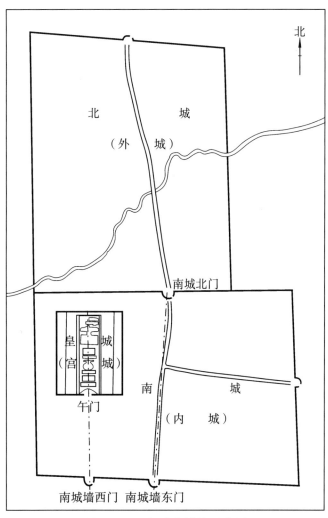

图 3　金上京城中轴线示意图
（改绘自黑龙江省文物考古研究所：《哈尔滨市阿城区金上京南城南垣西门址发掘简报》图二）

轴线基点，以丰宜—宣阳街和拱宸—通玄街为主轴（图4）[18]。金中都的中轴线位置偏西，其连接郭城、皇城和宫城，并将宫城中的前朝大安殿、内朝仁政殿连接起来，这在一定程度上体现出了"建中立极"的中轴线规划理念。

（五）北宋东京

北宋东京为北宋五京之一，在五代后梁开平元年（公元907年）此地初设为开封府，号东都，是当时北宋的政治、经济中心。北宋东京城平面呈"回"字形，由外城、内城和宫城三城内外相套。目前外城共发现城门和水门遗迹12处[19]，其中南薰门为外城正门。内城有10座城门，其中正门门为朱雀门。宫城仅发现3处门址，即正南门宣德门（乾元门）、北门（拱宸门）和东门（东华门）。宫城布局沿袭"前朝后寝"之制，在宫城内的轴线上发现"凸"字形夯土建筑基址"龙亭大殿"，应是宫城内的重要宫殿基址[20]。

由上可知，北宋东京城存在南北向的中轴线：以外城南门（南薰门）、内

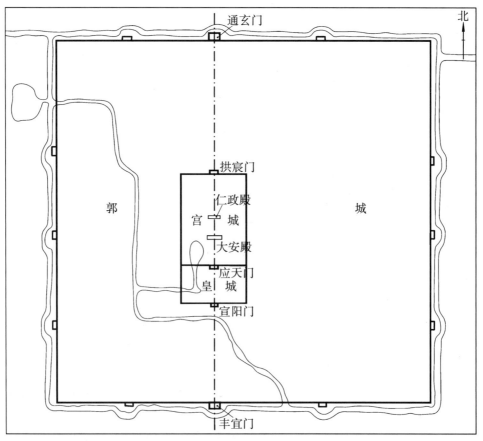

图4　金中都中轴线示意图
（改绘自中国社会科学院考古研究所：《中国考古学·宋辽金元明卷》图5-2-1）

城南门（朱雀门）、宫城南门（宣德门）、中心建筑"龙亭大殿"、宫城北门（拱宸门）等为中轴线基点，以南北向街道为主轴（图5）[21]。北宋东京城开放式街巷格局使其呈现出多轴线化现象。鉴于此，笔者认为多轴线化格局中也是有一个主轴，就是整个都城的中轴线。通过这个主轴体现出都城中轴线规划的"建中"原则，并且为后期都城规划设计提供参考。

（六）南宋临安

南宋临安于绍兴八年（1138年）正式成为南宋都城，形制基本承吴越国都和北宋杭州城之旧。南宋临安城在总体布局上有外城和皇城两重[22]。外城又称罗城，平面呈"腰鼓形"，有五座水门。城内的街道主要以御街为主，贯通南北，其南起自皇城北门（和宁门），向北经朝天门，众安桥、观桥和万岁桥，

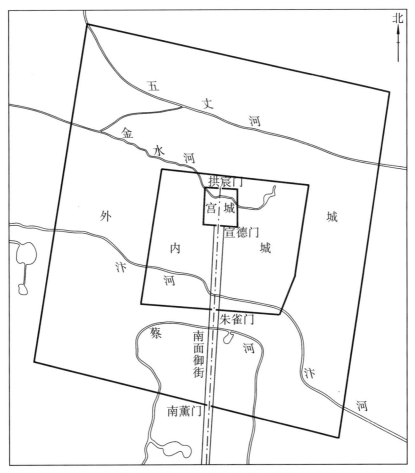

图 5　北宋东京城中轴线示意图
（改绘自河南省文物考古研究院等：《河南开封北宋东京城顺天门遗址
2012～2017年勘探发掘简报》图一）

然后西折抵景灵宫前斜桥（中正桥），向北出外城抵水门（余杭门）[23]。

由上可知，南宋临安城的御街具有不一般的意义，以御街为主轴，通过御街上的门、桥构成整个城市的中轴线（图6）[24]。南宋临安城的中轴线：皇城北门（和宁门）、朝天门、众安桥、观桥、万岁桥、斜桥（中正桥）、水门（余杭门）。在御街—和宁门—朝天门段分布有大量中央官署衙门及府邸官宅等，故此段以政治礼仪性为主。御街—朝天门北段则主要以商业活动为主，同时具有一定的政治礼仪性（景灵宫）。这也说明御街在临安城中的重要地位，以此形成的中轴线不仅具有交通功能，也在一定程度上体现出政治礼仪、商业等诸多功能。因此，南宋临安城中轴线是以御街为主轴，连接各个中轴线

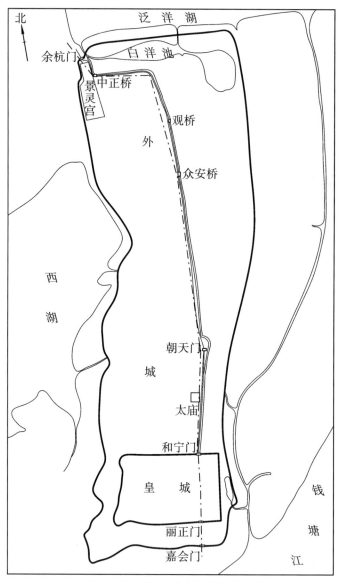

图6 南宋临安城中轴线示意图
［改绘自刘庆柱：《中国古代都城考古发现与研究》（上）图13-2］

基点。由于目前对于皇城的考古发掘不充分，皇城内中轴线上的中心建筑情况尚不明确。

（七）元上都

元上都是元朝最早修建的都城之一，始建于1256年，历时三年建成，初名开平府。元上都由外城、皇城和宫城构成。皇城位于外城的东南部，宫城位于

皇城中部偏北。宫城南门为御天门。御天门内纵街位于宫城中央，连接宫城主要宫殿。皇城南门为明德门（与御天门相对）。皇城南门（明德门）和宫城南门（御天门）由南北向御街相连接[25]。

由上可知，元上都的中轴线：以皇城南门（明德门）、宫城南门（御天门）、宫城等重要建筑为中轴线基点，以皇城南北向御街、御天门内纵街为主轴（图7）[26]。总体来看，元上都的中轴线并非位于都城的中间位置，而是位于皇城与宫城的中央位置，这也体现了"皇权至上"与"因俗而治"的都城规划思想。元上都在规划设计上主要体现军事与政治功能，且在一定程度上展示出"立极"的中轴线规划理念。

（八）元大都

元大都是元朝中后期较为重要的都城，始建于至元四年（1267年）。元大都整体由外城、皇城和宫城环套，平面呈"回"字形布局。《元史·地理志》记载，大都城共有城门11座。南面三门，中为丽正门。北面二门，东称安贞门，西称健德门。据考古发掘材料和历史文献记载可知，外城南门为丽正门，皇城南门为灵星门，宫城南门为崇天门，北门为厚载门，大天寿万宁寺的中心阁（今北京鼓楼北）位于宫城中央南北大街的北部终点，南北纵街和东西横街是全城的主干街道。元大都的居民区规划整齐，平面呈棋盘状，形成开放式街巷格局[27]。由此可以看出，整个元大都经过精心规划，都城中的功能区规划明确，中轴线上的中心建筑完备，体现出国际大都市的

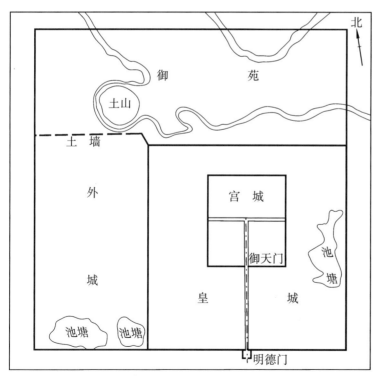

图 7　元上都中轴线示意图
［改绘自刘庆柱：《中国古代都城考古发现与研究》（上）图15-1］

风范。

由上可知，元大都中存在明显的中轴线：以外城南门（丽正门）、皇城南门
（灵星门）、宫城南门（崇天门）、宫城北门（厚载门）、万宁寺（中心阁）等为
中轴线基点，以纵贯南北的中央街道为主轴（图8）[28]。虽然元大都为棋盘状格
局，存在多轴线化现象，但都城中轴线十分明确并且位置居中，体现出"建中
立极"的都城中轴线规划理念。元大都是中国古代晚期城市的典型代表，是中
国古代都城发展史上的又一个里程碑，为后期明清北京城的中轴线发展奠定了

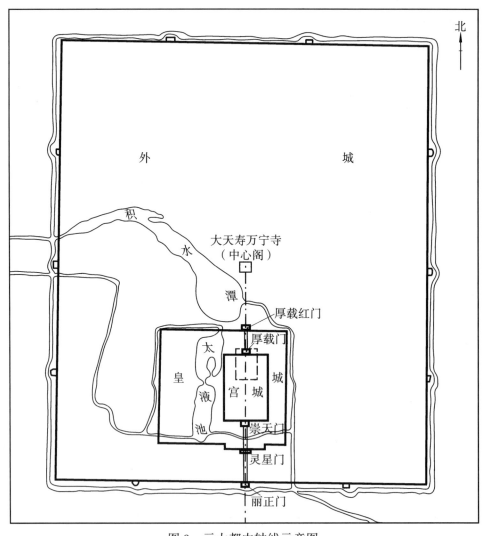

图 8　元大都中轴线示意图
（改绘自中国大百科全书总编辑委员会《考古学》编辑委员会：《中国大百科全书·考古
学》第630页"元大都平面复原图"）

基础。

（九）元中都

元中都于大德十一年（1307 年）始建，至元武宗去世后废弃。元中都地处漠北，是上都、大都间的交通要冲，也是蒙古贵族主要的聚居区之一。元中都由外城、皇城和宫城三城环套。据考古资料可知，宫城四面城墙中间有城门，宫城南门向北的御街直通 1 号殿址（大朝正殿）；皇城南墙辟南门，为三门道，每个门道存在将军石，与宫城南门相对应[29]。

由上可知，元中都存在十分明显的中轴线，位于皇城与宫城之间（图 9）：以皇城南门、宫城南门、1 号殿址等为中轴线基点，以城门之间的御街为主轴[30]。都城以中轴线为中心，整体规划清晰。元中都虽未建成，但也体现出都城中轴线规划思想——"建中立极"。

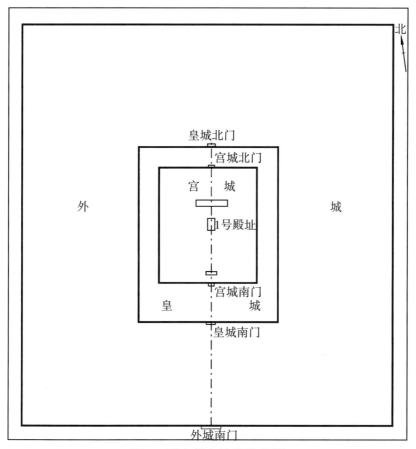

图 9　元中都中轴线示意图
［改绘自刘庆柱：《中国古代都城考古发现与研究》（上）图15-2］

（十）明中都

明中都于洪武二年（1369年）九月始建，洪武八年（1375年）四月罢建，其时基本建成。明中都由外城、禁垣和皇城环套而成。外城东、西、南三面城墙各辟三座城门，北部城墙辟两座城门，外城正南门为洪武门。禁垣四面各辟一门，正南门为承天门，正北门为北安门。皇城在禁垣中部，四面亦各辟一门，皇城正南门为午门，正北门为玄武门，午门外两侧各置一阙，形制与明清北京城午门相近，皇城内有大型建筑基址（奉天殿）[31]。

由上可知，明中都存在明确的中轴线（图10）。中轴线自南向北依次为：外城正南门（洪武门）、禁垣正南门（承天门）、皇城正南门（午门）、大内正门（奉天门）、大朝正殿（奉天殿）、皇城正北门（玄武门）、禁垣正北门（北安门）[32]。明中都基本上以中轴线为核心而营建，体现出了都城规划的整体性原则。

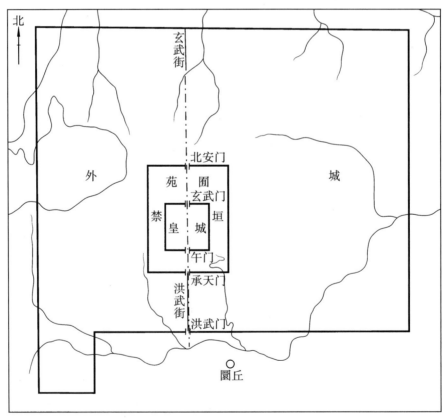

图 10　明中都中轴线示意图
［改绘自刘庆柱：《中国古代都城考古发现与研究》（下）图23-1］

（十一）明南京城

明南京城于明洪武十一年（1378 年）定为京师。该城由外郭城、京城（外城）、皇城和宫城环套。外郭城设 16 座城门。皇城位于京城东南部，皇城四面城墙各辟一门，正门为南城门（承天门），北门为北安门。宫城基本位于皇城中部，四面城墙各辟一门，正门为南城门（午门），北门为玄武门。在宫城午门和玄武门之间，自南向北依次分布有奉天、华盖、谨身前朝三大殿与乾清宫、省躬殿、坤宁宫后寝三大宫殿[33]。

由上可知，明南京城的中轴线（图 11）自南向北依次为：正阳门、洪武

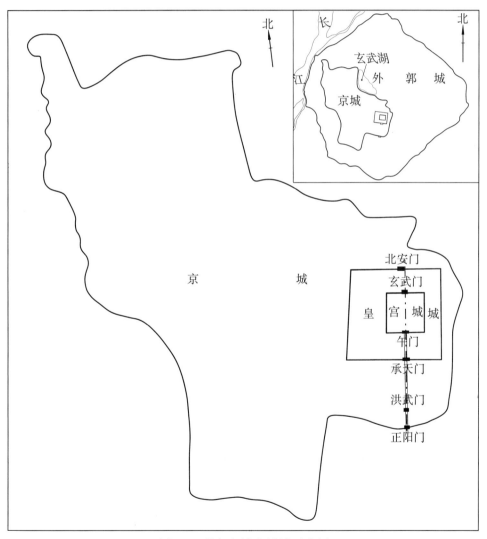

图 11　明南京城中轴线示意图
［改绘自刘庆柱：《中国古代都城考古发现与研究》（下）图23-2］

门、皇城正南门（承天门）、宫城正南门（午门）、奉天门、大朝正殿（奉天殿）、华盖殿、谨身殿、乾清门、乾清宫、省躬殿、坤宁宫、宫城正北门（玄武门）、皇城正北门（北安门）[34]。皇城、宫城整体都位于都城的东南部，因而宫城之中的大朝正殿、宫城正门和皇城正门的方位也偏于东部，这使得都城中轴线无法位于东西居中位置。不仅如此，明南京城的中轴线实际上也是皇城与宫城的中轴线，这也从侧面反映出"皇权至上"的思想。

（十二）明北京城

明北京城为永乐十九年（1421年）迁都之后的都城。其平面呈不规则的"日"字形，由南城（旧称外城）和北城（旧称内城）二城南北相连而成[35]。北城中心为皇城所在，共有9座城门，正南门为正阳门[36]。皇城位于北城中部偏南，皇城南门（承天门）向南至内城南门（大明门）之间为千步廊，街道两侧为中央官署区。宫城四面各辟一门，正南门为午门，北门玄武门外为万岁山。宫城内为前朝后寝布局，前朝为皇极殿，后宫为乾清宫。宫城午门之外，左部为太庙，右部为社稷坛。南城主要是工商业区，共有7座城门，正南门为永定门[37]。

由上可知，明北京城中北城的街道格局、重要建筑等部分沿用前朝元大都的部分规划，并在此基础上重新规划了宫城和皇城部分，形成三城环套的"回"字形布局。明北京城继续沿用元大都时期的都城中轴线：从北部起点钟鼓楼向南经皇城正北门（北安门）、北中门、万岁山、紫禁城玄武门和正南门（午门）、皇城正南门（承天门）、北城正南门（正阳门），至南城正南门（永定门）止（图12）[38]。明北京城的中轴线两侧皆为重要礼仪性建筑（社稷坛、太庙），蕴含丰富的文化内涵。

（十三）清北京城

清北京城作为女真入关后使用时间最长且极为重要的都城，其格局完全承袭明朝的"日"字形格局。该城由外城（即南城）、内城（即北城）和皇城组成。根据文献记载与考古发掘材料可知，清北京城中轴线沿袭了明北京城中轴线，只是城门与宫门、宫殿等名称有所不同。

清北京城中轴线南起外城南门（永定门），向北依次为正阳门、大明门、千步廊、金水桥、承天门、端门、午门、太和门、大朝正殿（太和殿）、中和殿、保和殿、乾清门、乾清宫、交泰殿、坤宁宫、钦安殿、玄武门，北上经北上门、万岁门、景山、寿皇殿至北安门，再至鼓楼、钟楼止（图13）[39]。总体上看，清北京城中轴线已经形成完整的中轴线体系，并且具有政治、经济等功能，展示出了"建中立极"的都城中轴线规划思想。

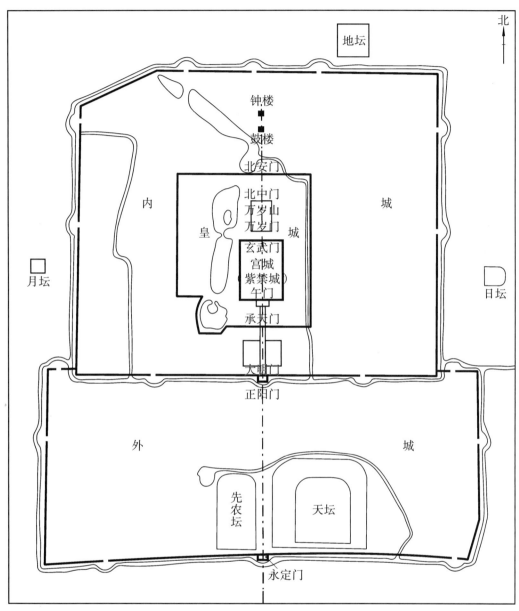

图 12　明北京城中轴线示意图
（改绘自秦大树：《宋元明考古》第85页图一二）

三、中轴线变化趋势与影响因素

（一）各期特点

1. 辽金时期

辽金两朝都属于少数民族建立的政权，并且都营建五京，实行捺钵制度。

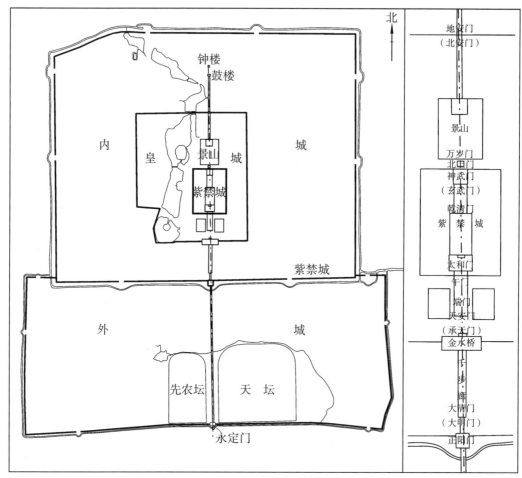

图 13　清北京城中轴线示意图

[改绘自刘庆柱:《中国古代都城考古发现与研究》(下)图23-7]

因此,在都城营建的过程中就带有大量民族文化特色。在辽上京城的都城营建规划中,北方游牧文化特色尤为突出。辽上京城虽存在中轴线,但仅限于北城(皇城)之中,而且中轴线的朝向为东向。不仅如此,契丹与女真在营建都城的过程中,也借鉴中原汉族文化思想。尤其是辽中京城与金中都城,平面布局与中原地区都城(北宋东京城)的布局有相似之处,都采用"回"字形格局。都城整体由外城、内城和宫城三城环套。这使得都城中轴线逐渐发展为大致南北走向。总体上看,中轴线尚处于都城偏西或偏斜位置,并未完全处于东西居中的位置。

可见,这一时期都城中轴线正处于转变与发展期。整体来说,辽金都城的营建体现了"皇权至上"与"因俗而治"的思想。此时期的都城中轴线规划受到中原文化和北方游牧民族文化的双重影响，这使得都城中轴线规划开始朝着南北走向、东西居中和宫殿位前的空间方位发展。

2. 宋元时期

宋元时期战争频发，使得都城更换频繁。都城中轴线也逐渐朝着南北走向的空间方位发展，其中外城正门、皇城正门和宫城（大朝正殿、后寝宫殿）等主要建筑都位于中轴线上，通过南北向的御街或中央大道相连接。虽然这一时期中轴线制度尚不完备，但中轴线的方位朝向基本为南北走向。自北宋东京城改唐以来都城的封闭式里坊布局为开放式纵横街巷格局，使得都城中轴线一般位于街道之中。由此中轴线的空间方位并不完全位于都城东西居中位置，而是在都城偏东或偏西位置。

可见，这一时期都城中轴线处于定型期。在前一时期的基础上形成一定的都城中轴线制度，并且不断完善发展，体现出一定的"建中立极"的都城中轴线规划理念。正是由于这一时期都城布局发生改变，使得都城中轴线也发生了变化。此时期的都城中轴线不仅体现出政治礼仪性，也体现出了商业经济性。

3. 明清时期

明清时期是中国古代都城中轴线制度发展的鼎盛时期，在位置、内涵等多方面，都达到了中国古代都城中轴线发展的顶峰。都城中轴线实际并不是贯通南北的街道，而是由中轴线基点与主轴组成。此时期中轴线基点是郭城、皇城和宫城的正南门，大朝正殿如明皇极殿、清太和殿等，以及后宫寝殿等主要建筑，而主轴则是南北向的御街或大道。

可见，这一时期是都城中轴线制度发展的成熟期。都城中轴线制度已经完备，形成了东西居中、南北向的都城中轴线，以此表现出"建中立极"的都城中轴线规划理念。都城中轴线以外郭城正门为起点，向南经皇城正门、宫城正门、大朝正殿（三大殿）、后寝宫殿，出宫城北门，向北入景山，至钟鼓楼止。都城中轴线不仅在空间方位、政治功能方面显示出重要地位，其两侧分布的礼制性建筑也体现出礼仪功能。

（二）总体变化趋势

1. 空间方位

辽金时期都城中轴线一般偏离于都城中轴，而且都城中轴线朝向有的也不固定，如辽上京、金上京等。宋元时期都城中轴线开始逐渐由偏离中轴位置（偏东或偏西），向都城东西对称轴靠近，这一现象在新修建的都城中体现得尤为明显，如元大都、元中都等。明清时期都城中轴线基本位于都城东西对称的中轴位置，说明这一时期都城营建是以轴对称进行规划设计的。

总体来看，辽金至明清时期都城中轴线的空间方位变化，是由偏离东西对称轴位置到接近东西中心对称轴位置，最后到完全位于东西中心对称轴位置，反映出"建中"这一都城中轴线规划理念。

2. 轴线建筑

辽金时期都城中轴线建筑尚不完备，仅大朝正殿为主要的中心建筑。到宋元时期，中轴线建筑逐渐增多，出现由大朝正殿、后宫寝殿构成的"前殿后寝"的建筑规制。直到明清时期，北京城形成了一套完整的中轴线建筑规制：南起外城南门（永定门），向北依次为正阳门、大明门、千步廊、金水桥、承天门、端门、午门、太和门、大朝正殿（太和殿）、中和殿、保和殿、乾清门、乾清宫、交泰殿、坤宁宫、钦安殿、玄武门，北上经北上门、万岁门、景山、寿皇殿至北安门，最后至鼓楼、钟楼止。简单来说，就是都城中轴线南起外城正南门，向北经内城正南门、皇城正南门、大朝正殿、后宫寝殿、皇城正北门、皇家御苑，最后至鼓楼、钟楼止，以上便是都城中轴线上必须具有的中轴线建筑。因此，辽金至明清时期的中轴线建筑经历了由简到繁、由少到多的过程，并且不断发展完善，形成了一定的中轴线建筑规制。这也从侧面反映出中央权力的不断加强，以及统治者对文化礼仪的重视。

3. 规划布局

辽金至明清时期，都城中轴线制度逐渐发展完善，形成了一套严整的中轴线规划制度。辽金时期都城中轴线的规划尚未形成完整的体系，在空间方位、中心建筑等方面只具雏形。宋元时期大部分都城都是新修建的，都城中轴线则位于东西轴对称的位置，并且中轴线建筑相对完备，体现出一定的都城中轴线规划。明清时期都城中轴线制度基本形成：南起各城正南门，向北至大朝正殿、后宫寝殿、皇家御苑，最后至鼓楼、钟楼止。这也反映出中国古代都城中轴线规制在不断完善发展，直到明清时期达到顶峰，从侧面体现出"建中立极"的都城中轴线规划理念。

（三）影响因素

1. 旧城建筑

中轴线的规划难免受到旧建筑的影响。辽金至明清时期，北宋东京城、南宋临安城、金中都和明南京城的中轴线并不处于都城的轴对称位置，可能是由于这些都城并不是新修建的，而是沿用前朝旧城的基础建设。由上文可知，这一时期大多数都城都属于新建的都城，辽中京、金中都、元大都和元中都的中轴线多位于都城的轴对称位置，并且中轴线上的中心建筑也相当完备，形成一定的规制。以上情况反映出统治者力求营建新都城的政治愿景，也体现出都城规划者对于中轴线规划的思考。营建新都城相比利用旧城改造而言，前者相对比较困难，且需耗费大量时间、人力、财力等。因此，此时期利用旧城改造来规划设计都城，也有利于当时的社会繁荣与政权稳定。

2. 地理环境

辽金至明清时期，都城中轴线部分偏离都城的轴对称位置，使得都城的布局并不是中规中矩，这可能是受到地理环境的影响。新修建都城的地理位置多依山傍水，不得不考虑地理环境因素。皇城和宫城偏离中心位置，位于外城内部一侧，如明中都；或在外城外部一侧，如元上都。这种布局是由于都城地势低洼或处于山脚之下，考虑到皇城和宫城的防水、防御等方面问题，而不得不将其皇城、宫城营建于偏离中心的位置。

3. 文化传统

辽金至明清时期，都城中轴线逐渐形成了"建中立极"的规划理念，使得都城中轴线开始逐渐向都城轴对称位置靠近。辽金两朝属于少数民族政权，其都城营建受到民族文化的影响，并且呈现出一定的民族特色，如辽上京东西向的都城中轴线、金上京偏西的都城中轴线等。明清时期都城中轴线制度完善，"建中立极"成为都城中轴线的规划理念。"建中"就是中轴线在空间方位上位于都城"四方"之"中"，即东西南北之"中"。"立极"就是都城中轴线基点如大朝正殿及中心建筑等位于中轴线的中心方位之上。

四、结　语

辽金至明清时期都城中轴线的变化发展是"动态"的，都城中轴线规划或使用理念基本一脉相承，都是以"建中立极"为理念进行规划。总体来看，这一时期都城中轴线表现出空间方位由偏离到"建中"。中轴线建筑由少到多、由简到繁，由此体现出"立极"的规划理念，并且逐渐形成一定的都城中轴线规制。明清北京城的中轴线更强调"多元一体"，展现了以汉文化为主的中华传统文化强大的影响力和兼容性，反映了少数民族与汉族不断融合和走向统一的大趋势，可以说是中国古代都城中轴线规制发展的集大成者。无论是空间方位，还是中轴线建筑都十分完善，体现出都城中轴线的规划理念——"建中立极"，并且从侧面也反映出"皇权至上"的思想。

北京中轴线是中国传统都城中轴线发展至成熟阶段的杰出范例，代表了中华文明在城市规划建设上的伟大创造与杰出才能，集中展现了大国首都形象和中华文化魅力[40]。2024年7月27日，北京中轴线申报世界遗产获得成功。北京中轴线作为"活态"的文化遗产、城市历史景观、文化历史记忆等，在遗产保护方面极具挑战性，需进一步加强对北京中轴线作为遗产的保护与管理力度，探讨新型的保护机制，为其未来发展提供新方向，也为世界遗产的保护做出贡献。

注　释

[1] 山东省文物考古研究所：《曲阜鲁国故城》第25～27页，齐鲁书社，1982年。

[2] 中国社会科学院考古研究所内蒙古第二工作队等：《内蒙古巴林左旗辽上京宫城东门遗址发掘简报》，《考古》2017年第6期。

[3] 中国社会科学院考古研究所内蒙古第二工作队等：《内蒙古巴林左旗辽上京宫城南门遗址发掘简报》，《考古》2019年第5期。

[4] 董新林等：《考古发掘首次确认辽上京宫城形制和规模》，《中国文物报》2015年1月30日第4版。

[5] 董新林等：《辽上京城址首次确认曾有东向轴线》，《中国文物报》2016年5月6日第4版。

[6] 中国社会科学院考古研究所内蒙古第二工作队：《内蒙古巴林左旗辽上京皇城西山坡佛寺遗址考古获重大发现》，《考古》2013年第1期。

[7] 董新林：《辽上京规制和北宋东京模式》，《考古》2019年第5期。

[8] （宋）路振：《乘轺录》，中华书局，1991年。

[9] 内蒙古自治区昭乌达盟文物工作站：《辽中京遗址》，《文物》1980年第5期。

[10] a.中国大百科全书总编辑委员会《考古学》编辑委员会：《中国大百科全书·考古学》第279页，中国大百科全书出版社，1986年。

b.中国社会科学院考古研究所：《中国考古学·宋辽金元明卷》，中国社会科学出版社，2023年。

[11] 黑龙江省文物考古研究所：《哈尔滨市阿城区金上京皇城西部建筑址2015年发掘简报》，《考古》2017年第6期。

[12] 黑龙江省文物考古研究所：《哈尔滨市阿城区金上京南城南垣西门址发掘简报》，《考古》2019年第5期。

[13] 赵永军：《金上京城址发现与研究》，《北方文物》2011年第1期。

[14] 黑龙江省文物考古研究所：《哈尔滨市阿城区金上京皇城西部建筑址2015年发掘简报》，《考古》2017年第6期。

[15] （宋）宇文懋昭著，崔文印校正：《大金国志校正》，中华书局，1986年。

[16] 阎文儒：《金中都》，《文物》1959年第9期。

[17] 齐心：《近年来金中都考古的重大发现与研究》，《中国古都研究》第十二辑第15页，1994

年。

[18] 徐苹芳：《中国城市考古学论集》第66～76页，上海古籍出版社，2015年。

[19] 开封宋城考古队：《北宋东京外城的初步勘探与试掘》，《文物》1992年第12期。

[20] 田凯：《北宋开封皇宫考辨》，《中原文物》1990年第4期。

[21] 河南省文物考古研究院等：《河南开封北宋东京城顺天门遗址2012～2017年勘探发掘简报》，《华夏考古》2019年第1期。

[22] 阙维民：《杭州城池暨西湖历史图说》第33页，浙江人民出版社，2000年。

[23] 中国考古学会：《中国考古学年鉴（1985）》第149页，1985年。

[24] 刘庆柱：《中国古代都城考古发现与研究》（上）第424页，社会科学文献出版社，2016年。

[25] 魏坚：《元上都及周围地区考古发现与研究》，《内蒙古文物考古》1999年第2期。

[26] 刘庆柱：《中国古代都城考古发现与研究》（上）第485页，社会科学文献出版社，2016年。

[27] 徐苹芳：《中国城市考古学论集》第107～122页，上海古籍出版社，2015年。

[28] 中国大百科全书总编辑委员会《考古学》编辑委员会：《中国大百科全书·考古学》第630页，中国大百科全书出版社，1986年。

[29] 刘庆柱：《中国古代都城考古发现与研究》（上）第496页，社会科学文献出版社，2016年。

[30] 刘庆柱：《中国古代都城考古发现与研究》（上）第495页，社会科学文献出版社，2016年。

[31] 王剑英：《明中都研究》第207～442页，中国青年出版社，2005年。

[32] 刘庆柱：《中国古代都城考古发现与研究》（下）第946页，社会科学文献出版社，2016年。

[33] 邹厚本：《江苏考古五十年》第413、414页，南京出版社，2000年。

[34] 刘庆柱：《中国古代都城考古发现与研究》（下）第947页，社会科学文献出版社，2016年。

[35] 侯仁之：《元大都城与明清北京城》，《故宫博物院院刊》1979年第3期。

[36] 〔瑞典〕喜仁龙著，许永全译：《北京的城墙和城门》第36页，燕山出版社，1985年。

[37] 张先得：《明、清北京城垣和城门（一）》，《古建园林技术》1985年第3期；《明、清北京城垣和城门（二）》，《古建园林技术》1985年第4期。

[38] 秦大树：《宋元明考古》第85页，文物出版社，2004年。

[39] 刘庆柱：《中国古代都城考古发现与研究》（上）第499页，社会科学文献出版社，2016年。

[40] 刘治彦：《北京中轴线申遗保护中的城市治理创新——基于民生改善的视角》，《国家治理》2024年第18期。

Preliminary Study of the Central Axis of the Capital City during the Liao and Jin through Ming and Qing Dynasties

Shi Haocheng

KEYWORDS: Capital City   Central Axis   Liao and Jin Periods
Song and Yuan Periods   Ming and Qing Periods

ABSTRACT: During the process of ethnic integration from the Liao and Jin through the Ming and Qing periods, minority regimes were significantly influenced by Han culture from the Central Plains, resulting in considerable changes to the layout of their capital cities, particularly in the central axis. In the Liao and Jin periods, the central axis of the capital city was not yet stable, exhibiting both east-west and north-south orientations. By the Song and Yuan periods, the layout of the central axis became relatively stable, predominantly aligning north-south and situated roughly in the center of the city. The Ming and Qing periods saw the refinement and development of the capital's central axis, with the axis positioned symmetrically and traversing the central buildings of the city from north to south. The changes and developments in the central axis layout of the capital cities from the Liao and Jin to the Ming and Qing periods reflect the processes of pluralistic cultural exchange, interaction, and integration during this time. They also demonstrate the evolution of the "establishing the center and aligning the extremes" concept in urban planning during pluralistic cultural integration.

（责任编辑　洪　石）

基于系统区域调查对古代聚落人口规模的重建和聚落形态的解读

——以江汉平原笑城-陶家湖遗址所在区域为例

李冬冬　向其芳

关键词：笑城-陶家湖区域　系统区域调查　人口规模重建　新石器时代至魏晋时期

内容提要：对古代人口规模重建是考古学研究的一项重要任务。基于系统区域调查资料所进行的人口规模重建工作在全世界范围内有较多实践。作者利用已在内蒙古赤峰和山东日照地区实践过的两种方法，对江汉平原笑城-陶家湖遗址所在区域古代人口规模进行重建，以观察这个区域人口分布的历时性变迁特征和社会复杂化进程。同时也仔细分析了这两种方法的特点和优势，探讨其在本地区实践的有效性和在其他地区实践的可能性。"面积-密度"指数方法能在微观上反映人口密度的水平。密度常数方法基于调查面积来计算人口，对于大区域而言，用一个常数来估算绝对人口数量非常有效。

在考古学中，对古代人口规模进行重建是一项重要任务。人口规模在很大程度上决定了社会内部交流和组织方式，以及与周邻社会的跨区域交流，也在很大程度上决定社会的性质。在人口研究方面，伦福儒（Collin Renfrew）和巴恩（Paul Bahn）认为人口研究应该包括规模、密度、增长率和人口在文化变化中的作用[1]。这些都是进一步理解人口与资源、技术和社会的基础。因此，为了解释古代社会，我们需要尝试对古代社会的人口规模进行重建。笔者将基于已发表的系统区域调查数据[2]，对江汉平原笑城-陶家湖遗址和周边，以及两遗址之间的区域，从油子岭文化时期到历史时期约700个采集单位进行历时性人口

作者：李冬冬，北京市，100710，中国社会科学院考古研究所。
　　　向其芳，武汉市，430077，湖北省文物考古研究院。

规模和时空分布的重建。

陶家湖城址位于湖北应城市西约 18 公里的泗龙河与陶家河交汇处，隶属汤池镇方集村，西距汤池镇 2.5 公里。地理坐标为东经 113° 21′、北纬 30° 45′，海拔 40.9 ～ 44.2 米 [3]。笑城城址位于天门市东北 36.4 公里处，东距皂市镇 7.5 公里，属大洪山向平原过渡的丘陵地带熊家岭岗地南端，南为湖泊区，北为丘陵地带。地理坐标为东经 113° 18′ 37.7″、北纬 30° 50′ 59.2″，海拔 26 ～ 29.5 米。该城址于 20 世纪 80 年代初发现，湖北省文物考古研究院于 2005 年对城墙东、西、北三面进行了解剖，并在城内进行了小范围发掘，确定了城址的面积（9.8 万平方米）及文化内涵，发现了屈家岭文化、石家河文化以及西周、汉代、六朝等多个时段遗存 [4]。

本次调查覆盖陶家湖城址和笑城城址、城址周边及两座城址的中间地带，调查面积约 60 平方公里。调查范围大致以长荆铁路线为界，分为陶家湖地区和笑城地区。陶家湖地区以陶家湖城址为中心，东界沿杨岭岗垅向南延伸至长荆铁路附近，北界在陶家湖城址以北约 2 公里处，西界为汤池镇以南的南北向岗垅及其西部的冲沟。区域内地形主要包括低岗丘陵、河谷平地和冰湖洼地。笑城地区以笑城城址为中心，东至 311 省道附近，西部以李场为界，南至沪蓉高速。调查范围内地形主要为平原、低岗丘陵。两区相比，笑城地区临近皂市河冲积扇阶地，地势起伏落差相对较小。调查区域内水田和河渠沟叉密布，全年植被覆盖面广，通行度低，不易发现人工遗物。

一、研究方法

早在 20 世纪 30 年代，以科尔顿（Harold Colton）为代表的考古学家就利用考古调查过程中记录的房址信息，来估算美国亚利桑那州弗兰格斯塔夫（Flagstaff）地区史前人口规模 [5]。在科尔顿之后，有考古学家也试图用遗址的数量、房址面积和遗址面积来估算人口规模 [6]。20 世纪 60 ～ 70 年代，在对墨西哥盆地的研究中，桑德斯（William Sanders）等人认为遗址数量和规模与人口规模之间存在相关性。他们观察到，阿兹特克时期的房址保存状况较好，不同遗址的房址密度也有差异，有些遗址的房址密度高达 20 座 / 公顷，而有些地区每公顷只有 1 ～ 2 座。他们还注意到，遗址的房址密度低，地表遗物密度也比较低；遗址的房址密度高，地表遗物的密度也更高。而且，房址密度和遗物密度之间这种相关性在墨西哥盆地现代村落中同样存在。进而，他们在遗物和房址之间界定了一个量化的比例范围，利用地面采集遗物的分布面积和密度对人口规模进行了估计。首先，桑德斯等人将在地面观察到的陶片密度从 0～400 片/平方米按照高低分成 10 个等级；其次，把墨西哥盆地现代村庄人口密度从 2～5 人/公顷到 25～50 人/公顷分成 5 个等级，并且假设墨西哥盆地现代村庄人口密度和阿兹特克时期类似；最后，将系统区域调查中 10 个等级的遗物密度和现代农业村庄中 5 个等级的人口密度分别对应，以估算阿兹特克时期的人口规模[7]。下文要介绍的赤峰地区系统区域调查根据"面积－密度"指数估算人口的方法也源于此。在赤峰地区的系统区域调查中，通过对新石器时代不同时期居址对应人口居住密度进行估算，中美赤峰调查团队也认为地表的陶片密度和不同时期遗址内的人口居住密度之间存在着一定的相关性。

在区域调查中，调查者们一般根据研究需要达到的精度等距分开，调查者之间的距离可以是 10、20、30、50 或 100 米，理论上沿直线同向前进，并且采集目所能及范围内的遗物。鉴于地表遗物密度不同，遗物的采集方式有两种，一种是集中采集，另一种是一般采集。对于遗物密度较高的区域[8]，由于地表遗物太多，调查者不可能收集沿途遇到的所有遗物，因此就可以在此区域内随机划定以 1.8 米为半径的圆，然后收集这个圆内（约 10 平方米）可见的所有遗物。在上述 1 公顷范围内，可以随机多画几个圆，并采集圆内所有遗物。这样做的目的是尽可能保证统计学意义上的随机取样，也可以增加样本量，以避免抽样偏见影响后来计算的陶片密度。一般采集方式适用于遗物密度较低的区域。在调查过程中，采集者可以在自己行进路线上采集目所能及的所有遗物，并且在地图上画出采集到遗物的理论面积为 1 公顷的采集单位[9]。

在这里，有必要对为什么需要花费精力划分每公顷的采集单位进行说明[10]。在系统区域调查中，我们需要考虑遗址的年代、空间范围、利用频次和功能等方面的特点。利用小于遗址本身的空间单位（1 公顷）对遗址进行划分，就可以从以上方面对遗址做更进一步的研究。例如，我们经常在考古调查或者发掘报告中看到类似这样的描述："A 遗址从仰韶文化时期沿用到战国时期，遗址面积为 1 平方公里。"这样的描述看似信息量很大，但却非常模糊，我们不能从这样的描述中得到任何可以用于遗址分析的信息，它既未告诉我们不同时期遗物在这个区域内的总体密度是多少，也未告诉我们不同时期遗物密度在空间上的差异。在系统区域调查中，将调查范围划分成以 1 公顷为单位的"网格化"采集单位，并且分别收集各个采集单位内的遗物，我们就能够观察各个时期的遗物在空间分布上有什么变化。此外，由于系统区域调查还通过系统取样记录了每公顷范围内各个时期遗物的密度，这就为根据遗物密度进一步估计遗址各个时期空间利用频次，以及估计人口提供依据。另一个需要注意的问题是，考古学家们在定义遗址时有很强的主观性。比如，对于遗物连续分布的两个片区，两者间距多远才算两个遗址，是20米、50米、100米，还是更远？不同的考古学家对这个问题会有不同的答案。系统区域调查中，以1公顷为最小面积（也可以根据研究问题设计更小的范围）划分采集单位，客观记录和计算遗物的分布，能够有效避免并无太多必要的定义之争。

在对赤峰地区史前人口估计之前，研究人员根据经过完整发掘的临潼姜寨遗址的信息，估算了该遗址人口密度，并且假设该遗址人口密度与赤峰地区各聚落人口密度大致相似。具体而言，他们按照姜寨遗址房间大小估计每个房间人口数量的最小值和最大值，并乘以房间数，从而得出聚落人口规模，再将人口规模除以姜寨遗址面积，得出该遗址人口密度为158～283人/公顷，然后将这个估值用于赤峰地区。在赤峰地区，他们将地表红山文化时期陶片平均分布密度（2.5片/平方米）除以红山文化持续的世纪数（15个），得到了0.167片/平方米的"面积－密度"数值。这个计算的含义是，由于今天观察到的地表红山文化时期陶片密度是红山文化15个世纪里陶片累积的结果（在其他条件一致的情况下），那么15个世纪陶片累积的速率就是用该平均密度（2.5片/平方米）除以世纪数（15个）所得的数值（0.167片/平方米）[11]。这个数值至此依然是陶片密度，需要进一步换算成绝对人口数量。

因为已经假定红山文化聚落人口密度与姜寨聚落相似，那么就意味着在红山文化持续的15个世纪里，每公顷土地上平均人口数为158～283人，而且这个平均人口数对应的"面积－密度"指数为0.167。由此，绝对人口范围158～283和"面积－密度"指数（相对人口指数）0.167之间的比率就是946～1696。反过来说，用这个比率乘以"面积－密度"指数就可以得到绝对人口数量。为了让基于"面积－密度"指数以上述方式（用"面积－密度"指数乘以上述比率）计算绝对人口数量的方法更有普遍意义，我们就需要寻找一个更加稳定且普遍存在的比率，这就需要扩大样本量，用更多完整揭露房址的遗址计算其绝对人口和地表"面积－密度"指数之间的比率，并且寻找由此比率组成的样本中的特征值（均值或者中值），然后用这个普遍意义上的特征值和相关系统区域调查所得的"面积－密度"指数相乘，以得到绝对人口数量。为了实现这个目的，中美赤峰调查团队认为，在田野发掘工作之前，需要在地面进行系统采集，并在发掘出土陶片密度、地面采集所得陶片密度以及完整发掘的房址之间建立基于大数据的相关性，从而能够对前文所述绝对人口指数和相对人口指数之间的比率进行修正，以得到更普遍意义上的比值样本的特征值。中美赤峰调查团队在后来的田野工作中也是这么实践的。

该团队还对经过田野发掘的老虎山遗址夏家店下层文化时期和赤峰地区2001年发掘的674号遗址夏家店下层文化时期的出土陶片密度做了比较，发现老虎山遗址夏家店下层文化时期陶片密度仅为后者的16%。由于不知道老虎山遗址地表夏家店下层文化时期陶片密度信息，该团队根据老虎山和674号遗址之间发掘出土陶片比值（0.16），再利用赤峰674号遗址地表系统采集所得的夏家店下层文化时期的陶片密度1片/平方米，推算老虎山夏家店下层文化时期地表陶片密度为0.16片/平方米。这个"面积－密度"指数再除以夏家店下层文化时期的世纪数（9个），就得到了674号遗址夏家店下层文化时期人口指数0.018。然后根据老虎山遗址房址数量估算的人口规模，该团队用0.018这个指数推算了674号遗址夏家店下层文化时期900年间平均人口规模为30～60人。这个人口规模和人口指数（0.018）之间的比值为1667～3333。那么，1667～3333就可以看作是地表采集所得"面积－密度"指数（0.018）的倍数[12]。

中美赤峰调查团队注意到前文红山文化时期和夏家店下层文化时期两个比值不一致现象（两个比值范围分别为946～1696和1667～3333），并且承认这一定是某种误差的结果。在赤峰地区和辽宁大凌河上游地区20多年的调查和发掘工作中，中美赤峰调查团队利用类似的方法，将包括白音长汗、赵宝沟、姜寨、老虎山和三座店在内的五个比较完整聚落的人口估值作为计算人口密度估值的基础[13]，分别利用来自兴隆洼文化、赵宝沟文化、红山文化、夏家店下层文化、夏家店上层文化、战国至汉和辽等多个时期的发掘资料和调查资料，对绝对人口和"面积－密度"指数的比率进行了修正（图1），并提出了一个"最佳估算模式"，即将绝对人口和"面积－密度"指数的比值修正为500～1000。我们暂时把这个比值看作是在各个时期都比较普遍存在的比值范围，而且是对前文提到的比值样本具有代表性的范围（类似于均值或者中值对数组特征的代表意义）。在具体计算过程中，我们可以尝试用系统区域调查所得的"面积－密度"指数乘以500～1000这个比值，从而得出绝对人口范围。很显然，这个具有开创性的建议是非常大胆且前卫的，也不可避免的会有误差，在得到充分验证和进一步修正之前，更会招致很多质疑。正如周南（Drennan）等人指出的，这个"神奇数字"（500～1000）并不能保证在所有时空都适用[14]。也正是鉴于此，我们可以利用考古发掘中的房址、墓葬和历史文献等各种资料，对基于这个"神奇数字"的估计结果进行检验。

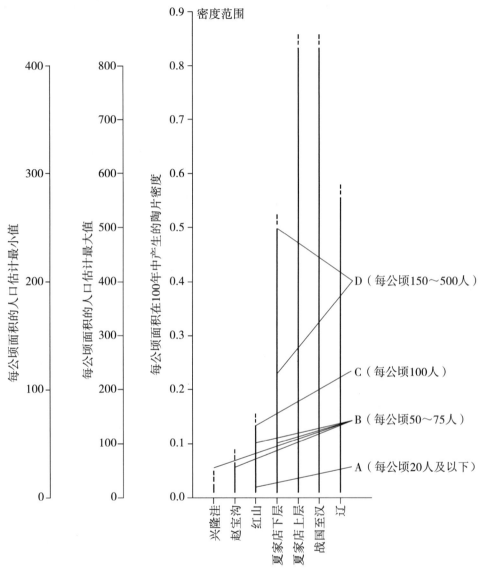

图1 不同时期采集遗物的"面积－密度"指数和根据房址数量估算的人口（最小值和最大值）之间的比较
（采自〔美〕周南等著，李涛译：《考古学中的区域聚落人口》）

在此需要承认，人口规模、居住时间和遗物密度之间的关系是非常复杂的，但为了能够对古代聚落人口有系统性且符合逻辑的认知，我们需要有化繁为简的勇气和符合逻辑的设计，这样才能用清晰的定量方法来估算人口，并且说明以上各方面之间的关系。假设一定时间段内每人产生的遗物数量相对稳定，在某个固定的区域，200人200年产生的遗物数量，400人100年产生的遗物数量和 100 人 400 年产生的遗物数量就应该是接近的。在以上假设案例中，以百年为单位计算"面积－密度"指数，就能够捕捉到不同时间段内的人口变化。另一种情况是，在某个固定的时间段，如果 100 人在某个区域居住了完整时间段，或是 200 人居住了一半的时间段，或是 400 人居住了 1/4 的时间段，用"面积－密度"指数估算的人口数量是一致的。因此，我们在此可以把估计得到的人口看作整个时间段内的平均人口，而不是特指某个具体时刻的人口数量。在定居农业社会，区域人口对土地依赖性较强，且容易在一个地方生活较长时间，基于"面积－密度"指数所估计的定居农业区域人口，应该和短时间内平均人口规模差别不会太大。但我们也必须看到，由于暂时无法得知新石器时代人口年增长率和人口季节性流动等指标，我们无法对更精确意义上（比如以年份为单位）的人口进行估计。

利用系统区域调查资料对人口规模估计的另一种方法来自对山东日照地区的研究。这种方法利用调查范围内遗物分布面积对人口进行了估计。具体来说，研究者先对当地 100 个自然村的人口密度进行了估计，得出平均居住密度为 72.2 人／公顷，并假设这个密度和古代农业社会类似，据此将这个数值也用在古代的农业人口研究中，然后将调查范围内各时期遗物的分布面积和这个常数相乘，最终得出古代人口规模[15]。这种方法主要考虑的是某个时期遗物分布总面积，它可以被看作某个时期若干年内遗物空间叠加分布形成的总面积。我们将把这两种方法运用于笑城－陶家湖区域的人口研究中，并结合历史文献对计算结果进行比较和检验。

二、利用两种方法计算的人口规模及结果比较

在赤峰案例中，研究者以陶片的分布面积和密度作为主要因素计算人口估值。如果地表特定时期的陶片展现出较高的密度，那就代表该时期人口居住密度较高。当然，陶片的密度也会受到其他因素干扰，其中最重要的就是年代跨度。鉴于江汉平原地区发现的新石器时代保存完整居址材料比较少，可以将赤峰地区的数据借用到江汉平原地区。我们不妨假设，在史前时期，江汉平原地区与赤峰地区陶器的人均损耗总量和频率相差不大。在此基础上，我们尝试利用前文提到的"神奇数字"来计算江汉平原地区早期农业人口规模。

在笑城－陶家湖区域调查中，我们预先将陶片采集单位的面积设定为 100 米 × 100 米（1 公顷）。在实际调查中，采集单位的面积为 0.08 ～ 1.76 公顷，而陶片密度将通过计算所采集的特定时期的陶片数量来得到。由于陶片密度空

间分布的不同，我们采用了系统采集和一般采集两种方法[16]。

对于系统采集而言，陶片均采集自调查人员划定的面积一定的圆形区域内。假如在一个约10平方米圆圈中采集到10片屈家岭文化时期的陶片，该采集单位内屈家岭文化时期的陶片密度则为1片／平方米。对取得的材料进行分析之前，需要检视从系统区域调查中获得的陶片密度数据，目的是确认其中是否存在极端样品（异常值）。陶片数量过多的采集单位可能会对人口估值产生较大且不合理的影响，必须要避免这种情况。我们可以先观察图2的茎叶图，再对田野记录中的原始数据进行复审，识别异常值。陶片样本中密度值超过12.2可被视为异常值（见图2）[17]。在之后进行人口计算时，异常值会整体拉高陶片密度，我们需要对其进行极值调整，用接近异常值的数值11.7取代异常值。

0	58
1	235567999
2	011111223444667899
3	000001111222233444444445667888999
4	1122224566777888899
5	012255669
6	355566789
7	002688
8	114477788
9	128
10	369
11	12457
***	异常值＊＊＊
14	3
15	8
16	4
18	15
19	6
22	2
76	9

最小值	0.5
平均数	4.2
最大值	76.9

图2　系统采集单位陶片的密度茎叶图

相较于系统采集，一般采集计算地表陶片密度方法有所不同。在赤峰项目中，中美赤峰调查团队将一般采集和系统采集的区别定在陶片密度能否达到0.5

片／平方米，也就是在一个系统采集中（调查团队开始使用的系统采集范围是7平方米的圆），是否可以采集到3～4块陶片。由于田野中调查队员对是否进行系统采集有一定主观判断，所以会导致少部分的系统采集陶片密度低于这个值，而少部分一般采集的密度会高于这个值。正是出于同样的原因，如果一般采集单位内发现的陶片数

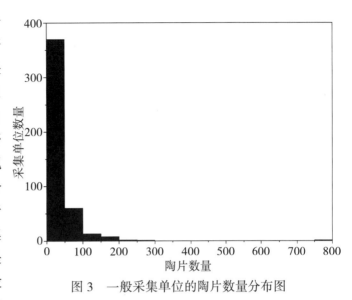

图3　一般采集单位的陶片数量分布图

量非常少，也可将陶片密度值设定为低于0.5片／平方米。图3显示的是一般采集单位陶片数量分布情况，其中有些采集单位的陶片数量很大，有的接近100片，有的甚至超过100片，这极有可能是调查小组在田野中由于主观原因导致没有进行系统采集的结果，但是我们得承认这些采集单位的遗物密度是很高的。因此，需要根据遗物数量和调查小组对采集单位的描述对遗物密度进行合理的调整。我们将陶片数量的分布情况分为五类：≥50、30～49、15～29、10～14、1～9片。这样划分的目的是应对一般采集中出现的陶片数量变化。针对上面划分的五类数值将密度分为每平方米1、0.5、0.25、0.125、0.06片。由此，一般采集就避开了采集样本中高密度值的情况，从而降低对于异常值的顾虑。

然后，我们会将"面积－密度"指数引入人口估值中，以期获得更高的精确度。为了将采集单位的面积和陶片密度整合得到特定时期的人口指数，必须计算出采集单位每个时期可被确认的陶片比例，然后将其与采集单位的陶片密度相乘，以得到每个时期相应的陶片密度。最后，再将陶片密度的数据与采集单位的总面积相乘，得到与特定时期对应的"面积－密度"指数，该值即代表采集单位所在区域内特定时期的人口指数[18]。

以采集单位A228为例，我们通过系统采集（10平方米的范围）得到了65块陶片。据此可知该采集单位的地表陶片密度为6.5片／平方米。其中，石家河文化时期的陶片1片，西周时期的陶片24片，汉代的陶片32片，魏晋隋唐时

期的陶片 8 片，那么这四个时期对应的陶片比例依次为 1.54%、36.9%、49.2% 和 12.3%。将这四个数值分别与之前计算出来的陶片密度 6.5 片 / 平方米相乘，便得到了该采集单位内不同时期陶片密度值，依次为石家河文化时期 0.1 片 / 平方米，西周时期 2.4 片 / 平方米，汉代 3.2 片 / 平方米，魏晋隋唐时期 0.8 片 / 平方米。紧接着，将各期的陶片密度与此采集单位的总面积相乘，就得到了该区域内不同时期陶片的"面积 – 密度"指数（人口指数），即石家河文化时期为 0.14，西周时期为 3.46，汉代为 4.6，魏晋隋唐时期为 1.2。

　　以上述方式得到的人口指数是历时性的相对人口估值。然而，这个值可能会被某个时期持续时间的长短所影响。为了更好地了解每百年的人口变化情况，需要把该指数以百年为单位计算子阶段对应的人口指数。如上文所述，石家河文化时期的人口指数为 0.14，但这个数值代表的是石家河文化时期大约 500 年来的陶片累积结果。因此，把该指数除以 5，就可得到相应采集单位中每百年人口平均指数。

　　在得到平均指数后，我们仍然需要将其转换为绝对的人口估值。这就需将其乘以近似的人口估值比例。所谓人口估值比例即在百年时间内，在 1 公顷的范围内，地表陶片密度平均值所对应的人口数值。以赤峰项目为例，其使用的最小和最大的人口估值比例分别为 500 和 1000。如果我们将得到的人口指数乘以 500 后可转换得出人口估值的最小值，同理乘以 1000 则得到最大值 [19]。表 1 即是利用"面积 – 密度"方法所得的人口估值。以上数值是一个接近计算值的近似值，需要对其做舍入处理。例如，通过计算得到油子岭文化时期的人口估值为 51 ～ 102，就可将该区间简化为 50 ～ 100。又如，我们计算得到屈家岭文化时期的人口估值为 6704 ～ 13407，最后直接将其转换为 7000 ～ 14000，因为就人口数量超过 7000 人的屈家岭文化时期而言，数百人范畴内的人口数量取舍对于理解人口水平基本上不会造成太大差异。以此类推，可分别得出其他几个时期的人口估值（见表 1 和表 2）。

　　国内利用系统区域调查资料进行人口估算的另一种方式是在日照的系

表 1　笑城 – 陶家湖地区人口估值（基于"面积 – 密度"指数）

时代	人口估值	
	最小值	最大值
油子岭文化	51	102
屈家岭文化	6704	13407
石家河文化	5480	10960
商	3	7
西周	879	1759
东周	11761	23522
汉	6121	12242
魏晋隋唐	6487	12975

统区域调查中所用的方法。由于缺乏新石器时代聚落遗址的真实面积、陶片密度及居址数量的数据，考古学者选择使用当地的现代村落作为估算古代人口水平的媒介，其逻辑是现代农村的人口密度及其房屋的结构设施与古代的农业聚落形态较为类似。例如，在日照案例中，考古学者发现 100 个自然村为单元的村庄面积平均为 7.2 公顷，每个自然村的人口均值为 520 人。因此，对于这些自然村而言，其人均居住密度为 72.2 人 / 公顷[20]。

表 2　笑城 – 陶家湖地区用"面积 – 密度"指数和密度常数估算的人口规模对比

时代	用"面积 – 密度"指数估算的人口规模		用密度常数估算的人口规模
	最小值	最大值	
油子岭文化	50	100	400
屈家岭文化	7000	14000	3000
石家河文化	5500	11000	9000
商	5	10	50
西周	1000	2000	900
东周	12000	24000	10000
汉	6000	12000	7500
魏晋隋唐	6500	13000	6500

假设新石器时代山东地区和江汉平原农业聚落人口密度无太大差异，我们不妨用 72.2 人 / 公顷的人口密度（村落内部平均人口密度）来计算笑城 – 陶家湖区域的人口规模（表 3），据此所得的估值也将做舍入处理（见表 2）。

表 3　笑城 – 陶家湖地区用密度常数估算的人口规模

时代	人口规模
油子岭文化	383
屈家岭文化	2729
石家河文化	9032
商	65
西周	859
东周	10346
汉	7458
魏晋隋唐	6339

以上两种方法采用了不同的假设前提。我们之所以使用这两种不同的方式来分别估算调查区的人口，目的是观察两者在面对同一研究对象时所得结果的匹配程度和各自适用情况。借由表 2 我们可以对两者所得的人口估值进行比较。在表 2 中，使用"面积 – 密度"指数得到的是各时期对应的人口水平区间，而密度常数方法则得出各时期相应的人口水平绝对数值。

在油子岭文化时期和商时期，用

密度常数方法得到的估值都超出了"面积－密度"指数所得区间，尤其是油子岭文化时期，用前者得出的人口估值是用后者估算的人口最大值的四倍。然而，与其他时期相比，两种方法所得的人口估值都符合一个整体特点，即在调查区域内仅有少量居民生活于此，两者的人口估值均不超过400人。在油子岭文化时期，60平方千米的调查区域内有着不超过400人的人口数量，两种方法都指向一个结果，那就是这个范围内的人口规模非常小，而且可能只是小型农业村落的规模。商时期的结果类似。因此，上述两种方法所得具体数值虽有不同之处，但都得出了总体上相似的认识。

而在屈家岭文化、西周、东周和魏晋隋唐时期，用密度常数得到的估值均小于或等于用"面积－密度"方法所得的最小估值。特别是屈家岭文化时期，两者的数据吻合程度并不高，用密度常数方法所得人口估值约为3000左右，远小于用"面积－密度"方法所得的最小估值7000。在另外三个时期，用密度常数方法所得数据更接近于"面积－密度"指数最小值。虽然存在一定差别，但其浮动范围在1000人的范畴以内。从历时性人口规模和差异来看，这也不会改变对调查区域内总体人口规模变化趋势的判断。在石家河文化时期和汉代，两者的结果则较为吻合，使用密度常数方法给出的估值恰好落入使用"面积－密度"指数估值的区间。

在此，我们需要对屈家岭文化时期结果的差异进行深入探讨。从表2可见，用密度常数方法得出的人口估值远低于用"面积－密度"方法得出的人口估值，其原因或是密度常数拉低了估值指数，或是"面积－密度"指数提高了估值，或是两者都存在问题。而这种差异不可能是由陶片的异常值造成的，因为我们已在检查样本时将其做了极值调整。

如果对原始数据仔细观察，我们可以发现屈家岭文化时期的采集单位大部分位于两座城址内。屈家岭文化时期的陶片采集单位一共有117个，其中88个（75%）都位于城址内部，且城内采集单位并没有覆盖城内所有区域。就整体面积而言，城址内的采集单位面积为20.7公顷，城址外的采集单位面积仅为17.1公顷（比例为55%和45%）[21]。因此，最后占总体采集单位数量75%的城址内区域只解释了调查区域约一半面积（55%）的人口分布。由于发掘资料和调查资料均显示两座城址的兴建年代是屈家岭文化时期，那么我们就可以将城墙视为社群的物理边界，从而用密度常数法来估算它的人口（密度常数 × 面积）。由此，屈家岭文化时期所得的人口估值就变为4837人（即72.2人/公顷 × 67公顷），经舍入处理，可得到一个约为5000的估值（表4）。该值和"面积－密度"指数所得的城内人口规模就更接近了。因此，我们可以看出，屈家岭文化时期两种方法所获人口数量的差异，实际上是由事实采集单位面积和已知城址面积的差异，以及"面积－密度"指数对不同采集单位遗物密度更加敏感所致。

表4 修正后的人口估算结果对比

时代	用"面积－密度"指数估算的人口规模		用密度常数估算的人口规模
	最小值	最大值	
油子岭文化	50	100	400
屈家岭文化	7000	14000	5000
石家河文化	5500	11000	9000
商	5	10	50
西周	1000	2000	900
东周	12000	24000	10000
汉	6000	12000	7000
魏晋隋唐	6500	13000	6000

由上可见，密度常数方法基于调查面积来计算人口，对大区域而言，用一个常数来估算绝对人口数量非常有效。这种方法既能有效反映整个调查区域内人口的历时性整体变化，也能为理解大范围聚落时空特征提供思路。"面积－密度"指数对人口分布的微观空间变化更加敏感，原因在于它将每个采集单位的陶片密度都纳入人口估算过程。我们可以通过数据对其进一步阐释。在所有采集到的屈家岭文化时期的陶片中，有79.1%的陶片（3070片/3880片）来自占地约20.7公顷的笑城和陶家湖城内，而仅有20.9%的陶片来自城外17.1公顷的区域。尽管城外的采集区域离城内很近，但城内陶片数量和密度却远大于城外，这意味着城内的人口分布较城外更为密集。在微观上，这种方法将一个社群内人口居住密度的时空多变性考虑在内，这对人口估值和解读聚落内部结构尤为重要，尤其是对人口较为集中的区域而言。

通过观察图4，我们对以上问题会有更直观的认识。在密度常数方法中，当陶片的平均密度（以百年为准的子阶段的陶片密度）非常低时，利用"面积－密度"指数所得的人口估值会明显低于基于聚落面积所得的估值（如油子岭文化时期和商时期）；但当陶片的平均密度非常高时，前者所得估值就会显著高于后者（如屈家岭文化时期）；而当陶片的平均密度趋于中等水平时，两个估值会比较接近（如石家河文化、西周、东周、汉和魏晋隋唐时期）。在屈家岭文

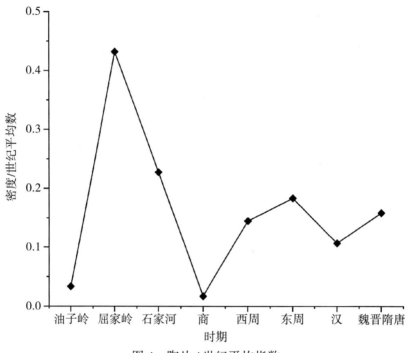

图 4　陶片 / 世纪平均指数

化时期，陶片密度的平均值较高，同时我们也在上文中提到了该时期采集单位的位置和陶片大多位于城内的事实。也就是说，屈家岭文化时期的人口分布更集中于城内。而这个来自封闭环境下的人口高密度值恰好给我们展现出一幅屈家岭文化时期聚落形态图景：在屈家岭文化时期，人们汇聚于此，倾向于生活在墙垣环绕的城内。从油子岭到屈家岭文化时期，人口有了很大的增长，这也就意味着城内人口规模逐渐膨胀，城内人均面积越来越小。

在笑城 – 陶家湖区域调查中，基于"面积 – 密度"指数和密度常数所计算的人口都能清晰地展现历时性人口变化。前者更多地反映了微观聚落人口的特征，其原因在于"面积 – 密度"指数把陶片密度纳入计算范畴。更重要的是，它也清晰地反映了聚落发展的内在驱动力，如人口的聚集程度，尤其对于一个面积较小的地方性中心而言更是如此。而密度常数方法能够以更宏观的视角反映人口的变化，特别是对于人口密度比较均衡的区域。

三、人口的时空分布特征

基于"面积 – 密度"指数所得的人口规模和分布，我们可以观察笑城 – 陶家湖区域人口的历时性变化特点（图 5）[22]。在油子岭文化时期，调查区域内人口规模大概在几十到数百人之间，且人口主要分布在陶家湖（后来兴建的陶家湖城址的内部），而笑城周围则只有非常少的分布。在屈家岭文化时期，平均人口规模显著增大，区域内的百年平均人口数量约在数千到一万上下。80%以上的人口分布在陶家湖城址及以城址为中心半径约2千米的范围内；笑城及其周边遗址人口也有了很大增加，但总体人口仍不及陶家湖。我们进而推测，屈家岭文化时期在调查范围内已经出现了以陶家湖为中心的区域性政治体。从人口高度集中的特点和出现城墙来看，这种政治体已经能够行使区域性中心职能，具备完备的统一决策和协调机制。距离陶家湖约10公里的笑城，无论是城址规模，还是人口规模，都小于陶家湖，其中心功能应该没有陶家湖城址突出。

到石家河文化时期，区域内的人口略有下降，空间分布形态则发生了明显变化。第一，陶家湖城址及其周围的人口比重开始降低，将近一半的人口分布在笑城及其周围。第二，无论是城外还是城内，人口空间分布表现出明显的向外张力。这与上一时期人口分布所表现的较强的聚集度不同[23]。第三，笑城及其周边的区域人口规模扩大，密度增加，笑城遗址的区域性地位显著提升。与陶家湖不同，笑城周边人口大多分布在城外的河谷平地上，这样的分布呈现出较强的开放性，但人口的集中程度依然很高。

商时期的遗物分布非常稀少，人口减少。西周时期，区域内的人口规模显著恢复，且仅限于笑城及其周围。也是从这个时期开始，以陶家湖为中心的北部区域基本被废弃。到东周时期，笑城及其周边区域的中心位置得到了空前重视，人口达到最大值。由于笑城面积小，大量人口分布在笑城以北的岗地和东南边的河谷平地上。这样的布局，虽然人口比较集中，但还是延续了开放式的布局。在汉和魏晋隋唐时期，调查区域内的人口规模减小，平均人口规模估值范围为6000～12000和6500～13000，两个时代的人口规模相差无几。人口的空间分布延续了上一时期的特征，主要位于笑城及其周围。

从魏晋时期开始，关于笑城的文献记载比较确切，也有关于当地人口的记载，这有助于我们检验笑城聚落人口规模。据《宋书·州郡志》载："竟陵太守，晋惠帝元康九年，分江夏西界立……领县六。户八千五百九十一，口四万四千三百七十五。"六县分别为苌寿、竟陵、新市、霄城（笑城）、新阳和云杜。据此，我们可以大致计算刘宋时期竟陵郡的每户平均人口约为5.2人。又据《宋书·鲁爽传》载："鲁爽小名女生，扶风郿人也。祖宗之字彦仁，晋孝武太元末，自乡里出襄阳，历官至南郡太守。义熙元年起义，袭伪雍州刺史桓蔚，进向江陵。以功为辅国将军、雍州刺史，封宵城县侯，食邑千五百户。"如

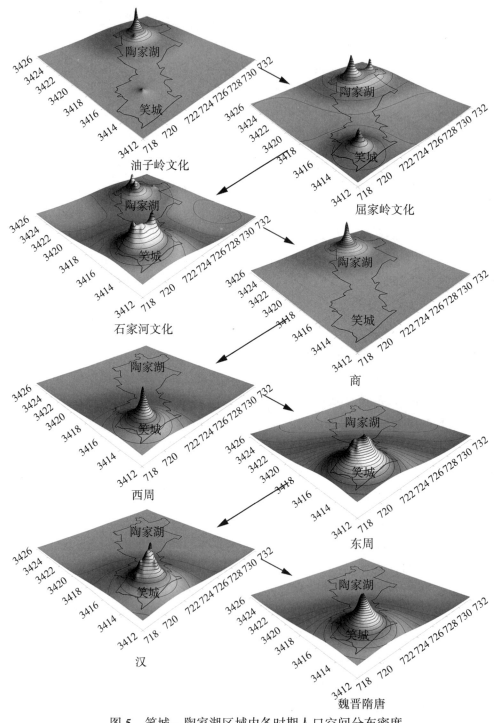

图 5　笑城 – 陶家湖区域内各时期人口空间分布密度

果东晋义熙年间（公元405～418年）至刘宋时期（公元420～479年）竟陵郡各县人口规模大致相似，我们可以计算霄城县侯所领人口数约为7800（1500×5.2）。这一数值也正好落在用"面积－密度"指数方法得出的人口估值范围（6500～13000）之内，与用密度常数方法所得人口数量略有差异，但也比较接近。

从新石器时代到魏晋时期，聚落人口空间变迁背后的原因，主要有以下三方面。第一，陶家湖城址所在的泗龙河河谷比较狭窄，地势也颇有起伏；而笑城所在的皂市河河谷开阔平整，海拔较低，为农业种植尤其是水稻种植提供了面积非常可观的耕地。第二，皂市河水运条件成熟，连通京山谷地到江汉平原深处。在历史时期，当地运木材和水稻的船只可从京山沿河而下，经皂市河入汉江，再至武汉。第三，笑城地扼从天门往应城及江汉平原东部的要道。如果将江汉平原新石器时代城址看作一个跨区域整合的系统，笑城是京山屈家岭、天门石家河、应城陶家湖及门板湾之间交流的交汇之地，也是京山河谷南下入汉水和长江的必经之路，其位置对于区域交通和贸易都非常重要。笑城所在地处于大洪山南端余脉虎爪山的末端。今日在笑城遗址向西北远眺，可见绵延而来的虎爪山山脉延伸至笑城不远处而止，可以说笑城是"陵之竟也"。从油子岭文化时期到魏晋隋唐时期的长时间段内，陶家湖和笑城人口分布时空差异应是以上因素共同作用的结果。

四、基于人口规模的笑城遗址历史时期聚落等级观察

根据上文所估算东周至魏晋时期的人口数量，可以推测笑城在这段历史时期应该是江汉平原地区非常重要的区域中心。根据系统区域调查结果，笑城及其周围东周时期的陶片连续分布范围近3平方公里，当地人口规模在东周时期超过10000人（12000～24000人）。在汉至魏晋隋唐时期，遗物密度有所下降，但是分布范围却与东周时期相似，人口规模也达到相当可观的数千人。魏晋以来关于笑城遗址的文献记载比较确切，可以据此来讨论笑城人口规模所对应的聚落等级。

如前文所引《宋书·鲁爽传》记载，东晋安帝义熙元年（公元405年），鲁爽之父鲁宗之已经被封为霄城县侯。又据《宋书·州郡三》郢州刺史竟陵太守"霄城侯相"条："《永初郡国》有，何、徐不注置立。"《水经注·沔水》载："有溾水出竟陵郡新阳县西南池河山，东流径新阳县南，县治云杜故城，分云杜立。溾水又东南，流注霄城县南大湖，又南入于沔水，是曰力口。"[24]溾水即皂市河。《隋书·地理下》沔阳郡竟陵："旧曰霄城，置竟陵郡。后周改县曰竟

陵。开皇初置复州，仁寿三年州复徙建兴。"《万历承天府志·古迹》沔阳州景陵县笑城："在县东六十里……今邑人多呼为宵城。本汉晋宵城县治。"[25] 根据以上诸多文献记载，我们可以断定笑城在魏晋时期或为郡治所在，或为县治所在，是江汉平原重要的区域中心城镇。

在魏晋之前的文献中，有关笑城遗址聚落属性的记载并不多。近年来，随着出土文献增多，秦汉时期的"销"县屡见于出土资料。沙市周家台30号秦墓364号简[26]、张家山247号汉墓《二年律令·秩律》456号简[27]、里耶古井16：52秦里程木牍[28]，以及岳麓书院秦简《三十五年质日》0092、0052、2177+1177、0006、0071号简[29] 等都出现了"销"。有学者根据古音通假认为"销"为楚金币"少贞"之"少"。"少""销""宵""霄"通假，由此推测"销"即战国楚少地，为楚国黄金铸币之地，入秦之后乃改为从金之"销"，并延及汉初，东晋末年又在故址设宵城县，至北周始废[30]。而王琢玺认为笑城是东周时期郧国国都所在[31]。目前看来，笑城在魏晋之前的聚落性质还需要更多的考古工作才能判定。

综上所述，基于系统区域调查资料估计的笑城遗址魏晋时期人口规模是郡治或是县治所在的人口规模，而且估计的人口规模和文献记载大致相符。而在此前的秦汉时期，遗物的分布密度和范围与魏晋隋唐时期相似，笑城遗址可能对应着与魏晋时期类似的区域中心。东周时期的遗物分布范围更大，密度更高，人口规模也是魏晋时期的一倍左右，由此推测笑城在东周时期的地位可能更加重要。然而，基于调查资料，我们无法对"楚少地"或是"郧都"的人口规模做更近一步的文献求证，仅据笑城及其周围近3平方公里连续分布的东周遗物来推测，这一时期笑城遗址的地位显然是不容低估的。我们希望在基于系统区域调查得出历时性人口规模的基础上，通过更多的田野考古工作和文献解读，对笑城遗址有更进一步的理解。

五、结　　论

通过对两种人口估值方法进行比较可知，无论"面积－密度"指数还是密度常数方法，两者都能颇为有效地观察区域内聚落人口的大致时空变化。基于"面积－密度"指数的人口估计能对聚落内部微观人口时空差异表现得更敏感，能够在微观上反映人口密度的水平，并且对聚落内部人口分布情况进行解释也更为有效。另外，这种方法能够为划定遗址和聚落边界、遗址内部空间人口分布特征、家户考古等研究提供基础。密度常数方法对人口处于等密度分布状态的案例则更为有效，且对于大面积的系统区域调查来说，如果不用考虑微观层面的社区概念和时间尺度，密度常数方法对人口估算更为直接。从这个意义上说，这两种方法呈现出一定的互补关系。需要重申的是，无论是"神奇数字"，还是密度常数，二者都不具有天然的普适性，其主要着眼点在于对古代聚落人口规模和空间分布的近似模拟，而非绝对精确估计。在可证伪的前提下，这样的尝试能够激发考古学者将发掘资料和调查资料相结合，对古代聚落人口重建有更多的思考和探索。

在聚落研究中，人口重建工作非常重要。毕竟史前人口规模及其时空差异是研究古代社会的核心内容之一，虽然困难巨大，但诱惑更大。考古学者有义务和责任去设计和利用各种方法逾越障碍以透物见人。系统区域调查能够在宏观层面上梳理聚落时空特征，而发掘工作则可以在微观层面上"精耕细作"。如果能将系统区域调查和发掘工作相结合，对一个地区的人口重建和聚落解读将会更加全面和可靠。

附记：中国社会科学院古代史研究所李新伟先生对本文提出了宝贵的修改意见，喻明玥和郭苏玮两位同学在论文写作时提供了帮助，在此一并致谢。本文得到中国社会科学院学科建设"登峰战略"资助计划（项目编号：DF2023ZD14）资助。

注　释

[1] Renfrew, Collin, and Bahn, Paul, *Archaeology: Theories, Methods and Practice*, Fifth Edition, p.460, Thames and Hudson Ltd., London, 2008.

[2] a.李冬冬、向其芳等：《大洪山南麓陶家湖－笑城系统区域调查》，《江汉考古》2017年第5期。

b.李冬冬、张子森等：《区域系统调查视野下的江汉平原地区陶家湖－笑城城址聚落形态观察》，《中央民族大学学报（哲学社会科学版）》2018年第6期。

c.匹兹堡大学比较考古中心数据库：http://www.cadb.pitt.edu/lidong/index.html。

d.匹兹堡大学博士论文网址：https://d-scholarship.pitt.edu/29347/。

[3] 李桃元、夏丰：《湖北应城陶家湖古城址调查》，《文物》2001年第4期。

[4] 湖北省文物考古研究所等：《湖北天门笑城城址发掘报告》，《考古学报》2007年第4期。

[5] Colton, S. Harold, *A Survey of Prehistoric Sites in the Region of Flagstaff, Arizona, United States Government Printing Office*, Washington, 1932.

[6] a.Willey, Gordon R., Prehistoric Settlement Patterns in the Virú, *Bureau of American Ethnology Bulletin*, 155:1–453, 1953.

b.Naroll, Raul, Floor Area and Settlement Population, *American Antiquity*, 1962, 27:

587−589.

c.Cook, S. F. and R. F. Heizer, The Quantitative Apporoach to the Relation between Population and Settlement Size, *University of California, Archaeological Research Facility Report*, No.64, 1965.

[7] Sanders, William T., Jeffery R. Parsons, and Robert S. Santley, *The Basin of Mexico: Ecological Processes in the Evolution of a Civilization*, Academic Press, New York, 1979: 34−45.

[8] 理论采集区域为调查小组行进中经过的某个长、宽各为100米的范围，即1公顷。

[9] a.赤峰中美联合考古研究项目：《内蒙古东部（赤峰）区域考古调查阶段性报告》，科学出版社，2003年。

b.Chifeng International Collaborative Archaeological Research Project, *Settlement Patterns in the Chifeng Region*, Center for Comparative Archaeology, University of Pittsburgh, 2011.

c.李冬冬、向其芳等：《大洪山南麓陶家湖−笑城系统区域调查》，《江汉考古》2017年第5期。

[10] 在《内蒙古东部（赤峰）区域考古调查阶段性报告》中，中美调查团队对这个问题做过详细的论述，在此只是进行简要介绍。

[11] a.赤峰中美联合考古研究项目：《内蒙古东部（赤峰）区域考古调查阶段性报告》，科学出版社，2003年。

b.Chifeng International Collaborative Archaeological Research Project, *Settlement Patterns in the Chifeng Region*, Center for Comparative Archaeology, University of Pittsburgh, 2011.

c.〔美〕周南、〔美〕查尔斯·贝里、〔加〕柯睿思著，李涛译：《考古学中的区域聚落人口》，武汉大学出版社，2021年。

[12] a.赤峰中美联合考古研究项目：《内蒙古东部（赤峰）区域考古调查阶段性报告》，科学出版社，2003年。

b.Chifeng International Collaborative Archaeological Research Project, *Settlement Patterns in the Chifeng Region*, Center for Comparative Archaeology, University of Pittsburgh, 2011.

c.〔美〕周南、〔美〕查尔斯·贝里、〔加〕柯睿思著，李涛译：《考古学中的区域聚落人口》，武汉大学出版社，2021年。

[13] a.赤峰中美联合考古研究项目：《内蒙古东部（赤峰）区域考古调查阶段性报告》，科学出版社，2003年。

b.Chifeng International Collaborative Archaeological Research Project, *Settlement Patterns in the Chifeng Region*, Center for Comparative Archaeology, University of Pittsburgh, 2011.

[14] 〔美〕周南、〔美〕查尔斯·贝里、〔加〕柯睿思著，李涛译：《考古学中的区域聚落人口》，

武汉大学出版社，2021年。

[15] Fang Hui, Gary M. Feinman, Anne P. Underhill, and Linda M. Nicolas, *Settlement Pattern Survey in the Rizhao Area: A Preliminary Effort to Consider Han and Pre-Han Demography*, Bulletin of the Indo-Pacific Prehistory Assocication 24:79-82, 2004.

[16] a.赤峰中美联合考古研究项目：《内蒙古东部（赤峰）区域考古调查阶段性报告》，科学出版社，2003年。

b.Chifeng International Collaborative Archaeological Research Project, *Settlement Patterns in the Chifeng Region*, Center for Comparative Archaeology, University of Pittsburgh, 2011.

c.李冬冬、向其芳等：《大洪山南麓陶家湖-笑城系统区域调查》，《江汉考古》2017年第5期。

[17] 异常值（outlier），在有些统计学教材中也叫离群值。此处的异常值依据四分位距法确定。数组中的异常值由于其异常性，将其纳入计算时，会影响均值对数组的代表性。如需对数据的特征进行描述，就有必要对异常值进行适当处理，也就是下文提及的极值调整。茎叶图（stem and leaf plot）是统计学中观察数组（样本）分布的图形。它将数组中的每个值按照一定标准分为茎部（图中最左侧一列数值）和叶部（图中右侧聚集的数值）。图2中，茎部表示遗物密度数值小数点前面的数字，叶部表示遗物密度小数点后一位数字。叶部所在列数字越多，表示茎部刻度对应的密度值就越多。如图2茎部数字0对应的叶部数字分别为5和8，这表示陶片密度小于1片/平方米的数值有两个，分别为0.5和0.8。茎叶图的优点除了能够表现数组的分布，还可以观察到在直方图上无法观察到的具体数字（详见Robert D. Drennan著，李冬冬、喻明玥译：《给考古学家的统计学》，中国社会科学出版社，2021年）。

[18] a.赤峰中美联合考古研究项目：《内蒙古东部（赤峰）区域考古调查阶段性报告》，科学出版社，2003年。

b.Chifeng International Collaborative Archaeological Research Project, *Settlement Patterns in the Chifeng Region*, Center for Comparative Archaeology, University of Pittsburgh, 2011.

c.〔美〕周南、〔美〕查尔斯·贝里、〔加〕柯睿思著，李涛译：《考古学中的区域聚落人口》，武汉大学出版社，2021年。

[19] a.赤峰中美联合考古研究项目：《内蒙古东部（赤峰）区域考古调查阶段性报告》，科学出版社，2003年。

b.Chifeng International Collaborative Archaeological Research Project, *Settlement Patterns in the Chifeng Region*, Center for Comparative Archaeology, University of Pittsburgh, 2011.

c.〔美〕周南、〔美〕查尔斯·贝里、〔加〕柯睿思著，李涛译：《考古学中的区域聚落人口》，武汉大学出版社，2021年。

[20] Fang Hui, Gary M. Feinman, Anne P. Underhill, and Linda M. Nicolas, *Settlement Pattern Survey in the Rizhao Area: A Preliminary Effort to Consider Han and Pre-Han Demography*, Bulletin of the Indo-Pacific Prehistory Association 24:79-82, 2004.

[21] 匹兹堡大学博士论文网址：https://d-scholarship.pitt.edu/29347/。

[22] 人口空间分布密度图是基于调查范围内各采集单位的遗物密度绘制，并经过平滑处理，反映了调查区域内各个时期陶片密度的空间差异。图中凸起部分越高代表遗物的密度越高，凸起部分的面积越大表明遗物连续分布面积越大。具体原理详见〔美〕周南、〔美〕查尔斯·贝里、〔加〕柯睿思著，李涛译：《考古学中的区域聚落人口》，武汉大学出版社，2021年。

[23] 李冬冬、张子焱等：《区域系统调查视野下的江汉平原地区陶家湖-笑城城址聚落形态观察》，《中央民族大学学报（哲学社会科学版）》2018年第6期。

[24] （北魏）郦道元著，杨守敬、熊会贞注疏，段熙仲、陈桥驿整理：《水经注疏》下册第2416、2417页，江苏古籍出版社，1989年。

[25] （明）孙文龙：（万历）《承天府志》，见《日本藏中国罕见地方志丛刊》卷十九第362页，书目文献出版社，1990年。据日本尊经阁文库藏明万历三十年刻本影印。

[26] 湖北省荆州市周梁玉桥遗址博物馆：《关沮秦汉墓简牍》，中华书局，2001年。

[27] 张家山二四七号汉墓竹简整理小组：《张家山汉墓竹简〔二四七号墓〕（释文修订本）》，文物出版社，2006年。

[28] 湖南省文物考古研究所等：《湖南龙山里耶战国-秦代古城一号井发掘简报》，《文物》2003年第1期。

[29] 朱汉民、陈松长主编：《岳麓书院藏秦简（壹）》，上海辞书出版社，2010 年。

[30] a.晏昌贵：《张家山汉简释地六则》，《江汉考古》2005年第2期。
　　b.赵平安：《试释〈楚居〉中的一组地名》，《中国史研究》2011年第1期。

[31] 王琢玺：《周代江汉地区城邑地理研究》第73页，武汉大学博士学位论文，2019年。

Systematic Regional Survey-based Reconstruction of Population Size of Ancient Settlements and Interpretation of Settlement Patterns: Case Study of the Region around Xiaocheng-Taojiahu Sites in the Jianghan Plain

Li Dongdong and Xiang Qifang

KEYWORDS: Xiaocheng-Taojiahu Site   Systematic Regional Survey
Population Size Reconstruction   Neolithic through Wei and Jin Periods

ABSTRACT: Reconstructing ancient population size is a significant task in archaeological research. There have been numerous global practices of population size reconstruction based on systematic regional survey data. By applying two methods previously practiced in the Chifeng region of Inner Mongolia and the Rizhao region of Shandong, the ancient population size of the Xiaocheng-Taojiahu site area in the Jianghan Plain was reconstructed, aiming to observe patterns of diachronic changes in population distribution and the process of social complexity within this region. Additionally, the study meticulously analyzes the characteristics and advantages of these two methods, exploring their effectiveness in this region and the potential for their application in other areas. The area-density index method can reflect population density levels on a micro scale, while the density constant method calculates population based on surveyed area, proving to be highly effective for estimating absolute population numbers across large regions.

（责任编辑　洪　石）

夏鼐与新中国考古学科建设

王 兴

关键词： 夏鼐　考古学家　考古学史

内容提要： 夏鼐的一生与中国考古学的学科发展密切地联系在一起。不管是高校考古专业的筹建和考古人才的培养、考古专门刊物的创办及考古学会的创立，还是规划考古学科的主攻课题并不断阐释考古学科的内涵，都关乎新中国考古学科建设，也关乎新中国考古工作的发展全局。夏鼐充分认识到这些工作的必要性与重要性，并身体力行。认识和评价夏鼐的学术体系及贡献，不能仅局限于他自己的著述，而必须与他直接领导或指导下展开的全部工作结合起来分析。这些工作是以夏鼐为代表的老一辈考古学家致力于完善中国考古学科体系、不断推进中国考古学术研究水平和国际影响力的具体体现。

20 世纪 20 年代中国近代考古学开始兴起，并逐渐重视田野发掘，综合运用地层学、类型学及其他科学方法。虽然在 1919 年北京大学便成立了史学系，至 40 年代国内历史学学科体系渐趋完备，但当时国内尚无设立考古系（或考古专业）的高校，有的高校仅在历史学系（或史地系）、国文系之下开设了一些与考古学相关的课程，并且这些课程一般作为历史学科的"工具性"、"方法论"或"通论"的课程而存在。由于当时考古工作处于简单发掘和资料整理阶段，同时学术界对考古学的实用价值过分强调，希望考古学在重建古史方面能够发挥重要作用，使得考古学在学科属性方面有明显的附属性质，因此整个民国时期考古学都未能形成独立的学科体系。彼时高校考古学师资的严重缺乏也是原因所在 [1]。由于动荡的社会局势等外界不稳定因素的影响，大规模、成系统的考古调查及发掘活动为数甚少，专业考古刊物的数量更少，出版周期很长 [2]。考古学科的建设工作成效甚微。

新中国成立后，社会环境趋于稳定，中国考古学迎来全新的发展时期。由

作者：王兴，长沙市，410082，湖南大学岳麓书院。

于经济建设的需要，大规模基本建设工程开始实施，全国各地都发现了古迹和古物，需要考古工作人员配合清理，甚至进行"抢救性"的发掘工作，考古调查及发掘工作得以进一步展开。与此同时，考古学者结合实际研究的需要，在一些区域也做了重点发掘。学科建设方面，中国考古学的学科体系逐步形成，并渐趋完善。作为新中国考古工作的主要指导者、中国现代考古学的奠基人之一，夏鼐（1910～1985年）为新中国考古学全面、健康发展做出了卓越贡献。他"从理论、方法、技术、实践，包括各种规章制度等各个方面，对我国考古学都产生过巨大影响"[3]。王世民总结了夏鼐为"推进全国考古工作人员的培养"和"建立中国考古学的学科体系"所做的贡献[4]，指出夏鼐的"一生与中国考古学的学科发展密切地联系在一起"，人们将永远铭记他的"崇高品德和光辉业绩"[5]。学科建设包含多方面内容。笔者试从学科建制的角度入手，从长时段学术发展史的视野，考察夏鼐在高校考古专业的筹建及考古人才的培养、考古专门刊物的创办、考古学会的创立、规划考古学科的主攻课题并阐释考古学科的内涵等方面的实际作为、贡献和影响，敬陈管见，就教于方家。

一、筹建高校考古专业及培养考古人才

新中国成立后，考古专业在高校的筹建，是中国考古学科逐渐形成独立学科体系的重要标志。早在20世纪30年代，李济便有在国内大学设立考古学系的想法，认为要从事考古发掘与研究工作，"必需要有一个可以训练人员的地方"[6]。抗日抗争结束后，1946年11月22日，夏鼐与傅斯年在南京史语所所长办公室"商谈考古组问题"，傅斯年谈及将来准备解决的几个问题，其中一个便是"帮助一大学设立考古学系"[7]。李济、傅斯年都意识到建立考古学系对于发展中国考古学的重要意义，然而由于种种原因，他们的设想在当时并未实现。

为应对即将到来的基本建设高潮，迅速培养考古专门人才，1952年，在中国科学院和文化部的大力支持下，北京大学历史系考古专业正式设立，同时成立考古教研室。中国科学院考古研究所（以下简称"考古所"，1977年改属中国社会科学院）派苏秉琦前往兼任室主任，直至1982年独立为考古系前。这是中国高等院校中成立的第一个考古学专业。北京大学设立考古专业前后，曾与考古所多次联系，商谈课程设置、授课教师人选、实习地点等事宜，《夏鼐日记》中对此有详细记载。在为筹建北京大学考古专业而召开的多次讨论会、座谈会中，夏鼐是唯一曾在外国接受过专业、系统的考古学科训练的学者，他的意见自然格外受到重视。虽然在1922年，北京大学国学门内已成立考古学研究室，并且此后北京大学历史系开设了有关考古学的课程，但是从"学科建制"的角度而言，那时的考古学学科体系尚未形成。北京大学历史系考古专业设立后，则意味着在"学科"意义上，中国考古学学科体系开始逐步完善。同样在1952年，华东教育部在11月召开的综合性大学座谈会上有将他校考古学方面师资集中于南京大学设置考古学专业的指示，但直到1953年5月"师资尚未调配来校"[8]，因此南京大学考古学专业暂缓设置。

北京大学考古专业最重要的基础课"考古学通论"，即由夏鼐讲授。在北京大学考古专业设立之前，夏鼐于1951年春季就在北京大学历史系任教，受教的有历史系和博物馆专修科学生。1952年全国高等院校院系进行调整后，历史系的课程重新制定，"考古学通论不仅列入大学课程中去"，"1953年起还作为历史系的必修科目，列为基本训练之一"[9]。因院系调整，北京大学1952年秋季学期开学时间推迟，故而由夏鼐讲授的"考古学通论"调至次年1月5日开课。1955年春季，夏鼐又为北京大学考古专门化[10]学生讲授"考古学通论"。两份"考古学通论"的讲义[11]，均包括绪论（考古学的定义、门类、资料范围、与其他学科的区别与联系）、考古学简史、外国考古学现状等内容，有助于学生系统掌握考古学的基本理念和基础知识。夏鼐还曾在北京大学讲授"田野考古方法"，现场教学生平面测量、陶片粘接等技术。北京大学考古专业刚开办几年的其他课程，如史前考古学中的新石器时代考古、历史考古学中的殷周考古和秦汉考古，分别由考古所的安志敏、郭宝钧、苏秉琦任教；考古技术方面的测量、修复、绘图、照相则由考古所技术室人员任教。1957年以后，虽然夏鼐没有继续为北京大学考古专业学生授课，但他曾于1958年4月7日为北京大学考古专业四、五年级学生讲授"考古学的现状"，"乃'专题讲授'一门之开场白"[12]。1961年6月21、28日，为北京大学考古专业四、五年级学生做关于新疆考古学的报告[13]。1961年6月28日、1962年5月8日，两次应邀为北京大学考古专业毕业班学生做讲演，主题包括"考古学当前形势及青年考古学者的任务及要求""世界考古学的目前动态""我国考古学上的主要问题""考古学研究方法"[14]。1964年3月13日，北京大学考古专业师生代表到考古所交流、学习，夏鼐"作日本考古学现况的报告"[15]。田野考古实习是考古专业培养计划的重要一环，关系到学生是否能将所学的理论知识运用到工作实践之中，并且可为其日后走向工作岗位打下坚实基础。夏鼐十分重视北京大学考古专业学生的田野实习事宜，曾数次赴北京大学考古专业实习工地视察。夏鼐始终关怀北京大学考古专业的发展，考古教研室主任苏秉琦及副主任宿白等经常找他商讨问题，为培养考古人才做出了重要贡献。1983 年北京大学考古专业独立建系前，北京大学校方和历史系领导多次征求夏鼐的意见，咨询如何改制考古学系[16]。

北京大学设立考古专业之后，其他综合性大学历史系也逐渐设立了考古专业或考古专门化。1954 年夏，高等教育部"决定全国各综合大学历史系可以添设考古专门化，只要是教学的条件具备"[17]。1956 年 6 月，宋云彬在第一届全国人民代表大会第三次会议上发言，谈及"对今后文物工作的几点建议"时提到"综合大学的历史系应该设立考古专业，由北京大学考古专业和科学院考古研究所负责规划，于第二个五年计划期内实现"[18]。是年 6 月 21 日至 7 月 5 日，夏鼐在西安视察考古所新建的西安研究室，以及半坡、沣西、汉长安城等发掘工地和考古遗址。其间，6 月 27 日，西北大学副校长、教务长等人，便与夏鼐谈及"设立考古专门化事"，夏鼐"允考古所加以支援，下学期即代开石器时代一课，以后再随时联系支援"；7 月 3 日，西北大学副校长偕马长寿、陈直二人，又与夏鼐"谈关于考古学专门化问题"[19]。1956 年下半年至 1958 年，夏鼐又与尹达、郭宝钧、陈梦家、石兴邦、王伯洪、马长寿等人，多次商谈西北大学考古课程以及暑期实习等事宜，对此，《夏鼐日记》亦有多处记载。1961 年 10 月 16 ～ 31 日，夏鼐赴西安视察期间，还专门抽时间与西北大学史学系考古专业师生座谈。成立于 1956 年的西北大学考古专业（此前称"考古专门化"），是继北京大学之后国内成立的第二个考古专业。夏鼐不仅负责联系、派出考古所陈梦家、郭宝钧等人承担西北大学考古学课程，并在他们完成授课任务返回考古所后，听取其所承担教学情况的汇报。因此可以说，夏鼐不仅是西北大学考古专业设置过程中一位非常重要的"参与者"，而且是西北大学考古专业早期发展过程中一位非常重要的"推动者"和"督促者"[20]。1978 年以后，其他有关高校开始着手设置考古专业，夏鼐也提出了许多宝贵意见。1978 年 10 月 21 日，夏鼐在考古所，"高教部高教司同志来谈关于高校设置考古专业事"[21]。

民国时期，熟悉田野考古发掘技术与方法的专门人才很少，部分人员又在 20 世纪 40 年代末迁往台湾，留在大陆的考古学家更是少之又少。新中国成立后，考古专门人才是否齐备成为衡量中国考古学科建制是否完善以及中国考古学能否继续发展的重要因素。虽然院系调整后，北京大学筹建了考古专业，但是高校考古专业学生的培养需要一定周期，"四年制的大学教育，仍嫌缓不济急"[22]，故而一时还无法适应急切的现实需要。

1952 年，文化部决定与考古所、北京大学共同举办第一届全国考古工作人员训练班，由全国各大行政区抽调从事考古工作的青年人员参加，进行为期三个多月的室内短期训练以及一个多月的田野实习。夏鼐直接参与了考古培训班的具体策划和组织领导。透过《夏鼐日记》的记载，可以深切感受他对此事的辛勤付出。创办此培训班，主要希望学员们"能掌握关于保护文物的政策法令的精神，懂得文物常识，初步学会田野考古的技术和方法；回到各地区后，能担负起保护文物的工作"[23]。1953年，第二届训练班举办。训练班"第一届学员72人，第二届学员89人"，"他们训练完毕回到原来的工作岗位，便可以配合当地的基本建设，做些清理和保护文物的工作。解放以前，可以做野外工作的中国考古工作者，不过屈指可数的几个人"，举办两次训练班后，考古人才的数量"可以说是飞跃式的发展"，但是"这样的增添新力量，仍然不能适应当前的需要"，因此夏鼐感到"还须和北京大学及文化部社会文化事业管理局再合办几次考古人员训练班"[24]。至1955年，共举办四届训练班，"参加学习者达341人之多"[25]。授课内容主要包括考古学通论、田野考古方法等基础课程，以及田野考古实习。

历届考古训练班的关键基础课"田野考古方法"，均由夏鼐亲自讲授。他在第一届考古训练班的讲演稿《田野考古序论》中，首先强调"考古学是由根据实物的史料，来恢复古代社会的面貌。我们的目的是想知道古代的社会经济情况，并不是'玩物丧志'地玩弄古董"，考古研究的对象包括"古物和遗迹"，并且指出"正确的田野考古的方法应该是科学的，实践的"，"实践中重要的是亲自动手"，"田野工作记录的忠实和精确，便是使之'合于实际'"[26]。夏鼐讲授的基础课程，有助于参加培训的考古人员掌握考古学的正确方法和科学理念。在夏鼐的统筹安排和指导下，考古训练班的各段考古课程、考古技术课程及田野考古实习，同北京大学考古专业一样，也都由考古所的有关专家和人员承担。每届训练班的学员结业后，很快便可以进入田野发掘现场展开工作。在50年代初考古专门人才极度缺乏的情况下，训练班的举办，对于"训练田野考古的青年人才"[27]起了重要作用，进而促进了当时考古事业的发展。

除了四届全国考古工作人员训练班之外，考古所还在1956年12月至1957年3月举办了"考古研究所见习员训练班"。因为1956年考古所增添了大批中等学校毕业的见习员，他们的专业思想需要巩固、专业知识亦需要提高。此次训练班连旁听生共170余人。通过举办训练班，希望"有计划地把所内的见习员培养成为各种考古专门业务、技术人员"[28]。考古所为此次见习员训练班编写印发了讲义《考古学基础》（1958年7月正式出版）。这次短期培训班，每天上午课堂讲授，下午有辅导员协助复习或实习，"因为学员们做课堂笔记有困难，所以讲义的编写力求详细"[29]。此教材共分三部分，即基础知识（包括石器时代考古、商周考古、秦汉考古、魏晋南北朝至宋元考古、考古学简史）、专题报告（包括石窟寺艺术、汉唐城市遗址、古代绘画、古代瓷器、考古品的保管、考古材料的陈列、人类的骨骼、兽类的骨骼和牙齿）、考古技术（包括田野考古方法、考古照相、考古绘图、考古测量、器物的整理和修复、铜器修整），并有附录《有关文物工作法令指示》。夏鼐等考古专家负责写作有关内容，使得此教材颇具专业性。此教材面向一线考古工作者，不仅体现了"通"与"专"相结合的特点，还对田野考古发掘技术与方法做了较为系统的梳理。此教材"在一个相当长的时期内，是全国青年考古工作者必读的手册"[30]。当时考古学专门教材尚不多见，故而此教材的出版，在课程建设、人才培养、学科建设等方面均有重要意义。夏鼐在此教材正式出版之前，还审阅了全部书稿。他在培训班上，系统讲授了"田野考古方法"。他的讲稿也收入此教材之中[31]。从考古调查到遗址、墓葬的发掘与记录等田野工作的各个环节，他都讲得十分具体，同时提出明确要求。

此外，夏鼐也在其他场合多次讲授考古学理论和方法的基本课程，强调他的理论观点。1955 年 10 月 18 日，他在洛阳为参加黄河三门峡水库区考古调查人员做"考古调查的目标和方法"的报告[32]。随后坐镇洛阳一个多月，全面指导调查工作，并曾亲赴现场勘察三门峡漕运遗址。夏鼐还于 1956 年 7～8 月赴乌鲁木齐，为新疆文化厅举办的考古训练班学员讲授"新疆考古学概说"（10 讲）[33]。1957年上半年，为中央民族学院历史系学生讲授"考古学通论"[34]。1961 年 10 月 30日，在西安市政协礼堂，为陕西省考古研究所、省文管会、省博物馆及西北大学历史系师生等，做了题为"关于考古研究中的几个问题"的报告，内容包括"理论与资料问题""田野工作和室内研究""古与今""基本训练和尖端研究""中与外的问题"[35]。历年来在不同地方聆听过夏鼐授课的人员，包括北京大学考古专业学生、四届考古训练班学员、考古所见习员、其他有关培训班学员和课程学生等，多达数百人。因此，"可以毫不夸张地说，20 世纪五六十年代参加工作的田野考古人员，大部分在考古理念和基本方法上都曾直接领受过夏鼐先生的教诲，是他亲授的弟子"[36]。夏鼐不仅培养了田野考古工作骨干，更将科学的发掘理念、技术方法和基本设备迅速向全国推广，由此逐渐提升了新中国田野考古工作的水平，为此后中国考古学的繁荣发展奠定了坚实的基础。

二、创办考古专门刊物

创办考古专门刊物，对建设中国考古学的学科体系、创建中国考古学的学术平台、引领中国考古学学科的发展大有助益。民国时期，就专业刊物的数量及出版周期而言，考古学与历史学相比，显得比较"微弱"。

20世纪50年代初，《考古学报》（原名《中国考古学报》）是考古所主办的唯一定期刊物，后来逐渐成为中国"考古科学的高级专门性刊物"，它通过刊登论文和报告，"不仅为历史研究工作提供了宝贵的资料，而且还在原则上指导着考古研究工作"[37]。但《考古学报》出版周期较长，初为不定期刊物，1956年起改为季刊。文化部文物局虽在1950年即创办了《文物参考资料》（1959年起更名为《文物》），但当时并非考古学专业刊物，无法适应考古工作迅速发展的实际需要。1947～1948年，夏鼐在中研院史语所时，即曾参与《历史语言研究所集刊》和《中国考古学报》的具体编辑工作。中国科学院成立后，他深知作为国家级学术研究中心机构的考古所主办的核心性刊物，对内具有学科建设的积极导向性作用，对外则代表国家的学术研究水平，因而他非常重视考古专门刊物的创办。1953年，夏鼐总结中国考古学的"现状"时指出，"希望不久的将来能建立一个通讯网，或出版一种刊物，报道各地发现及发掘的消息，交流工作的经验，并自由讨论学术上的问题"[38]。1954年，他参观全国基本建设中出土文物展览会后，又感到"关于交流经验和提高业务水平的工作，在过去我们是做得不够的。考古训练班时间太短促，毕业的学员须要继续提高。现在由中国科学院考古研究所发起，想创办一个叫做《考古通讯》的刊物。由这刊物来交流大家实际工作的经验，提高考古野外工作的业务水平"[39]。当时也有人指出，应当"加强专门学报和学术刊物的出版工作"，因为"经验证明，一个专门的学术刊物如果能办得生气勃勃，它便能不断地向学者们提供新的思想，提出新的问题，组织不同意见的争论，刺激、推动研究工作的发展"[40]。考古所于1954年4～5月在所内研究组对创办刊物进行商讨、酝酿，并于5月31日，邀约文化部社管局和北京大学考古专业的有关人员召开了一次会议。会上虽然有人认为"既已有《考古学报》和《文物参考资料》，似乎没有再办《考古通讯》的必要"，但大多数人认为"《考古学报》所刊登的多是长篇的报告和较专门性的研究成果，而《文物参考资料》作为文物工作者的参考刊物，不仅要刊登和宣传有关文物的重要政策法令，并且还要刊登有关博物馆和图书馆工作报导和经验介绍，因之对于各地的考古调查和发现的报导，只能占刊物篇幅的一部分，所以都赞成创办《考古通讯》这专业性的刊物，以便考古工作者可以互通声气，互相学习，以便提高考古工作的水平"[41]。夏鼐亲自主持创办这个专门刊物，前后做了大量工作，包括征集稿件、校对清样、编排图版等。《夏鼐日记》中可见相关记载。1955 年 1 月，《考古通讯》正式创刊，初为双月刊。为适应考古工作的发展，切实提高刊物的学术质量，1958 年起该刊改为月刊，1959年更名为《考古》。

由于"旧中国遗留下来的考古人员非常不够，新的力量正在不断的培育中，但远远的不足担负急不可待的当前任务"，并且现有的考古工作人员"散在各地，各地方的收获和问题，都很难及时的加以沟通和讨论"，在这种情况下，"就需要有一个定期的刊物，可以互通声气、互相学习、互相帮助，以便取得问题的解决"。这是《考古通讯》创刊的背景。有了这样一个考古专门刊物，"还可以多多地介绍一般的考古学的知识……来扩大我们的知识范围，提高我们的工作效力，并培养更多的考古工作者出来"。考古所创办此刊物，希望"由于这个刊物的印行，可逐步地从普及考古知识而做到提高田野工作方法和室内整理方法"，希望"这个刊物不是刊载长篇巨著的研究，而是尽可能的多登一些考古工作者实际需用的知识，多登一些各地有关发掘、清理和调查的简讯"，因此这个刊物的创办"对于推进中国考古事业有着责无旁贷的使命"[42]。另据《光明日报》的"文教简报"信息，《考古通讯》创办是"为了普及考古知识，提高田野工作方法和室内整理方法，介绍苏联先进经验，联系全国考古工作者，以及交流全国各地考古工作经验"，该刊的对象主要是"考古工作者、文物干部、考古与历史教学者"[43]。《考古通讯》虽然由考古所主办，但甫一创刊，就明确了"面向全国"的办刊方针，并以推进中国考古事业为己任。在《考古通讯》创刊之际，南京博物院罗宗真致信编辑部，对刊物提出了三点期待：第一，希望能多刊载些对工作上有指导性的文章，因为阅读考古刊物除了增加与丰富许多业务知识以外，他觉得"更迫切需要的是指导我们工作的方法"；第二，希望能经常指导业务学习，因为目前全国范围内考古工作者"大多数是很年青的，都迫切需要学习；尤其需要考古学的理论学习，使在田野工作的感性认识能进一步地提高到理性认识"，因此他希望《考古通讯》能够"登载一些考古书籍的专题索引，按深浅程度分别介绍，并大致说明学习的方法与内容"；第三，希望能多介绍与交流全国各地救护文物工作的经验，"这样使埋藏于地下的宝藏更少的遭到破坏"[44]。可见，不管是介绍考古工作方法、指导考古理论学习，还是介绍救护出土文物的经验，《考古通讯》的创刊都给予有关学者很多支持。

1955 年底，《考古通讯》第 6 期出刊。该刊又强调了办刊主旨，即"各地进行中的考古发掘和调查工作的报导与研究，是本刊主要的内容。一切考古知识、考古技术、历史文献考证都是为了推进今天的发掘调查工作而发表的，也必须以有关或有利于今天的发掘调查而作"；同时该刊还提出了新的计划，即"想要适应目前工作的需要、各方面的刊登一般的考古知识、考古技术，借以逐渐提高田野发掘调查工作的水平。在1956年度内，将用较多的篇幅来刊载考古知识"[45]。1956年底，《考古通讯》又重申刊物的性质，反思之前编辑工作存在的不足。《考古通讯》应该是"学术性的而又带有普及性的考古专业的杂志，对于考古调查的简报简讯，有责任及时地加以存录"，但是"简报、简讯在形式上的千篇一律，在内容上的繁琐，使读者感到枯燥，也使考古工作的整理方法与研究方法停滞不进"，因此该刊希望"以后多一点有典型性的简报，既要简明而又有创造性，它是较详细的正式报告的缩写或菁华。否则的话，简报是一本初步的账，报告还是一本账，只是更详细罢了。各地方考古调查的一般性的简讯，还是必要的；由于近年发掘了的墓葬和出土器物太多，常有重复，简讯最好能把特殊的和新鲜的事物加以突出的报导"。此外，"对于考古知识和考古技术经验一类，仍旧要加以充实"，该刊期望"多刊载一些有研究性的综合性的论文"；还计划多发表一些争鸣性质的文章，因为"只有争鸣才可以逐渐的提高考古学的学术水平"[46]。1957年底，《考古通讯》提出将于次年准备在以下几个方面取得改进："尽量地和及时地发表新颖的考古材料"，"广泛展开我国考古学上的一些关键性问题的讨论"，"大量地和及时地介绍新出版的考古书籍，尤其是国内出版的"，"创造条件，在可能范围内全面地反映全国考古工作情况"。并且，"为更及时地报导考古事业发展情况，为更多地发表各家对考古学的新见解和新发现"，该刊决定从次年起由双月刊改为月刊[47]。1959年起，更名后的《考古》月刊"希望能够作到适应考古工作的新形势，担负讨论建立我国考古学体系、交流工作经验、开展学术批判、以及报导考古工作动态等方面的任务"[48]。《考古通讯》在创刊之初，就结合学术发展和社会时代环境，通过不断明确刊物性质和定位、反思刊物创办过程中取得的经验以及存在的不足，逐渐提升刊物的学术水平，同时为引导和影响全国考古工作、建立中国考古学体系贡献力量。《考古》不仅为新中国考古学科的长足发展提供了重要的学术媒介平台，也对20世纪70年代末至80年代各地陆续创办的考古刊物起到了良好的示范作用。

夏鼐长时间主持编辑《考古》和《考古学报》两大刊物。在编辑过程中，他一直秉持高度的责任心和使命感，对刊物质量严格要求，认真贯彻严谨求实的学风。在《考古》发刊两百期之际，他再次阐明了编辑工作的方针，并认为"今后我们要继承《考古》创刊以来的实事求是、认真负责、保证质量的编辑方针"[49]。夏鼐始终关注《考古学报》和《考古》两个考古核心刊物的学术质量，对中文原稿和外文目录、外文提要都严格把关。如今，《考古学报》和《考古》成为国内乃至世界考古学界具有重要影响力的学术刊物，与夏鼐等老一辈学者的无私奉献、勤恳工作是分不开的。正是夏鼐始终坚持这样的办刊方针，保证了刊物的质量，从而缔造了中国考古学界传统的严谨学风，推进了中国考古学科的健康发展。

三、创立考古学会

1928 年，中研院历史语言研究所成立。1929 年，李济被聘任为历史语言研究所考古组主任。同年，北平研究院史学研究会成立，内设考古组。随后，为协调与地方的关系，便于展开考古调查和发掘工作，中研院历史语言研究所、北平研究院史学研究会分别与当地有关部门和士绅协商，联合成立了山东古迹研究会、河南古迹研究会和陕西考古会。但是，山东古迹研究会、河南古迹研究会和陕西考古会，既非全国性的组织，亦非独立机构，因而它们在考古学科建设方面的实际作用有限。

抗日战争胜利后，中研院历史语言研究所于 1946 年由四川李庄迁回南京，李济等人开始谋划考古组的未来发展。1946 年 3 月 3 日，夏鼐和李济、吴金鼎共进晚餐，"闲谈中李先生颇有意组织一考古学会，限于有田野工作经验者，估计可得 20 人左右；另设特种会员，以容纳名流及助钱之富翁，乙种会员以容对考古有普遍兴趣者。至于工作，则以交换消息、出版刊物及开年会为主，此计划不知将来能实现否"[50]。李济表达的建立考古学会的想法，看似比较周全，但他本人都不确定"将来能实现否"。实际上，在 1948 年底他赴台之前，这些想法都未能实现。1947 年 5 月，西北大学历史、边政两系学生成立了考古学会，并利用节假日展开考古调查。但因这一学会属于学生组织，且限于一校之内，持续时间有限，实际开展的活动不多，故其影响微乎其微。

随着新中国考古工作的不断推进，组建全国性质的考古学会开始进入考古工作者的视野。1954 年，裴文中指出"考古工作者方面，首先要建立的社会主义思想，就是要实行工作上的集体化和贯彻互助合作的精神"，并建议"组织中华全国考古协会（名称性质以及组织形式，尚待慎重考虑研究）"[51]。但当时条件并不成熟，"中华全国考古协会"并未筹建。1958 年，由于时代的需要，考古学界提出要建立马克思主义的考古学体系。当时有学者意识到，要想不断提高考古工作者的水平，积极建立马克思主义中国考古学体系，"必须有一个全国考古工作者的组织才对发展考古学更为有利"，并且"早日成立中国考古学会"，通过学会的会议、刊物以及其他各种方式"团结组织全国的考古工作者，加强联系，交流经验，提高水平"[52]。1959年1月，考古所和文化部文物局联合召开了编写"十年考古"的座谈会。会议期间，与会学者也就"建立一个科学的完整的中国考古学系统"展开讨论，大家一致认为"首先应该把中国考古学会成立起来，以便通过这个群众性的学术组织，进一步团结全国文物考古工作者，推动考古学中的学术研究工作，为马克思主义的中国考古学体系的建成创造条件"[53]。组建中国考古学会事宜，逐渐被有关机构和部门纳入工作日程。1959年5月15日，夏鼐在考古所主持召开中国考古学会筹备会议，到会者除考古所人员外，尚有北京大学考古专业、文化部文物局、北京历史博物馆、故宫博物院、中国科学院古脊椎动物研究所五家单位的代表，"讨论简章草案及筹备委员人选"[54]。1964年，成立中国考古学会事宜重新被提上日程[55]。意想不到的是，正当筹备事宜基本完成之际，迫于当时形势，成立中国考古学会之事再度被搁置下来[56]。直到"文革"结束后，此事才被重新提上日程。

1978年10月，夏鼐在考古所内讨论、酝酿创建中国考古学会事宜[57]。11月29日，他在考古所主持召开中国考古学会筹备委员会会议，"暂定明年3月中旬在西安召开成立大会"，考古所负责"继续筹备登记会员、起草会章草案"[58]。1979年4月，中国考古学会成立大会在西安召开，夏鼐被推选为第一届理事会理事长[59]。中国考古学会成立大会正式开幕前，与会者还就制订考古学发展规划进行了广泛的讨论。在此之前，中国考古学界从未建立过全国性的群众团体，新中国成立30年来，虽然成立中国考古学会之事被多次提及，但由于各种原因，几度被搁置，故而此次中国考古学会的成立，"对于加强全国考古工作者的团结，密切相互之间的学术联系，更好地实现考古学八年发展规划，具有十分重要的意义"。中国考古学会成立之际，即用较多的时间开展学术交流与探讨活动。参加会议的60多个单位，共提交了82篇学术论文，其中绝大多数是专题研究性质的文章，并且涉及的内容很广，"年代上从原始社会、殷周秦汉到唐宋元明，地区上从黄河流域、长江流域到遥远的边疆，内容则除考古遗存的分析外，甲骨、金文、简牍、碑刻、陶瓷、壁画、石窟都有论及"[60]。根据《中国考古学会章程》的规定，考古学会的基本任务是"团结全国考古工作者，在马克思列宁主义、毛泽东思想的指导下，发扬实事求是的优良学风，提高考古研究的科学水平，为推动我国考古事业的发展，实现社会主义新时期的总任务而积极努力"，主要工作是"采取各种不同的形式，积极开展学术讨论"，"开展国际学术交流活动，增进同国外考古机构和学者的友好联系"，"出版书刊、资料"[61]。中国考古学会从 1959 年开始筹备组建，到 1979 年正式成立，历时 20 年。这一艰辛过程饱含夏鼐的辛勤付出，也体现了中国考古学者致力于完善考古学科体系、不断推进考古学术研究水平和国际影响力的决心。

此后，每届中国考古学会年会，都对学术界关心的重要问题予以交流、讨论，由此推动有关问题的深入研究，并进而推进中国考古学科的发展。如第二至五届中国考古学会年会分别在武汉、杭州、郑州、北京召开，夏鼐均出席并主持会议，同时结合中国考古学研究和未来发展方向发表讲话[62]。第二至五届中国考古学会年会的学术讨论主题依次为：有关楚文化的研究；东南沿海的新石器文化、中国青瓷瓷器和瓷窑的研究；夏文化的探索和商文化的研究、全国各地青铜文化的研究；中国古代都市遗址。第二届关于楚文化的探讨，主要包括楚文化的渊源问题、楚国前期都城丹阳和后期都城郢都的位置、纪南城的年代问题、楚墓的分区及分期问题、楚国的葬俗、楚国的手工业、楚国与邻近地区（蜀、滇、越和中原）文化的相互关系等[63]。第三届关于东南沿海的新石器文化，集中讨论河姆渡文化、马家浜文化、崧泽文化、良渚文化的特征、区别与相互关系；有关青瓷及青瓷窑址的讨论，内容有瓷器的起源，六朝青瓷，唐代的越窑、龙泉窑，宋代的官窑、哥窑等，所涉及的地区则包括浙江、江苏、安徽、福建、湖南、四川等[64]。第四届关于夏文化的讨论，有几种不同的意见：第一，认为早于郑州二里冈期的商文化的偃师二里头文化（一至四期）是夏代文化遗存，此处也即夏代都城所在；第二，认为二里头文化的三、四期的文化内涵与郑州二里冈商文化遗存是相近的，而二里头一、二期可能是夏代遗存；第三，认为豫西地区发现的河南龙山文化中晚期遗存是夏代遗存[65]。第五届关于中国古代的都市遗址，则主要讨论中国古代城市的起源、中国古代都城的形制及其演变规律、一些都市的年代及性质等方面的问题[66]。中国考古学会通过历届年会，对这些重大学术问题进行探讨，也能为相关考古调查和发掘活动的进一步展开提供参考，由此提升中国考古工作的整体水平。尤其值得注意的是，在 1985 年 3 月 1 日于北京召开的中国考古学会第五次年会的开幕式上，夏鼐发表的讲话重点谈到了"考古学界的工作作风改革问题，也可以说是一个学科的学风问题"。他认为，考古学者应该认真坚持马克思主义、毛泽东思想，发扬实事求是的优良学风；应该在精神思想上能够达到一种高度，即一心一意为了提高本学科的水平，而不计较个人的经济利益。总之，"如果我们想把我国考古学的水平提高到新的高度，这便需要我们有献身的精神，在工作中找到乐趣，不羡慕别人能够得到舒服的享受，也不怕有人骂我们这种不怕吃苦的传统是旧思想，旧框框"[67]。这个讲话，对于端正考古学者的思想认识，营造考古学界的优良学风，提升中国考古学的学科水平，具有重要意义。

四、规划考古学科的主攻课题并阐释考古学科的内涵

1935年8月7日，夏鼐乘邮轮离开上海，远赴英国留学。留学阶段，是夏鼐掌握田野考古发掘和室内整理先进技术方法、立志以建设科学的考古学为人生己任的关键时期。

初到英国，夏鼐尚在考虑就读哪所学校，选择考古学的哪个专业方向或分支学科。为此，他曾致信傅斯年、李济，详询留学专业抉择等一系列问题。他在1935年10月8日的信中提到，自己"想一方面学习技术及工具的学科，同时对于古代社会又想得一相当的概观"，并觉得"中国的考古学，真是一片未开垦的沃土，我只希望将来能做园丁之一员，拿起锄头，将荒土整成花园"[68]。虽然此刻夏鼐并未明确自己的研究方向，但他已初步流露出为中国考古事业发展贡献自己力量的期望。

经过初步考虑，夏鼐决定在伦敦大学科陶尔德艺术研究所注册，师从叶慈（W. P. Yetts）学习"中国考古与艺术史"。但是没过多久，他便发现在科陶尔德艺术研究所学习，收获很小，遂萌生转系之念。1936年4月11日，他致函清华大学校长梅贻琦，陈请转学埃及考古学系并延长留学年限一年。信中，他整体分析了自己对于中国考古学未来发展的设想。他说："今年所学者，多为田野工作之技术。但发掘后如何整理，采集标本后如何研究，尚未暇顾及。故进一步观其如何就各种古物，依其形制，以探求其发展过程，如何探求其相邻文化交互影响之迹，由古物以证古史，以建设一科学的考古学。凡此种种研究方法，并非听讲空论原则，即可学得，而必须有具体之实物及实例，始能领悟，然后始能以其方法，返国后应用于搜集及整理中国之古物。故欲达此目的，必须先对于其历史、宗教、文字，一切皆有相当知识。"他甚至认为："中国将来之考古学，必须以埃及考古学之规模为先范，故中国之考古学界，必须有一人熟悉埃及考古学，以其发掘技术及研究方法，多可借镜。"信末他还提到："国难日殷，母校又风波迭起，引领东望，忧心如焚，极欲早日返国，为祖国服务。但欲求有益于社会，必须在此间先打定相当基础。"[69]拳拳之心，跃然纸上。意欲学习考古先进技术与方法，从而建设科学的考古学，为祖国服务，是夏鼐此信所要表达的核心要义。早在出国前，安阳考古实习即将结束之时，他就已清醒地认识到："中国考古学上的材料颇不少，可惜都是未经科学式发掘方法，故

常失了重要的枢纽，如能得一新证据，有时可以与旧材料一对证，发现新见解，将整个的旧材料由死的变成活的。"[70] 因此，掌握"科学式发掘方法"，丰富考古理论知识，正是夏鼐留学期间重点学习和训练的内容。

虽留学在外，但夏鼐时刻关注国内考古界动态。1936 年 7 月 10 日，他致信中研院历史语言研究所考古组友人李光宇，询问山东城子崖、安阳殷墟、宝鸡斗鸡台等地的最新发掘情况，并指出"一个以文明古国自命的国家，不能不有考古一科"，"否则人家研究中国考古学，只好读日人的乐浪报告，俄人的蒙古报告，英、德、法人的新疆报告，岂非丢脸"，"如有什么考古界的新消息，请时常示知。现下虽专攻埃及学，返国后还是弄中国考古学的，决不能与中国考古学绝缘"[71]。考虑到当时国内外考古学的发展水平差异和国际关系的时代背景，夏鼐此言颇有"竞赛"之意。他曾在致梅贻琦信中提到"日本考古学界之泰斗"滨田耕作，从前即在伦敦大学学习埃及考古学，"吾国考古学至少须以日人为竞赛对象"[72]。可以说，他心系祖国，已将建设中国考古学视为自己毕生的追求，并且敏锐地意识到想要发展中国考古学，不能仅局限于本国学术界，而应有世界眼光，努力让中国考古学在世界考古之林占有重要地位。

留学期间，除了研读考古学基本理论和技术方法的著作之外，夏鼐阅读最多的还是人类学方面的著作。当读完博厄斯《原始人的心理》和戈登威泽《早期文明》这两本人类学著作后，1936 年 7 月 5 日，夏鼐就中国考古学的发展方向和在学术界的地位、人类学理论在考古研究中的重要作用等问题，发表了一段很有见地且意义深远的"自勉"之语。他指出，"要弄考古学，非有人类学的根基不可。关于文化的起源、变迁等，须有一规模较大的理论在后面，始能把握住考古学材料的意义。现在中国谈考古学的，还多以 19 世纪后半叶的人类学为根据"，斯宾塞（Herbert Spencer）、泰勒（Edward Burnett Tylor）等人的"均变论"（uniformistic evolutionism theory）"尚极盛行，实则将来须费一番肃清的工作。然后再专就实证，以建立中国的上古史。考古学在学术界的地位，并不很高，但是治上古史，考古学是占中心的地位，尤其是中国现下的上古史界情形，旧的传说渐被推翻，而新的传说又逐渐出现，与旧的传说是一丘之貉，都是出于书斋中书生的想像，假使中国政治社会稍为安定，考古学的工作实大有可为也。书此以自勉"[73]。从夏鼐的求学经历看，在不同的学习阶段，他都非常擅于主动思考所学专业的学科特点、不同专业之间的联系与区别、自身应如何应对和适应新专业的学习与研究。他逐渐认识到"科学的考古学"的重要性，以及传统历史学所不具备的、考古学自身的独到价值。择定埃及考古学专业之后，夏鼐愈发博览群书，不断开拓学术视野，并通过脚踏实地的实践，积累各种室内外的先进技术。他满怀对中国考古学未来发展的抱负，准备归国后能有所作为。

1941年1月，夏鼐返回阔别五年半的祖国。2月3日，抵达昆明。2月21日，他应罗常培之邀，在北京大学文科研究所做了题为"考古学方法论"的讲演[74]。由于此次讲演是夏鼐留学归国后的第一次学术"亮相"，他非常重视。讲演内容涉及田野考古步骤与方法、考古学与历史学之关系、国内考古学发展现状及未来方向等关键问题[75]。夏鼐将考古工作分为考察调查、发掘、整理研究、综合研究等不同环节。关于室内整理研究，其目的在于"审定古物遗迹之时代前后程序，及文化之交流影响"，所用方法包括记载上之证据、层位学、标型学、分布图。对于综合研究，他特别强调："普通考古学家，认为撰述田野工作报告及专门论文，已为尽责。但亦有进一步而作综合工作者。根据现所已知关于某一时代之遗迹古物，重造当时文化之概况，叙述当时生产技术及工具、衣食住行之状况、与外族交通情形等等……此项综合工作，虽极有兴趣，最易引人。但材料若不充足，稍一不慎，即易成为荒谬之谈。今日吾国考古学之材料，仍极贫乏，作此项综合工作者，更须谨慎。将来材料累积至相当程度后，则此项工作，亦不可少，以考古学及历史学之最终目的，即在重行恢复古人之生活概况，使吾人皆能明了人类过去生活也。"[76]夏鼐已从方法论的高度，指出考古学的"最终目的"。他在此次讲演稿中关于田野考古学方法、考古学最终目标等认识，不仅为他日后的考古实践活动奠定了理论基础，也在中国考古学发展史上具有重要意义。

自1950年起，夏鼐担任中国科学院考古研究所（后属中国社会科学院）副所长、所长等职。他为新中国考古学引航掌舵，影响深远。夏鼐擅于在不同时期及时总结中国考古学发展所取得的成就，指出存在的不足及未来继续发展的方向。他不断规划考古学科的主攻课题，阐释考古学科的内涵，持续推进中国考古学科的长足发展。

1953年底，夏鼐梳理了中国考古学"过去的基础"和"解放后的情况"，然后指出"今后努力的方向"应主要包括两个方面，即研究工作方面，"除了配合国家建设工程发掘地下文物加以整理研究之外，主动的研究工作，应该以新石器时代、殷代和两周为重点，尤其着重西周"；理论学习方面，应当"加强学习马克思列宁主义，学习苏联先进经验"[77]。夏鼐如此规划研究课题，颇有深意。以新石器时代研究为重点，旨在理清中国社会生活情形及发展历程是如何从新石器时代的原始社会进入青铜文化的殷代奴隶社会。关于此过程，之前考古资料的积累非常有限。特别是新石器时代早期的研究，甚至还是"空白"，而新石器时代晚期，虽然已有部分材料，但这些材料彼此之间并未形成完整"证据链"，很多材料都是"片段"的。至于殷代，虽然安阳发掘提供了许多宝贵资料，但整体上还不够全面，有待继续深入探讨。两周方面，已发现的考古资料也很少，新中国成立后虽做了一些田野发掘，但仍然不足以反映两周社会生活面貌，并且当时的史学界有"战国封建说""西周封建说"等不同观点，一时难以形成共识。故夏鼐认为也应当把考古工作重点放在西周，从而为解决历史学科方面的关键问题提供帮助[78]。诚然，相关材料的积累，有助于从考古学视角解读中国社会发展史。理论学习方面，在当时的话语背景下，夏鼐特别强调学习苏联的先进经验。如此，统筹协调理论问题和具体实际问题，夏鼐初步明确了新中国成立初期考古学科的重点研究课题。他所强调的这些重点研究方向，亦成为考古所此后一段时间内制定相关工作草案的主要依据[79]。

1959 年，夏鼐从"显示原始社会初期的面貌""新石器时代的研究""青铜时代的奴隶社会""铁器的使用和秦汉的封建王朝""中国封建社会的中衰和复兴——隋唐帝国""封建社会的继续发展——宋和宋以后"六方面总结新中国成立后 10 年间的考古成绩，并指出此后有待继续深入的课题，例如"找到可以确定为新石器时代初期的遗址"，因为这关涉到中国畜牧业和农业起源问题；进一步把中国"原始氏族社会的崩溃、阶级社会的产生和国家的形成这一切都逐渐弄清楚"；等等[80]。从夏鼐此处的分析可知，当时考古工作在阐释中国古代社会发展及其规律的基础上，仍被期待为一些重大古史问题提供可靠的新材料。此外，与上述 1953 年的论述相比，夏鼐开始呼吁展开旧石器时代研究的必要性，因为这可以增加对中国原始社会初期面貌的了解。在考古资料不断累积、综合研究工作不断深入的前提下，夏鼐相信"在今后再一个十年中，一定能使中国考古学成为一个更为系统化的学科"[81]。所谓"系统化的学科"，不仅体现在指导思想方面，更反映在研究课题的体系化。

1962 年 7 月，夏鼐应《红旗》杂志之约，撰写了《新中国的考古学》一文[82]。此文在充分总结考古学界已有研究成绩的基础上，从学科体系、理论认识的高度以及全国考古工作的宏观视野，归纳出中国考古学的六项基本课题，即人类起源及其在中国境内开始居住的时间问题、生产工具和生产技术发展及人类经济生活问题、古代社会结构和社会关系问题、国家起源和夏代文化及城市发展问题、精神文化领域（文字、宗教、艺术等）问题、汉民族形成及中华民族共同体形成过程问题。这六项基本课题，既是中国考古学得以继续发展迫切需要解决的关键课题，又无不与中国古史研究及建构问题密切相联。夏鼐期望以马克思主义为指导，综合考古学、民族学、古籍文献记载等不同材料，运用包括自然科学方法在内的各种研究方法，对上述问题有进一步的认识甚至解决。这不仅体现了夏鼐对建立和完善中国考古学学科体系进行的理论思考，更为此后中国考古学的田野工作以及综合研究指明了方向，为学术界继续深入阐释中国古史问题奠定了基础。需要特别提及的是，夏鼐在这篇文章中，还明确提出"根据考古资料，现今汉族居住的地区，在新石器时代是存在着不同的文化类型。连黄河流域的中游与下游，也有很大的差异。古史传说中也有这种反映"[83]。换句话说，夏鼐旨在表明中国史前文化是多元的，并非一元的。这是中国考古学者第一次公开提出这一重大课题。夏鼐的这一观点颇具前瞻性，深刻影响着后来的学术研究。根据考古新资料以及碳十四测年数据，他本人在1977年对此观点做了进一步解释[84]。不管是考虑夏鼐发表此文时作为考古所所长的身份，还是考虑发表刊物的级别和影响力[85]，这篇文章都具有代表意义。"文革"之后，夏鼐主持制定的1978～1985年考古研究工作远景规划，仍继续提出"今后若干年内需要集中力量从考古学上探讨的课题主要有：中国远古文化的渊源，中华民族共同体形成的过程，国内主要少数民族的早期历史"等[86]。时至今日，与上述基本课题相关的中国文明形成及发展、国家起源、古代社会形态、统一多民族发展、中华民族共同体等重大问题，依然是学术界的研究热点。夏鼐敏锐的洞见和深邃的学术理论，亦由此彰显。

夏鼐不仅在不同时期通过总结中国考古学的发展状况，规划考古学科主攻课题以及阐释考古学科内涵，更身体力行，通过自身的学术实践，深入中国考古学科各领域的学术研究，不断将中国考古学科提升至更高的发展水平。他在中国史前时期考古研究、中国历史时期考古研究、中国科技史的考古研究、中外关系史的考古研究和外国考古研究等领域，都进行了长时间的创造性研究，有许多突出成果问世。

1949年以后，全国各地的考古调查、发掘活动持续展开，许多新的考古发现骤然涌现，过去一些沿用的术语或概念难以准确表述更多的考古新发现。在此背景下，夏鼐及时讨论了什么是考古学文化、怎样确立和命名、考古学文化对于考古学研究的意义何在等迫切需要解决的理论问题[87]。他指出"考古学文化"有特定含义，即"某一个社会（尤其是原始社会）的文化在物质方面遗留下来可供我们观察到的一群东西的总称"，换言之，它是"表示考古学遗迹中（尤其是原始社会的遗迹中），所观察到的共同体"[88]。夏鼐关于考古学文化问题的探讨，对考古学理论、史前考古学等领域的研究都有重要的推进作用，"尤其是对中国新石器时代的文化分布、类型划分和分期问题的研究起了重要的指导作用，使之出现新的局面"[89]。如上所述，夏鼐在《新中国的考古学》《碳-14测定年代和中国史前考古学》等文章中，还探讨了中国新石器文化发展的多元谱系。中国史前考古研究取得的一项重大突破在于中国远古文化的发展由先前的黄河流域"一元说"转变为并非一个中心的"多元说"。此后的考古发现和相关研究成果更加证实了"多元说"，使之逐渐成为考古学界的共识。1983年，夏鼐还在国际学术舞台提出考古学视角下的中国文明起源问题研究。他的《中国文明的起源》一文[90]根据系统可信的考古学材料，对中国国家起源和文明形成进行了严谨的科学考察。他确立的"都市""文字""青铜器"这三个标志和二里头文化晚期这个时间基点，成为之后中国考古学者探究此问题的基本认识。此文是"中国文明起源研究史上一篇划时代的文献"[91]。以此文为标志，中国考古学者开始大规模系统地思考中国文明起源及有关问题，并取得丰硕成果。

夏鼐曾强调"学历史一定要了解考古学，文献与实物二者对历史科学就如车之两轮，缺一不可"[92]。对此，他在其他有关考古学理论的著述中也多有阐发。在夏鼐看来，考古研究进入"历史时期"，应当掌握狭义历史学中的大量文献并且能够熟练运用文献考据方法。早在20世纪40年代，在经费不足、环境恶劣的情况下，夏鼐前往敦煌等地进行为期两年的艰苦调查和发掘，对汉唐时期的考古研究做出了令人刮目相看的学术贡献。他的《新获之敦煌汉简》《武威唐代吐谷浑慕容氏墓志》[93]成为"当时蜚声史坛的两篇重要的历史论著"[94]。新中国成立后，夏鼐对于夏文化的探讨、商代和汉代玉器的研究、古代车制和墓制的考证等，均有重要的研究成果发表，从而使相关研究不断向前推进。

考古学根据资料种类的不同，可划分为古代陶瓷学、古钱学、美术考古学、铭刻学、印章学等若干分支领域。关于美术考古学，夏鼐强调"包括建筑、雕刻、绘画，是研究古代美术的重要材料"；关于铭刻学，他指出"研究金石上所刻的文字的科学叫作铭刻学。铭刻学是按文字的形态和文体结构及内容来断定时代。内容上又可以正确地提供历史材料，是很重要的学问"[95]。这实际上是扩展考古学材料的范围，扩充考古学科研究的议题。因为考古学研究"不限于有文字或有美术价值的范围，不仅要包括遗迹，并且在狭义的遗物中，取材也应广泛。遗迹，铭刻中摩崖、雕刻及石窟造像也包括在内"[96]。夏鼐强调考古学者"要把发现的一切随时联系到当时的社会上去"，若"离开了当时的人民生活"，就会"失掉了研究文物的意义"[97]。后来发掘郑州殷商遗址，"当时劳动人民的生活"正是考古学家"所追求的材料"；各时代的居住遗址"虽不像墓葬能出美术价值的珍品，但对于古代一般人民的生活的研究，实是非常重要的"[98]。结合彼时高校考古专业的课程设置情况，也能体会夏鼐对中国考古学科内涵的精心分析。在夏鼐参与设计的北京大学考古专业最初的课程中，除了"考古学通论""中国历史考古学""史前考古学""中国考古学史"等课程外，还包括"古文字学""中国美术史"等课程。1957～1958学年度，北京大学考古专业新开课程有"石窟寺艺术"[99]。在夏鼐的亲自筹划和具体指导下，考古所还集体编纂了集殷周青铜器铭文之大成的《殷周金文集成》。全书收录宋代以来各家著录、国内外主要博物馆收藏以及各地出土的殷周青铜器铭文近12000件，按照器类和字数加以编次，共计18册。夏鼐在该书的前言中，辨析了中国考古学的前身金石学、现代考古学、铭刻学、古文字学的含义及研究目标，并对铭刻学的特点做了具体阐述。他还毫不客气地指出："现下仍有个别搞铭刻学的人，过分强调铭文的解读，有时完全不顾古文字学的原则或通例，将一些不易考释的铭文中每字都加考释，每句都加解说，实际上不过是'穿凿附会'而已。"[100]夏鼐的这一认识，即使放在当今学术界，仍具有重要的警醒意义。

为了总结新中国成立10年的考古收获，进行初步综合归纳和理论分析，在夏鼐的统筹安排下，考古所集体编写了《新中国的考古收获》一书。该书于1961年12月由文物出版社出版，是"第一部正式出版的中国考古学综合性论著"，在当时"产生了不小的社会影响，对考古研究从'见物不见人'状态转变为致力于探讨原始社会的发展有积极意义"[101]。该书新石器时代部分，对文化谱系问题做了全面的初步分析，即将中国新石器文化区分为黄河中下游、黄河上游、长江流域、华南地区、北方草原地区、东北地区这六大区域。这对考古学文化谱系的研究具有重要示范意义。20世纪70年代末，夏鼐又开始主编《新中国的考古发现和研究》一书，意在总结新中国成立30年的考古成就。该书1984年5月由文物出版社出版，按照旧石器时代考古、新石器时代考古、历史时期（商周、秦汉、魏晋南北朝、隋唐至明代）考古的内容，共分六章。其中对于一些特殊的遗迹遗物的发现与研究，均设置专节进行论述。比如关于古代石窟寺的考古研究，《新中国的考古收获》一书并未专门涉及，但《新中国的考古发现和研究》一书则设专节"石窟寺考古的新发现和研究"加以阐述，具体内容包括"石窟寺的勘察与新发现""石窟寺的分期研究""有关石窟寺研究的几个问题""将考古学方法运用到石窟寺研究中去"。再如殷墟甲骨文、西周青铜器窖藏、东周金属铸币、唐代金银器，以及铸铜、冶铁、瓷窑等手工业遗址，《新中国的考古发现和研究》一书也都有专节论述。该书的框架结构"充分体现了中国考古学初步建立学科体系的状况"[102]。夏鼐在晚年还主编了《中国大百科全书·考古学》。"大百科全书"是中国第一部集知识性、学术性、综合性于一身的大型工具书。夏鼐作为"考古学"分卷的主编，不仅亲自撰写卷前综合论述考古学科内容的概观性特长条，还审核了全书框架结构和具体条目，以及各分支学科的总论和分论等重点条目。从召开编委会筹备会议、遴选各分支学科编辑组负责人，到设计框架结构、确定编写体例、草拟条目并试写部分样稿，夏鼐都亲自指导，付出了很多辛劳。《中国大百科全书·考古学》1986 年 8 月正式出版，是中国考古学走向成熟的重要标志。在当今学术界，考古学已由原从属于历史学的二级学科，提升为与"中国史"和"世界史"并列的一级学科，正反映了中国考古学的学科发展状况。

五、结　语

综上所述，不管是高校考古专业的筹建和考古人才的培养、考古专门刊物的创办及考古学会的创立，还是规划考古学科的主攻课题并不断阐释考古学科的内涵，都关乎新中国考古学科建设，也关乎新中国考古工作的发展全局。夏鼐充分认识到这些工作的必要性与重要性，并身体力行。夏鼐为新中国考古学引航掌舵而做出的许多具体工作，与他自身的学术研究工作互为表里、相辅相成，共同构成了其完整的学术思想体系。认识和评价夏鼐的学术体系及贡献，不能仅局限于他的著述，而必须与他直接领导或指导下展开的全部工作结合起来分析。当今中国考古学界取得一系列突出成果，并在国际学术界掌握重要话语权，饮水思源，回顾中国考古学发展历程，我们不应忽略夏鼐对新中国考古学奠基与开拓的卓越贡献。在进一步建设和完善中国考古学学科体系的过程中，以夏鼐为代表的老一辈考古学家的工作业绩和思想识见，仍值得我们重视。夏鼐的学术贡献和道德人格，不会随着时间的消逝而黯淡，反而会在新的社会时代不断彰显其重要价值和深远影响。

附记：本文为陕西省社会科学基金项目"中国思想史研究的学术渊源研究"（项目编号：2020G008）的阶段性成果。

注　释

[1]　徐玲:《民国时期的考古学教育与人才培养》,《史学月刊》2009年第4期。

[2]　史语所考古组编辑出版的《中国考古学报》便是一个明显的例子。1936年8月,《安阳发掘报告》更名为《田野考古报告》出版,但仅出版了一期便因战争而停止;1947年3月,《田野考古报告》更名为《中国考古学报》,至1949年12月,《中国考古学报》共出版了三期。

[3]　汤惠生:《夏鼐、苏秉琦考古学不同取向辨析》,《中国社会科学》2017年第6期。

[4]　王世民:《夏鼐传稿》第134～142、169～172页,社会科学文献出版社,2020年。

[5]　王世民:《为中国考古学发展引航掌舵——考古学家夏鼐的学术人生》,见《考古学史与商周铜器研究》第189页,社会科学文献出版社,2017年。

[6]　李济:《中国考古学之过去与将来》,《东方杂志》第31卷第7期,1934年4月。

[7]　《夏鼐日记》卷四第80页,华东师范大学出版社,2011。以下关于《夏鼐日记》的注释省略出版社等信息。

[8]　《南京大学设置专业统计表》(1953年5月),见《南大百年实录》下卷《南京大学史料选》第111页,南京大学出版社,2002年。

[9]　夏鼐:《中国考古学的现状》,《科学通报》1953年第12期。

[10]　1954年,北京大学历史系学制改为五年,同时将原来四年制的考古专业一度改为五年制历史专业考古专门化,培养目标则规定:“既是考古工作者,又是历史工作者。”但是这样的提法和安排不能很好照顾考古专业自身的特点,故而不能满足对考古人才的迫切需求。1958年,北京大学历史系务委员会讨论,建议教育部将“考古专门化”重新改回“考古专业”,学制五年。新的培养目标规定:“在系统的马克思主义理论基础知识和广泛的历史知识的基础上,掌握基本考古知识,并受到独立进行考古工作和初步综合研究的训练。”参见北京大学历史系考古教研室:《十年来的北京大学考古专业》,《考古》1959年第10期。

[11]　夏鼐:《考古学通论讲义(之一)》《考古学通论讲义(之二)》,见《夏鼐文集》第一册第67～193页,社会科学文献出版社,2017年。

[12]　《夏鼐日记》卷五第363页。

[13]　此报告提纲详见夏鼐:《新疆考古学概况》,见《夏鼐文集》第一册第480～490页,社会科学文献出版社,2017年。

[14]　《夏鼐日记》卷六第182、254页。

[15]　《夏鼐日记》卷七第16页。

[16]　如1980年7月30日,“宿白同志来谈关于北大成立考古学系事”(见《夏鼐日记》卷八第448页);1981年3月20日,“宿白同志找我谈北大成立考古学系,校中想邀我兼主任,季羡林副校长及邓广铭系主任(历史系)想于星期日亲自登门邀请。我仍婉辞”(见《夏鼐日记》卷九第17页)。

[17]　夏鼐:《考古工作在新中国的蓬勃发展》,《科学通报》1954年第10期。

[18]　《我对文物保护工作的意见和建议——宋云彬代表的发言》,《人民日报》1956年6月23日。

[19] 《夏鼐日记》卷五第233、235页。

[20] 刘瑞：《西北大学考古专业创建过程中的夏鼐先生》，《西部考古》第十二辑第488页，2016年。

[21] 《夏鼐日记》卷八第248页。

[22] 夏鼐：《中国考古学的现状》，《科学通报》1953年第12期。

[23] 《考古工作人员训练班成立》，《人民日报》1952年9月6日。

[24] 夏鼐：《中国考古学的现状》，《科学通报》1953年第12期。

[25] 中国科学院考古研究所：《考古学基础》"前言"第1页，科学出版社，1958年。

[26] 夏鼐：《田野考古序论——在考古工作人员训练班讲演摘录》，《文物参考资料》1952年第4期。

[27] 夏鼐：《田野考古序论——在考古工作人员训练班讲演摘录》，《文物参考资料》1952年第4期。

[28] 《中国科学院考古研究所举办见习员训练班》，《考古通讯》1957年第1期。

[29] 中国科学院考古研究所：《考古学基础》"前言"第1页，科学出版社，1958年。

[30] 王仲殊：《夏鼐先生传略》，《考古》1985年第8期。

[31] 另见夏鼐：《田野考古方法》，见《夏鼐文集》第一册第207～235页，社会科学文献出版社，2017年。

[32] 夏鼐：《考古调查的目标和方法》，《考古通讯》1956年第1期。

[33] 夏鼐：《新疆考古学概说》，见《夏鼐文集》第一册第447～479页，社会科学文献出版社，2017年。

[34] 1957年2月19日，夏鼐"下午赴中央民族学院，为《考古学通论》开讲，林耀华教授致介绍辞，由2时至5时，讲毕返家"；6月3日，"下午赴中央民族学院授考古学通论，乃最后一课"（见《夏鼐日记》卷五第292、310页）。

[35] 夏鼐：《关于考古研究中的几个问题》，见《夏鼐文集》第一册第416～422页，社会科学文献出版社，2017年。

[36] 王世民：《夏鼐传稿》第139页，社会科学文献出版社，2020年。

[37] 武敏：《对"考古学报"的几点希望》，《考古通讯》1957年第1期。

[38] 夏鼐：《中国考古学的现状》，《科学通报》1953年第12期。

[39] 夏鼐：《清理发掘和考古研究——全国基建中出土文物展览会参观记》，《文物参考资料》1954年第9期。

[40] 纳克：《加强专门学报和学术刊物的出版工作》，《人民日报》1954年10月14日。

[41] 夏鼐：《回顾和展望——〈考古〉二百期纪念》，《考古》1984年第5期。另据《夏鼐日记》（卷五第93页）记载，1954年5月31日，"上午在所中开会，为筹备《考古通讯》事也……大家对创办这刊物都是同意的……最后决定拟一个编辑委员会的名单，再召集一次编委会来决定一切"。

[42] 《发刊词》，《考古通讯》1955年第1期。

[43] 《"考古通讯"定期创刊》，《光明日报》1954年11月16日。

[44] 罗宗真：《对于"考古通讯"的希望》，《考古通讯》1955年第1期。

[45] 《编辑后记》，《考古通讯》1955年第6期。

[46] 《编辑后记》，《考古通讯》1956年第6期。《考古通讯》1957年"一年中发表的讨论性文章就比之1956年所发表的约增加一倍左右"（见《编辑后记》，《考古通讯》1957年第6期）。

[47] 《编辑后记》，《考古通讯》1957年第6期。

[48] 考古所编辑室：《编者的话》，《考古》1959年第1期。

[49] 夏鼐：《回顾和展望——〈考古〉二百期纪念》，《考古》1984年第5期。

[50] 《夏鼐日记》卷四第28页。

[51] 裴文中：《总路线光辉照耀下的考古工作》，《光明日报》1954年3月11日。

[52] 《建议成立中国考古学会》，《考古》1959年第1期。

[53] 《为建立中国考古学体系创设条件　中国考古学会正积极筹备中》，《人民日报》1959年4月16日。

[54] 《夏鼐日记》卷六第28页。

[55] 1964年3月9日，夏鼐与尹达同赴郭沫若处，"商量筹备考古学会事"；3月12日，"赴前门饭店，参加第一次考古学会筹备会议"；3月18日，赴王冶秋处，"商谈筹备考古学会事"；5月3日，与牛兆勋同赴尹达处，"商谈考古学会理事名单"（见《夏鼐日记》卷七第16、17、27页）。

[56] 《夏鼐日记》卷七第41页。

[57] 1978年10月6日，"所中业务骨干商谈召集全国考古规划会议及筹建考古学会事"；10月22日，"上午赴于光远同志处，谈考古学会的筹备事"；10月23日，"与王仲殊谈考古工作会议及筹备考古学会事"（见《夏鼐日记》卷八第245、248页）。

[58] 《夏鼐日记》卷八第255页。

[59] 1983年5月，中国考古学会在郑州召开第四次年会，夏鼐又当选第二届理事会理事长。

[60] 《我国考古学界一次空前的盛会——中国考古学会在西安成立》，《考古》1979年第4期。

[61] 《中国考古学会章程》，见《中国考古学会成立大会特刊》，1979年。

[62] 夏鼐：《楚文化研究中的几个问题》《在中国考古学会第三次年会开幕式上的讲话》《在中国考古学会第四次年会开幕式上的讲话》《考古工作者需要有献身精神》，见《夏鼐文集》第一册第429～446页，社会科学文献出版社，2017年。

[63] 《中国考古学会第二次年会》，《考古》1981年第1期。

[64] 《考古学会第三次年会》，《考古》1982年第2期。

[65] 《中国考古学会第四次年会》，《考古》1983年第8期。

[66] 《中国考古学会举行第五次年会讨论中国古代都市问题》，《考古》1985年第6期。

[67] 夏鼐：《考古工作者需要有献身精神》，《光明日报》1985年3月10日。

[68] 《夏鼐致傅斯年、李济》（1935年10月8日），见《夏鼐书信集》第9页，社会科学文献出版社，2022年。

[69] 《夏鼐致梅贻琦》（1936年4月11日），见《夏鼐书信集》第18~21页，社会科学文献出版社，2022年。

[70] 《夏鼐日记》卷一第328页。

[71] 《夏鼐致李光宇》（1936年7月10日），见《夏鼐书信集》第25、26页，社会科学文献出版社，2022年。

[72] 《夏鼐致梅贻琦》（1936年4月11日），见《夏鼐书信集》第19页，社会科学文献出版社，2022年。

[73] 《夏鼐日记》卷二第52、53页。

[74] 讲演稿刊于《图书季刊》新第3卷第1、2期合刊，1941年6月；另见《夏鼐文集》第一册第41~48页，社会科学文献出版社，2017年。

[75] 关于此次讲演缘起及内容旨趣，参见王兴：《学习夏鼐1941年的讲演稿:〈考古学方法论〉》，《考古》2017年第6期。

[76] 夏鼐：《考古学方法论》，见《夏鼐文集》第一册第45~48页，社会科学文献出版社，2017年。

[77] 夏鼐：《中国考古学的现状》，《科学通报》1953年第12期。

[78] 关于两周考古材料，翦伯赞稍后提到:"由于考古发现不多，资料不足，关于西周春秋战国的历史，特别是关于西周的社会性，一直到现在，在中国的历史学家之间还没有一致的意见……这就需要更多的地下发现提出实证。"（见翦伯赞：《考古发现与历史研究》，《光明日报》1954年5月22日）这一观点从侧面亦可印证为何夏鼐要将西周作为考古工作重点。

[79] 哲学社会科学长远规划办公室：《考古学研究工作十二年远景规划草案》，1956年。

[80] 夏鼐：《十年来的中国考古新发现》，见《考古学论文集》，科学出版社，1961年。此文原载《考古》1959年第10期时，并未标出这六方面的小标题，后经修订，收入此论文集。另见夏鼐：《新中国成立十年来的考古新发现》，见《夏鼐文集》第一册第300~312页，社会科学文献出版社，2017年。

[81] 夏鼐：《新中国成立十年来的考古新发现》，见《夏鼐文集》第一册第312页，社会科学文献出版社，2017年。

[82] 该文刊载于《红旗》1962年第17期，《考古》1962年第9期转载。

[83] 夏鼐：《新中国的考古学》，见《夏鼐文集》第一册第321页，社会科学文献出版社，2017年。

[84] 夏鼐：《碳-14测定年代和中国史前考古学》，《考古》1977年第4期。

[85] 《红旗》杂志由中国共产党中央委员会主办，即《求是》杂志的前身。

[86] 王世民：《夏鼐传稿》第225、226页，社会科学文献出版社，2020年。另，甚至到20世纪90年代初，中国社会科学院考古研究所"近期的研究课题"包括"中国新石器时代文化的渊源（农业、畜牧业、手工业）""中国新石器时代文化的类型、分期、分布及社会经济形态""探讨中国文明的起源""探索夏文化，考察商周奴隶制的特点""中国古代城市的起源、发展及其在历史上的意义""边疆地区与中原地区的历史关系及当地少数民族的早期历史文化"等（见《中国社会科学院考古研究所（1950~1990）》第5页，1990年）。

[87] 夏鼐：《关于考古学上文化的定名问题》《再论考古学上文化的定名问题》，见《夏鼐文集》第二册第158～177页，社会科学文献出版社，2017年。

[88] 夏鼐：《关于考古学上文化的定名问题》，见《夏鼐文集》第二册第158、159页，社会科学文献出版社，2017年。

[89] 王仲殊、王世民：《夏鼐先生的治学之路——纪念夏鼐先生诞生90周年》，《考古》2000年第3期。

[90] 1983年3月，夏鼐应日本广播协会（NHK）的邀请，在东京、福冈、大阪三地做了题为《中国考古学的回顾和展望》《汉唐丝绸和丝绸之路》《中国文明的起源》的讲演，讲演稿后经整理，日文版以《中国文明の起源》为书名，于1984年4月由日本放送出版协会出版；该书中文版于1985年7月由文物出版社出版。其中《中国文明的起源》一文，又刊载于《文物》1985年第8期。

[91] 朱乃诚：《夏鼐与中国文明起源研究》，《考古学集刊》第16集第59页，2006年。

[92] 夏鼐：《考古学通论讲义（之二）》，见《夏鼐文集》第一册第128页，社会科学文献出版社，2017年。

[93] 夏鼐：《新获之敦煌汉简》《武威唐代吐谷浑慕容氏墓志》，见《夏鼐文集》第二册第375～409、434～475页，社会科学文献出版社，2017年。

[94] 石兴邦：《夏鼐先生行传》，见《夏鼐先生纪念文集——纪念夏鼐先生诞辰一百周年》第201页，科学出版社，2009年。

[95] 夏鼐：《考古学通论讲义（之一）》，见《夏鼐文集》第一册第76页，社会科学文献出版社，2017年。

[96] 夏鼐：《考古学通论讲义（之一）》，见《夏鼐文集》第一册第78页，社会科学文献出版社，2017年。

[97] 夏鼐：《新中国的考古工作——在河南文管会欢迎会上的报告》，《新史学通讯》1951年第3期。

[98] 夏鼐：《一九五四年我国考古工作》，《考古通讯》1955年第6期。

[99] 北京大学考古学系：《北京大学考古学系四十五年（1952～1997）》第37、43页，1998年。

[100] 夏鼐：《〈殷周金文集成〉前言》，见《夏鼐文集》第二册第263页，社会科学文献出版社，2017年。

[101] 王世民：《夏鼐传稿》第168页，社会科学文献出版社，2020年。

[102] 王世民：《夏鼐传稿》第234页，社会科学文献出版社，2020年。

Xia Nai and the Construction of Archaeology Discipline in New China

Wang Xing

KEYWORDS: Xia Nai   Archaeologist   History of Archaeology

ABSTRACT: Xia Nai's life is closely intertwined with the development of the discipline of archaeology in China. His contributions encompass various aspects, including the establishment of archaeology programs in universities, the training of archaeologists, the founding of professional archaeological journals, and the creation of archaeological societies. He played a significant role in planning key research topics for archaeology and continuously interpreting the discipline's connotations, all of which pertain to the construction of archaeology in New China and the broader development of archaeological work in the country. Xia Nai recognized the necessity and importance of these efforts and actively engaged in them. To understand and evaluate Xia Nai's academic system and contributions, one must analyze his work in conjunction with the various initiatives he directly led or guided, rather than limiting the assessment to his own writings. These initiatives represent the efforts of Xia Nai and his contemporaries, the older generation of archaeologists, to enhance the disciplinary system of archaeology in China and to advance the level of archaeological research and its international influence.

（责任编辑　洪　石）

《考古学集刊》征稿启事

　　《考古学集刊》创刊于1981年，由中国社会科学院考古研究所主办、考古杂志社编辑，面向海内外征稿，现每年出版两集，刊载考古调查与发掘报告及相关学术论文，常设栏目有"调查与发掘"、"研究与探索"、"考古与科技"、"考古学家与考古学史"、"实验考古"、"国外考古"和"学术动态"等。欢迎海内外作者投稿。投稿时请注意如下事项。

　　（一）请登录"考古杂志社"网站（https://kgzzs.ajcass.com），点击"作者投稿"进行投稿。

　　1. 投稿方法：注册→登录→选择所投刊物→填写稿件标题→点击"添加附件"→点击"发送"。

　　2. 注册信息必须真实有效。请按要求填写相关信息，以便联系。

　　3. 请在文章正文后面附作者姓名、学位、职称、工作单位、联系电话、电子邮箱、通讯地址及邮政编码等基本信息。

　　4. 稿件状态分为四种："已投稿"、"审核中"、"退稿"和"拟刊用"。

　　（二）所投稿件须为作者独立研究完成的作品，充分尊重他人知识产权，无任何违法、违纪和违反学术道德的内容；文中引文、注释和其他资料，应逐一核对原文，确保准确无误；如使用了转引资料，应注明转引出处。

　　（三）投给本刊的稿件，应确保未一稿两投或多投，包括未局部改动后投寄其他报刊，且稿件主要观点或基本内容不得先于本刊在其他公开出版物（包括期刊、报纸、专著、论文集等）上发表。

　　（四）本刊实行双向匿名专家审稿制度。稿件正文中请勿出现作者个人信息，行文也请避免可能透露作者身份的信息。

　　（五）来稿审理期限一般不少于90个法定工作日。通过初审的稿件，本刊将在此期限内向作者发送"拟用稿通知"。本刊有权对来稿做文字表述及其他技术性修改。

　　（六）稿件一经刊发，编辑部即会向作者支付稿酬，寄送样刊。出刊后还会将其编入《中国学术期刊网络出版总库》、CNKI系列数据库及国家哲学社会科学学术期刊数据平台等数据库，编入数据库的著作权使用费包含在编辑部所付稿酬之中。

　　（七）本刊对所刊稿件拥有长期专有使用权。作者如需将在本刊所刊发的文章收入其他公开出版物中发表，须事先征得本刊同意，并详细注明该文在本刊的原载刊期。

　　（八）本刊单篇稿件字数一般以1万至3万字为宜。请提供500字以内的中文提要和3～5个关键词。有条件的作者请提供中文提要和关键词的英文译稿，供编辑参考。

《考古学集刊》编辑部

1.发掘区东区（上为北）

2.西区TG1（西→东）

湖北襄阳市欧庙东周遗址

图版二

湖北襄阳市欧庙东周遗址

1.M1（东→西）

3.Z1（北→南）

2.J2（西→东）

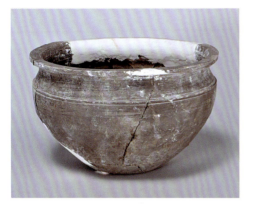

1.B型盂（H5②：3）

2.鬲（H5②：25）

3.A型盂（J2①：4）

4.罐（J2①：1）

5.A型豆（J2①：2）

6.A型豆（J2②：1）

湖北襄阳市欧庙东周遗址出土陶器

图版四

2.H55（南→北）

4.G1（西北→东南）

1.H24（南→北）

H33

H29

3.H29与H33（西→东）

湖北襄阳市欧庙东周遗址

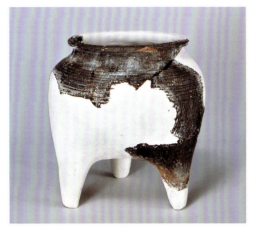

1.C型鬲（H6：31）

4.鼎（H24：4）

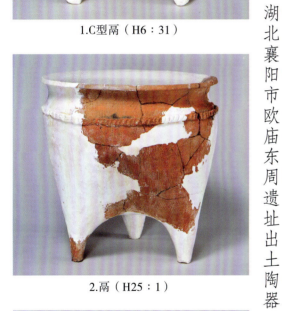

2.鬲（H25：1）

5.纺轮（H23：1）

3.盂（H23：12）

6.豆（H25：3）

湖北襄阳市欧庙东周遗址出土陶器

图版六

1.盂（H26①：8）

4.豆（H26②：3）

2.B型罐（H26①：11）

5.B型罐（H26②：12）

3.鬲（H26①：13）

6.鬲（H26②：9）

湖北襄阳市欧庙东周遗址出土陶器

1.A型陶罐（H29①：1）

2.B型陶罐（H29①：20）

湖北襄阳市欧庙东周遗址出土遗物

3.陶钵（H29①：3）

4.A型陶罐（H29②：1）

5.陶盖豆（H29①：9）

6.骨镖（H33：5）

7.B型陶网坠（H33：6）

图版八

1.陶器盖（H33：17）

5.B型陶鬲（H35②：7）

2.鹿角（H33：8）

3.鹿角（H33：7）

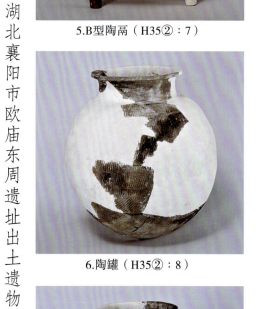
6.陶罐（H35②：8）

湖北襄阳市欧庙东周遗址出土遗物

4.陶盂（H33：16）

7.B型陶鬲（H33：30）

1.A型盂（H35③：5）

4.罐（H35③：10）

2.B型盂（H35③：9）

5.豆（H35③：6）

3.盆（H35②：6）

6.A型鬲（H35③：4）

湖北襄阳市欧庙东周遗址出土陶器

图版一〇

1.东北角楼航拍（上为北）

2.东城墙及外侧墙体（南→北）

辽宁盖州市青石岭山城
东北角楼

1.西墙（西→东）

2.南墙（西南→东北）

辽宁盖州市青石岭山城东北角楼

1.西侧土石混筑护坡（西北→东南）

2.东段马道（西南→东北）

3.西段马道（北→南）

辽宁盖州市青石岭山城东北角楼

1.东北侧石砌护坡（东北→西南）

2.角楼基础东北侧（西→东）

辽宁盖州市青石岭山城东北角楼

图版一四

1.陶瓮（2019LGQT975940②：5）

4.过烧瓦件

2.A型板瓦（2020LGQT975940②：39）凸面

5.铁甲（2020LGQT975940②：23）

3.A型板瓦（2020LGQT975940②：39）凹面

6.铁皮（2019LGQT965940②：15）

辽宁盖州市青石岭山城东北角楼出土遗物

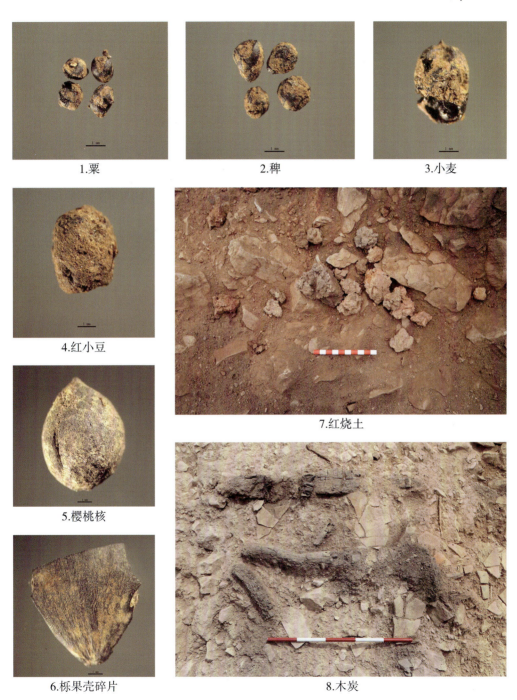

1.粟　　　　　　　　2.稗　　　　　　　　3.小麦

4.红小豆

7.红烧土

5.樱桃核

6.栎果壳碎片　　　　　　　8.木炭

辽宁盖州市青石岭山城东北角楼出土遗存

2. M9南壁壁龛（北→南）

1. M9墓室（东北→西南）

长沙市开福区德雅村唐墓

1.武士俑（M9：12）   2.武士俑（M9：22）   3.男侍俑（M9：14）

4.女侍俑（M9：15）   5.女侍俑（M9：8）   6.女侍俑（M9：11）

长沙市开福区德雅村唐墓出土陶俑

图版一八

长沙市开福区德雅村唐墓出土陶俑

1.女侍俑（M9：23）

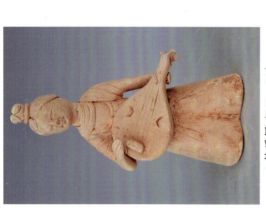

2.伎乐俑（M9：24）

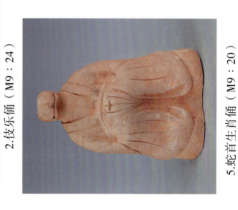

3.伎乐俑（M9：25）

4.牛首生肖俑（M9：17）

5.蛇首生肖俑（M9：20）

6.马首生肖俑（M9：26）

1.羊首生肖俑（M9：21）

2.猴首生肖俑（M9：16）

3.鸡首生肖俑（M9：18）

4.狗首生肖俑（M9：1）

5.猪首生肖俑（M9：19）

6.双人首蛇身俑（M9：27）

长沙市开福区德雅村唐墓出土陶俑

1.鸟身俑（M9：2）

2.鸡（M9：28）

3.狗（M9：7）

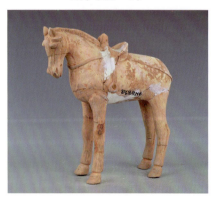

4.马（M9：13）

5.猪（M9：5）

6.碓（M9：29）

7.井（M9：10）

8.案（M9：9）

长沙市开福区德雅村唐墓出土陶器

1.皇城乾德门（东→西）

2.皇城西山坡佛寺塔基遗址（下为东）

内蒙古巴林左旗辽上京遗址

1.皇城东门遗址局部（南→北）

2.宫城南门遗址俯视（下为北）

内蒙古巴林左旗辽上京遗址

西隔间　　　中隔间　　　东隔间

1.一号建筑基址（2018JZ1）全景（上为北）

2.西山坡佛殿院落之山门遗址俯视（上为西）

内蒙古巴林左旗辽上京遗址

1.宫城东门遗址发掘后全景（下为东）

2.宫城南门墩台西壁所见城墙（夯3）、墩台（夯2）和马道（夯1）夯土关系（西→东）

内蒙古巴林左旗辽上京遗址